辽宁省教育厅高校学术专著出版基金资助

U0710823

JINRONG WEIJI CHUANDAO JIZHI YANJIU

金融危机传导机制研究

罗春婵　张　荔◎著

北京师范大学出版集团
BEIJING NORMAL UNIVERSITY PUBLISHING GROUP
北京师范大学出版社

图书在版编目(CIP)数据

金融危机传导机制研究/罗春婵，张荔著.—北京：北京师范大学出版社，2013.1
ISBN 978-7-303-14896-7

Ⅰ. ①金… Ⅱ. ①罗…②张… Ⅲ. ①金融危机-研究
Ⅳ. ① F830.99

中国版本图书馆 CIP 数据核字（2012）第 141100 号

营销中心电话	010-58802181 58805532
北师大出版社高等教育分社网	http://gaojiao.bnup.com.cn
电 子 信 箱	beishida168@126.com

出版发行：北京师范大学出版社 www.bnup.com.cn
　　　　　北京新街口外大街 19 号
　　　　　邮政编码：100875

印　　刷：北京京师印务有限公司
经　　销：全国新华书店
开　　本：170 mm × 230 mm
印　　张：17
字　　数：289 千字
版　　次：2013 年 1 月第 1 版
印　　次：2013 年 1 月第 1 次印刷
定　　价：35.00 元

策划编辑：马洪立　　　责任编辑：曾忆梦
美术编辑：毛　佳　　　装帧设计：毛　佳
责任校对：李　菡　　　责任印制：孙文凯

序 言

　　2007 年 3 月，美国第二大次级抵押贷款机构——新世纪金融公司因濒临破产被纽约证券交易所停牌，次贷危机正式爆发①。危机爆发不仅导致美国股票市场大幅缩水、金融机构损失惨重，也导致实体经济层面出现失业增加、需求萎缩、经济衰退等现象。同时，危机迅速向世界其他国家蔓延，席卷了整个欧洲、日本和发展中经济体，导致全球金融市场和金融机构受到不同程度的负向冲击，引发了一场全球性金融危机。这场危机的爆发使人们不再沉醉于金融创新的美丽神话，使人们重新关注困扰着世界经济和金融发展的金融危机问题。

　　王德祥（2002）认为，关于金融危机的研究可以追溯到 19 世纪，将金融危机作为专题研究也可以追溯到 20 世纪 20 年代，而 20 世纪 30 年代的"大萧条"更是为经济学者提供了研究金融危机和经济危机的样本。之后，虽然世界经济在 1945—1973 年发生过几次衰退，但是，衰退程度十分轻微，这导致一些学者认为金融危机的噩梦已经过去，人类可以有效地防范和避免金融危机。20世纪 70 年代以来，金融危机再次以货币危机、银行危机、债务危机等不同表现形式出现在人类面前，发生的频率越来越高，影响范围越来越大，波及面越来越广，这直接导致关于金融危机研究的文献迅速增多，金融危机理论研究和

---

　　① 美国次贷危机爆发一周年：次贷危机的清算与反思。http://www.cnforex.com/comment/989/630234.html.

实证研究不断丰富和发展①。一方面，学者们开始对不同表现形式的金融危机发生的原因进行探索，对金融危机的传导机制和传导渠道进行分析，对金融危机的传导结果以及危机的救助政策进行研究；另一方面，为了避免金融危机的再次到来，学者们也对金融危机的防范和预警体系进行了深入细致的研究，取得了丰富的成果。

遗憾的是，随着当代经济金融环境的不断发展变化，在经济金融化、金融自由化和经济全球化的背景下，在经济主体之间金融关系复杂化和多样化的条件下，现有的金融危机理论往往无法全面而深刻地解释当代金融危机，也不能预测和防范当代金融危机，金融危机理论亟须进一步发展与完善。

金融危机理论包含着丰富而庞杂的内容，从形成原因到传导机制，从冲击结果到救助政策，从预警体系到危机防范，涉及经济和金融领域方方面面的内容。其中，金融危机传导构成了金融危机理论的主体，它既联结了金融危机的形成原因和冲击结果，也奠定了金融危机救助政策和早期预警体系的理论基础，本书主要研究在危机爆发之后的金融危机传导过程及其结果。一方面，金融危机通过经济、金融之间的联系以及预期变化在封闭经济条件下和开放经济条件下进行自由传导，在封闭经济条件下的危机传导中分析金融危机通过何种机制影响金融体系和实体经济，在开放经济条件下的危机传导中分析金融危机通过何种渠道传导到其他国家；另一方面，人为设定的制度约束对金融危机自由传导产生影响，在制度约束中分析早期预警体系和危机救助政策对金融危机传导影响的条件和机制，并以影响较大的金融危机为样本对金融危机传导理论进行检验和论证。本书试图通过对金融危机传导机制的分析将金融危机理论研究的"灰色区"②透明化，为防范和化解金融危机提供理论指导。

---

① ［美］金德尔伯格：《疯狂、惊恐和崩溃——金融危机史》，11页，北京，中国金融出版社，2007。

② 金融学家奥伯斯特菲尔德(Obstfeld，1998)曾经说过，在金融危机研究方面可能还存在着很大的"灰色区"。M. Obstfeld："The Global Capital Market：Benefactor or Menace？" *Journal of Economic Perspectives*，1998，12(4)：9-30。

目　录

第一章　金融危机与危机传导 …………………………………………（1）

第一节　金融危机与危机传导的含义 …………………………………（1）

第二节　文献综述 ………………………………………………………（6）

第三节　金融危机传导的环境分析 ……………………………………（14）

第四节　金融危机传导的范围与路径 …………………………………（28）

第二章　金融危机成因与危机传导 ……………………………………（31）

第一节　不同类型的金融危机成因与危机传导 ………………………（31）

第二节　其他危机成因解释与危机传导 ………………………………（40）

第三章　封闭经济条件下的金融危机传导 ……………………………（48）

第一节　金融危机传导的机制分析 ……………………………………（48）

第二节　金融危机传导的经验分析 ……………………………………（65）

第四章　开放经济条件下的金融危机传导 ……………………………（77）

第一节　基于贸易渠道的金融危机传导 ………………………………（77）

第二节　基于金融渠道的金融危机传导 ………………………………（89）

第三节　基于预期渠道的金融危机传导 ………………………………（104）

第五章　早期预警体系与金融危机传导 ………………………………（107）

第一节　早期预警体系有效性与金融危机传导 ………………………（107）

第二节　早期预警信号可得性与金融危机传导 ………………………（119）

第六章　救助政策与金融危机传导 ·················· (124)

　　第一节　救助政策与金融危机传导的关系 ·············· (124)

　　第二节　救助政策效应与金融危机传导 ················ (132)

第七章　金融危机传导的实际考察与实证检验 ············ (145)

　　第一节　金融危机传导的实际考察 ·················· (145)

　　第二节　金融危机传导的实证分析 ·················· (172)

第八章　金融危机传导结果的差异性分析 ·············· (181)

　　第一节　不同类型经济体之间传导结果的差异性 ·········· (181)

　　第二节　发达经济体之间传导结果的差异性 ············ (188)

　　第三节　新兴市场和发展中经济体之间

　　　　　　传导结果的差异性 ······················ (193)

第九章　危机的后续：主权债务危机与全球通货膨胀 ········ (205)

　　第一节　从金融危机到主权债务危机 ················ (205)

　　第二节　从经济萧条到全球通货膨胀 ················ (221)

附　录 ·································· (233)

　　附录一　股票市场指数开盘价与收盘价的平均值（点） ······ (233)

　　附录二　亚洲新兴经济体的出口 ·················· (238)

　　附录三　亚洲新兴经济体贸易对手国的确定 ············ (239)

　　附录四　贸易对手国以本国货币表示的季度国内生产总值 ······ (240)

　　附录五　贸易对手国货币对美元的汇率 ················ (242)

　　附录六　贸易对手国以美元表示的季度国内生产总值 ········ (244)

　　附录七　亚洲新兴经济体贸易对手国国内生产总值之和 ······ (246)

　　附录八　实际有效汇率 ························ (247)

　　附录九　对 BIS 报告国的短期负债 ················ (248)

　　附录十　短期对外资产和负债之和 fp ················ (249)

　　附录十一 ······························ (250)

　　附录十二 ······························ (252)

参考文献 ································ (254)

第一章
金融危机与危机传导

　　据记载，"危机"一词起源于古希腊，其含义是区别、筛选和决断，表示病情发展到了或生或死的转折关头，也表示社会发展到了需要对不同人和物的重要性进行权衡取舍的紧要时刻①。在金融学领域，"危机"一词被赋予了新的内容，危机传导也有其特定含义。本章将对金融危机和金融危机传导的含义进行解释，对金融危机传导的宏观环境和微观环境进行分析，并对金融危机传导的路径和范围进行阐述，从而为金融危机传导的理论分析奠定基础。

第一节　金融危机与危机传导的含义

　　金融危机被赋予现代含义首先出现在论述银行体系稳定性的文章之中，金融危机被定义为银行体系的不稳定②。在这种观点中，如果资产市场的崩溃没有威胁到银行体系的稳定，那么，资产市场的崩溃就不是金融危机。

　　随着经济的发展，金融成为当代经济的核心，金融功能不断拓展和完善，金融本身被赋予了更多的内容，金融危机所代表的含义也远远超过了银行体系不稳定的范畴。《新帕尔格雷夫经济学大辞典》对金融危机的定义是被众多学者所接受的，它认为金融危机是"全部或大部分金融指标——短期利率、资产价

---

　　①　王德祥：《经济全球化条件下的世界金融危机研究》，2页，武汉，武汉大学出版社，2002。

　　②　G. Wood："Great Crashes In History：Have They Lessons For Today？" *Oxford Review of Economic Policy*，1999，15(3)：98-109.

格、商业破产数和金融机构倒闭数——的急剧、短暂和超周期的恶化"。"休克疗法"的倡导者萨克斯(Sachs，1996)认为，困扰新兴市场的金融危机不外乎三种形式：第一种形式是财政危机，指政府突然丧失延续外债和吸引外国贷款的能力，从而迫使该国政府重新安排或者干脆不再履行有关义务；第二种形式是汇兑危机，指市场参与者突然将需求从本币资产向外币资产转换，在固定汇率制度下可能会导致中央银行外汇储备的减少；第三种形式是银行业危机，指一些商业银行突然丧失支付能力或遭遇突然发生的存款挤提，从而导致这些银行的流动性下降并最终破产。萨克斯(1996)也指出尽管金融危机的这三种形式在某些情况下可以被区分得非常清楚，但在现实中它们又往往以一种混合的形式出现，这是因为有关政府公债市场、外汇市场和银行资产市场的冲击或预期一般是同时发生的①。

另外，王益和白钦先(2000)编著的《当代金融词典》认为货币金融危机是指由周期性经济危机或严重的经济、政治和军事事件引起的货币或金融领域的巨大动荡，分为周期性和特殊性两种类型，前者是金融危机的主要形式，是由周期性经济危机引起的，后者是金融危机的不定期偶然形式，是由经济、政治或军事事件等特殊原因引起的。货币金融危机具有以下表现形式：①商业信用的缩减和强制性清理旧债；②在银行信用方面，银行资金呆滞，强制清理一部分银行信用，信贷资本极端缺乏，存款人从银行大量提取存款以及大批银行倒闭；③在金融市场上，有价证券行市急剧跌落，有价证券发行锐减；④在国际金融领域，国际金融关系混乱，国际收支大量逆差和资本输出减少。此外，由于金融危机颇具传染性，某国爆发金融危机有可能引起他国也爆发金融危机，形成世界金融危机。如同一国范围内的金融危机并非发生在系统中各个环节一样，世界金融危机主要指发生在多个国家和地区的金融危机或者主要国际货币的危机。

此外，根据表现形式不同，金融危机可以分为不同类型。国际货币基金组织在1998年5月发表的《世界经济展望》中归纳了四种类型的金融危机：货币危机、银行业危机、系统性金融危机和国际债务危机；李小牧(2000)根据影响地域将金融危机分为国内金融危机、区域金融危机和世界金融危机，根据性质和内容将金融危机分为货币市场危机(货币危机)、资本市场危机、金融机构危

①　J. D. Sachs："Alternative Approaches to Financial Crises in Emerging Markets，"http：//academiccommons columbia. edu/catalog/ac：124053，1996.

机和综合金融危机，根据影响程度将金融危机分为系统性金融危机和非系统性金融危机；林恩涛(2004)根据发生特点将金融危机分为货币危机、银行危机、债务危机、资本市场危机和系统性金融危机，根据金融危机的起因将金融危机分为自发性金融危机和传染性金融危机等。本书认为金融危机的类型应该主要体现金融危机的表现形式和内在特质，因此，将金融危机分为金融市场危机、金融机构危机、国际债务危机以及包含多种形式的综合金融危机。其中，金融市场危机是指以金融市场为危机发源地、以金融市场上资产价值大幅下降为主要标志并向其他机构、市场和地区传导的金融危机，包括外汇市场危机、货币市场危机和资本市场危机(通常以流动性干涸为表现形式)；金融机构危机是指以金融机构为危机发源地、以金融机构挤兑和违约为主要标志并向其他机构、市场和地区传导的金融危机，银行危机是其主要表现形式；国际债务危机是指一国对外国政府、机构和非居民个人的债务违约而形成的危机；综合性金融危机是指以上述两种以上类型的危机为主要表现形式、造成整个金融体系混乱的金融危机。需要说明的是，综合性金融危机往往涉及一种危机引发另一种危机的情况，因此，本书将其视为金融危机传导的内容。

　　虽然金融危机的类型多样，形成和传导机制复杂，但存在一个共同的特征，即以资产价格大幅下降为主要标志的金融混乱，这种价格的下降既包括显性价格下降，也包括隐性价格下降。例如，货币危机中汇率大幅下跌、资本市场危机中股票指数的大幅下降是一种显性价格下降；银行危机中由于担心银行发行的存款凭证贬值而造成的银行挤兑、债务危机中的债务违约则是一种隐性价格下降。

　　对"传导"或者"传染"一词，在经济学领域也被赋予了多种含义。例如，用于解释个体之间投机性交易的传播[1]、用于解释工资增加的传播[2]、用于解释经济体之间经济波动的传播[3]、用于解释冲击在企业或者商业之间的传播[4]等

3

---

[1]　例如，默契森(Murchiso, 1933)。C. T. Murchison："Requisites of Stabilization in the Cotton Textile Industry,"*American Economic Review*, 1933, 23(1)：71-80.

[2]　例如，厄尔曼(Ulman, 1955)。L. U. lman："Marshall and Friedman on Union Strength," *Review of Economics and Statistics*, 1955, 37：384-401.

[3]　例如，麦克和扎诺维茨(Mack & Zarnowitz, 1958)。R. P. Mack & V. Zarnowitz："Causes and Consequences of Changes in Retailers' Buying," *American Economic Review*, 1958, 48(1)：18-49.

[4]　例如，普艾斯(Price, 1980)。L. L. Price："The Position and Prospect of Industrial Conciliation," *Journal of the Royal Statistical Society*, 1980, 53(3)：420-459.

等。在对金融危机传导文献进行梳理的过程中，我们发现金融危机传导往往特指金融危机的国际传导，即金融危机通过某种机制和渠道传播到危机发生国以外的其他国家和地区。而且，一些学者将与基础变量有关的金融危机传导和与基础变量无关的金融危机传导相区分，将前者称为"传导"、"溢出效应"、"依赖"或者"基于基础变量的传染"，而将后者称为"纯传染"。此外，一些学者，例如萨默斯（Summers，2000），将导致多个国家同时爆发危机的共同冲击或者季风效应纳入金融危机传导的范畴，而另一些学者，例如莫泽（Moser，2003），则将共同冲击或者季风效应排除在金融危机传导的范畴之外。

佩里克利和斯布拉奇（Pericoli & Sbracia，2003）对金融危机传导特别是国际传导的含义进行了比较详细的梳理，其中，定义1和定义2侧重于整体金融危机传导的解释，定义3和定义4侧重于与基础变量无关的纯传染的解释。

定义1：传导是指一个国家发生危机导致另一个国家发生危机可能性的增加。该定义通常与货币危机的实证研究相联系，虽然货币危机通常会涉及很多国家，但一些国家发生了贬值，而另一些国家却避免了贬值，如果危机导致另一些国家发生了货币贬值，那么，传导就发生了。

定义2：传导是指危机国家的波动性溢出到其他国家的金融市场。该定义出于对危机时期金融市场资产价格波动性上升的观察，将金融危机定义为波动性的上升，而将金融危机传导定义为以波动性为代表的不确定性在国际金融市场的传播。

定义3：传导是指当危机在一个地区的市场或者一组市场发生时，市场之间价格和数量同步变动的显著增加。该定义将市场之间"正常的同步运动"和"超常的同步运动"相区分，强调数量维度的变化，认为当市场之间产生"超常的同步运动"时，金融危机传导特别是纯传染就发生了。

定义4：一国发生危机导致市场之间的结构发生变化，从而导致危机传导渠道发生变化，即称之为传导或者称之为"变动性蔓延"[①]。与定义3类似，该定义同样强调纯传染发生的条件，如果危机发生导致传导机制在某方面变化，那么纯传染就发生了。

在上述分析的基础上，本书对金融危机传导的含义进行了归纳。金融危机传导是指金融危机爆发对本国和其他国家的金融体系（包括金融机构和金融市

---

① Shift-contagion. T. Gravelle, M. Kichian & J. Morley："Shift Contagion in Asset Markets," http：//www. bank ofcanada. ca/en/res/wp/2003/wp03－5. pdf，2003(2).

场以及市场参与主体)和实体经济产生影响的过程以及危机导致的经济金融之间互相作用的过程。同时,本书认为,欲理清金融危机传导的含义需要回答以下问题:金融危机爆发、传导和结束的关系如何?同时发生危机是否为构成金融危机传导的充分条件?金融危机传导的形成机制与传导渠道、传导过程的关系如何?

首先,金融危机爆发、传导与结束之间关系的问题是研究金融危机传导不可回避的问题。从时间上讲,金融危机传导必然在金融危机爆发之后,是金融危机爆发造成的进一步后果,这一后果一直延伸到金融危机结束。那么,什么是金融危机爆发?以银行危机为例,是以第一个银行破产清算为危机爆发,还是以第一个银行破产导致整个银行体系混乱为危机爆发?本书选择后者作为危机爆发,前者作为危机形成。另外,金融危机爆发会对其他金融市场、金融机构产生影响,形成综合性金融危机,本书将这一过程也视为金融危机传导。同样,什么是金融危机结束?本书认为金融体系恢复稳定、经济复苏是金融危机结束。

其次,构成金融危机传导的充要条件是需要回答的第二个问题。在现实中,一国爆发危机之后,往往其他国家也会随之爆发危机,那么是否意味着危机从第一个国家传导到其他国家呢?本书认为答案是否定的:同时发生危机不是金融危机传导的充分条件。金融危机传导意味着先有危机爆发,后有其他机构、市场或者国家受到冲击,甚至发生危机,危机爆发在前,受到冲击在后;而且金融危机爆发与其他机构、市场或者国家受到冲击之间存在着因果关系,危机爆发是原因,受到冲击是结果。因此,本书认为共同冲击或者季风效应导致金融危机的同时爆发是共同冲击或者季风效应同时影响了多个国家,多个国家同时爆发危机是时间上的巧合,不是多个国家之间发生的金融危机传导。

最后,金融危机传导的形成机制与传导渠道、传导过程是需要解决的另一个问题。与金融危机爆发有其成因一样,金融危机传导也有其形成机制,它可能是金融危机形成原因的延续,也可能是受到危机冲击的微观主体自身脆弱性和依赖性的反应;同时,因为金融危机传导包含从危机爆发到危机结束的整个过程,而且在这一过程中又包括多个子环节,所以,往往第一个环节的传导结果构成了第二个环节的传导原因。

此外,如果一国发生金融危机对其他市场、机构和国家产生了冲击,但是没有达到发生危机的程度,那么,这种情况属于金融危机传导的范畴吗?本书认为答案是肯定的,上述情况属于金融危机传导的范畴。

第二节 文献综述

一般情况下，金融危机传导分为国内传导和国际传导两个组成部分。但是，在理论和实证研究中，金融危机传导往往特指金融危机的国际传导，即金融危机通过某种传导机制和传导渠道传播到危机发生国以外的其他国家和地区，而通常利用影响、冲击、波及等词语指代金融危机的国内传导，或者将国内传导看成是国际传导的前奏。因此，本书重点对金融危机国际传导的理论研究和实证研究进行文献综述。

一、关于金融危机传导的理论研究

在金融危机传导的理论中，往往将与基础变量有关的传导和纯传染进行区分。与基础变量有关的传导是指，在经济全球化的条件下国家之间经济基础变量的依赖性日益加强，一国发生金融危机通过影响另一个国家的基础经济条件（国际收支）而传导到其他国家；纯传染是指与经济基础变量无关的金融危机传导，即金融危机不是由于一国经济基础条件发生变化而进行传导的。

基于基础变量金融危机传导的研究首先体现在贸易渠道方面，主要是经典的需求理论中收入效应和价格效应在国际范围内的延伸。该理论认为，一国发生金融危机导致该国国民收入和进口需求的下降，进而导致相对应出口国的出口下降，从而使危机传导到出口国；而且，一国发生金融危机通常与汇率贬值相联系，贬值导致出口增加和进口下降，同样会导致危机传导到相对应的出口国。格拉赫和斯梅茨（Gerlach & Smets）通过对欧洲汇率危机进行观察发现，在 1992 年 9 月 8 日芬兰马克贬值之后投机者加大了对瑞典克朗的供给，意大利里拉和英镑的贬值增加了法国维持固定汇率的压力，1992 年 11 月 18 日瑞典克朗的贬值增加了挪威维持固定汇率的压力，他们认为，对某个国家货币的成功投机导致该国实际汇率的贬值，从而提高该国商品的出口竞争力，其伙伴国出现经常项目逆差和外汇储备的减少，容易遭受攻击。另外，危机国的货币贬值会降低与其在共同市场上竞争的其他国家的出口竞争力，其他国家通常采取竞争性贬值的措施以保持其出口份额。霍和井上（Huh & Kasa, 2001）认为，在亚洲金融危机时期东亚国家经济在很大程度上依赖于对美国的出口，因此，竞争性贬值是危机传导的主要过程，在他的模型中，运用了价格战的思想，这些国家基于本国利益考虑，在危机之前与美元保持固定汇率，当受到不利冲击时，它们采取集体贬值的方式以弱化单边贬值的动机。科尔塞蒂（Corsetti，2000）构造了由三个国家组成的"中心—周边"模型以解释竞争性贬值如何导致货币危机的传导。在他的模型中，中心国是两个周边国的共同市场，其中一个周边国的贬值导致另一个周边国在中心国的竞争力下降，为了改变这种情况，另一个周边国需要采取竞争性贬值的措施。此外，格吉尔和瓦格纳（Berger & Wagner，2002）认为，当一个国家发生货币危机时，其贸易伙伴国的工资会对此作出反应或者产生类似预期，这也会增加贸易伙伴国货币贬值的可能性。

在金融全球化背景下，国家之间、地区之间金融联系逐步加强，金融渠道成为金融危机国际传导的重要内容。例如，马歇尔（Marshall，1998）利用"大量违约"和"由于信贷风险导致的对手方违约"解释金融危机传导，他认为，如果投资者对陷入危机的债务人或者政府存在高风险暴露，并且投资者的损失足够大，可能就导致该投资者对其交易对手方的违约，引起金融危机传导。并且，如果银行在这一债务链条之中，那么，银行业的高杠杆、高风险特点很有可能导致违约发生。

在对基于基础变量的金融危机传导进行研究之外，大量学者也对与基础变量无关的纯传染进行研究，以分析当一国基础经济条件没有发生变化时金融危机如何传导。斯纳斯和史密斯（Schinasi & Smith，1999）从经典的马科维茨投资组合理论出发，认为在信息完全的条件下投资者为了满足流动性约束、资本约束以及风险价值（Value at Risk，VaR）等风险模型的要求而调整资产组合，从而造成纯传染的产生。王鹏（2007）将纯传染区分为经济型传染、政治型传染和文明型传染等不同类型，以解释纯传染的产生。

另外，莫泽（Moser，2003）将纯传染理论进行归纳，从市场不完全角度来解释纯传染现象，并将这种市场不完全分为信息效应和多米诺效应。信息效应是指代理人将危机看成是更新信息的信号，从而使一国发生危机导致另一国发生危机；多米诺效应是指由于金融的连通性（Financial Connectivity）使一国发生危机进而导致另一个国家发生危机。

信息效应是莫泽（2003）利用信息不完全来解释纯传染的重要内容之一。信息不完全以及获取和处理信息的成本使人们很难对基础变量作出正确估计，使人们在一定程度上保持无知是理性的。当危机发生时，即使一国的经济基础变量没有变化，但是，由于人们对信息的无知导致其在信息不完全的条件下估计该国的基础变量，实施错误的行为。信息效应包括信号提取失效、叫醒效应、预期的影响、道德风险的作用等。

金和瓦德瓦尼（King & Wadhwani，1990）分析了信号提取失效而导致的纯传染。他们认为，在信息不完全的条件下，市场的参与者无法准确地掌握危机发生国与另一个国家基础变量的相关性，这可能导致两种情况：错误地假设了两国基础变量存在相互依赖的关系；错误地估计了两国基础变量的相互依赖程度①。第一种情况意味着在信息完全条件下不会产生传导而信息不完全的条件下产生传导；第二种情况意味着与信息完全条件下的行为相比，信息不完全条件下产生过度传导②。另外，市场参与者有可能假定某个国家与危机发生国存在相似的问题，或者投资者将对某个国家的特定冲击看成是对一些国家的共同冲击，将一国发生危机的原因看成是一组国家的共同特质③，也会导致纯传染的产生。

戈登斯坦（Goldstein，1998）利用叫醒效应假说来分析纯传染产生的原因。他认为，一国发生危机会叫醒投资者，从而引起他们对相似国家基础变量的仔细观察，进而发现之前没有发现的问题或者风险，金融危机传导就发生了。与金和瓦德瓦尼（1990）对纯传染的解释不同，信号提取失效是投资者假定某些不存在的问题，而叫醒效应是投资者认识到某些已经存在的问题，是对基础变量更加准确的估计。

预期理论利用从众心理和金融恐慌理论中的精神传染解释纯传染现象。特雷森（Drazen，2000）认为，一个国家发生危机导致市场参与者对一国金融市场丧失信心，或者对国际金融市场丧失信心，从而引起挤兑，是一种合成谬误。或者说，在存在贝叶斯更新的市场中，市场参与者提高了在相似环境中危机发生的概率。马歇尔（Marshall，1998）、张和维拉斯科（Chang & Velasco，2001）、戴蒙得和戴维格（Diamond & Dybvig，1983）的银行挤兑模型分析危机传导认为，投资者对流动性的同时提取导致获取流动性的成本更加昂贵以及金融资产价格的崩溃。在他们的分析中，当一国的金融体系存在大量以外币标价的债务，并且债务数量超过该国能够获得的外币数量，多重均衡就发生了。如果国际债权人担心其他债权人收回贷款，那么，他们也将收回贷款，从而导致对债务人的清算以及金融市场的混乱，危机均衡产生；如果国际债权人不担心

----

① 即"虚假的依赖"（Fictitious Interdependence）。

② M. Pritsker："The Channels for Financial Contagion," S. Claessens & K. Forbes：*International Financial Contagion*，Boston，MA：Kluwer Academic Publishers，2001，67-97.

③ 即集团统一假设（Lump Together Hypothesis）。

其他债权人收回贷款，那么，他们也将不收回贷款，当前的金融关系仍将持续，平静均衡出现。此外，奥伯斯特菲尔德(Obstfeld，1986)认为，预期对于基础变量的负向反馈而引起的政府政策变化也会导致多重均衡的产生。

杜利(Dooley，2000)利用政府救助的道德风险解释纯传染的发生。他认为，一国发生危机会导致投资者修正政府救市的预期。在资本流动全球化的时代，对资产价值的保险是影响资本流动的重要因素。如果危机的救助使投资者意识到救助的力度小于投资者预期的力度，或者救助后的资产价值小于投资者的债权价值，或者救助后的资产损失大于投资者的预期损失，那么，投资者就会采取行动而引起危机的传导。

特雷森(Drazen，2000)利用会员传染来解释货币危机条件下纯传染的发生。他将实行固定汇率制度的国家看成是不贬值俱乐部的一员，会员的价值依赖于其他会员的行为。一个会员国的贬值会导致会员价值弱化，即政府对"不贬值承诺"赋予的价值降低以及政府被指责的成本更小，从而导致其他会员国采取贬值措施的可能性提高。

此外，李小牧(2000)认为，在一国发生货币危机后，投资者对其他类似国家的心理预期变化和投资者信心危机造成的投资者情绪的改变是金融危机的主要传染机制，并且，传染机制形成的关键在于投资者认为一些国家之间存在某种相似性。这种相似性包括的范围非常广，常见的有宏观经济基础的相似、政治与经济政策的相似和文化背景的相似，相应地，存在基于经济基础相似的传染、基于政治与经济政策相似的传染和基于文化背景相似的传染。其中，经济基础相似型传染是指一国发生货币危机时，投机者往往对另一个(或几个)与其经济基础相似的国家发起冲击；政治与经济政策相似型传染是指一国发生货币危机披露了与其环境相似国家的政府对待政治成本的态度的信息，改变了政府原来的政治和经济成本的平衡关系，增加了投机者的货币贬值预期，从而导致自我实现的金融危机。这种传染主要存在于政治经济同盟国之间；文化背景相似型传染是指即使一些国家在政治、经济上毫无关系，但由于它们具有共同或相似的文明和文化背景、相似的发展历史，被投机者视为具有相同气质的国家，若其中某个国家迫于压力放弃固定汇率时，投资者就会预期其他气质相同的国家在遇到投机性冲击时，也会采取同样的策略，从而促成金融危机向这些国家传染。

多米诺效应是莫泽(2003)利用信息不完全来解释纯传染的另一重要内容。它是指由于金融联系的密切和多样，一国发生危机通过这种金融联系使其对手方金融条件发生变化，从而使危机传导到第三方，即使第三方的基础条件没有发生变化。多米诺效应主要包括由于流动性约束或者资本约束而导致的资产组合调整。

巴尔德斯（Valdes，2000）利用流动性约束而导致的资产组合调整分析金融危机的传导。他认为，金融危机可能导致做市商或者市场参与者遭受损失并且收回资金（或者一些市场参与者同时回收资金），这会导致市场流动性显著下降或者干涸。如果市场参与者过度依赖于在该市场上获得融资或者保值，就会导致获得流动性成本的上升或者数量的下降，从而迫使他在其他市场上出售资产以弥补资金缺口或者规避风险，进而使危机传导到其他市场。马森（Masson，1999）对上述观点提出了质疑，认为上述观点需要解释为什么在基础变量没有发生变化的条件下其他投资者不利用获利机会对该市场进行投资。卡尔沃（Calvo，1998b）对这个问题进行了回答，他认为，信息不对称的存在往往使投资者不能区分其他投资者对于某一地区或者国家回收资金是由于流动性约束还是由于发现了某些与基础变量相关的信息，因此，其他投资者的最优选择往往也是出售资产，回收资金，而不是占领其他投资者放弃的市场。

金融危机导致投资者资产价值减少、资本恶化。如果面临资本约束，那么，会导致投资者减少其最优资产规模，削减在其他国家的资产，从而导致金融危机传导。例如，根据巴塞尔协议的要求，银行要受到资本充足率的约束，如果一国发生危机导致某个跨国银行资产价值的恶化，资本受到侵蚀，那么，在无法获得新资本注入条件下，只能通过减少风险资产，或者将高风险资产向低风险资产转移而满足资本约束。彼克和罗森格伦（Peek & Rosengren，1997）利用资本约束解释金融危机在发达经济体之间的传导。

无论是流动性约束，还是资本约束，在一个贷款者对多个国家或地区进行贷款的条件下，一个国家或者地区发生危机会导致该贷款者对其资产组合进行调整而引起对其他国家或者地区贷款的减少，从而导致金融危机通过该贷款者传导到其他国家和地区，人们称之为"共同债权人效应"。其中，对多个国家或者地区进行贷款的贷款者被称为"共同债权人"，可以包括国际银行、对冲基金、机构投资者等。卡明斯基和雷哈特（Kaminsky & Reinhart，1999）[①]从国际银行角度分析了共同债权人效应；卡尔沃（Calvo，1998a）从对冲基金角度分

---

① Kaminsky 和 Reinhart 在 1999 年提出"共同债权人效应"，系统论述的文章发表于 2000 年。

析了共同债权人效应；斯布拉奇和扎吉尼（Sbracia & Zaghini，2003）认为，国际贷款的短期性和大量外流是共同债权人效应实现的条件。

对于纯传染理论的最新解释来源于不确定性渠道。卡纳安和科勒比（Kannan & Köhler-Geib，2009）认为，传染是否发生取决于投资者对危机的预期以及由此产生的不确定性。未预期到的危机导致投资者怀疑其信息收集技术的准确性，进而增加其他地区发生危机的概率；相反，预期到的危机导致投资者相信其信息收集技术的准确性，从而不会产生基于不确定性渠道的危机传导。

此外，马森（Masson，1999），萨默斯（Summers，2000），安辉（2003）等人将季风效应即共同冲击导致的不同国家金融危机的同时爆发也视为金融危机传导的内容。季风效应首先由马森（Masson，1999）提出，他把由于共同冲击产生的传导称为季风效应（Monsoonal Effects），主要由于工业化国家经济政策的变化以及主要商品价格的变化等全球性的原因而导致的新兴市场经济的货币危机或者资本的国际流动。例如，在1995—1996年，美元升值导致东亚国家出口竞争力的降低，进而导致危机爆发；德国的利率上升成为1992—1993年欧洲货币体系危机的导火索；美国利率上升是1994—1995年墨西哥危机的直接原因。

二、关于金融危机传导的实证研究

对于金融危机传导的实证检验主要集中在两个方面：一方面，检验传导是否存在，特别是纯传染是否存在，即A国发生金融危机之后，如果B国的基础变量没有发生变化，那么，危机是否会传导到B国；另一方面，检验不同的渠道——贸易渠道、金融渠道、纯传染等——在金融危机传导中的相对重要性。

在金融危机国际传导的存在性方面，一些学者利用广义自回归条件异方差模型（GARCH）分析危机发生时金融市场波动性的传导。例如，滨尾（Hamao，1990）等人分析了1987年10月美国股票市场崩溃后市场波动性的传导，他们发现，美国和英国市场向日本市场存在波动性溢出效应；爱德华兹（Edwards，1998）关注1995年墨西哥危机之后拉美债券市场之间的波动性传导，结果表明墨西哥债券市场波动性增加对阿根廷债券市场波动性增加有显著影响。

同时，学者们利用金融市场变量的相关性来检验传导是否存在，将传导定义为危机时期两个金融市场波动性相关系数的显著增加。例如，金和瓦德瓦尼（King & Wadhwani，1990）检验了1987年美国股票市场崩溃后不同市场相关系数的变化，结果表明危机时伦敦、纽约和东京市场波动率的相关系数显著高于平常时期。但是，这类研究往往与高频时间相联系，而对于大多数的经济基础变量，高频数据很难获得，这导致控制基础变量十分困难。而且，在异方差存在时，这种方法得出的相关系数是有偏颇的，它过分地夸大了危机时期市场之间波动性的相关程度。福布斯和罗伯托（Forbes & Rigobon，2002）利用调整后的模型进行检验，认为大多数冲击都是通过基础变量的相互依赖进行传导，纯传染不存在。

但是，一些学者利用纠偏后的模型进行检验，提出了纯传染存在的证据。例如，拜格和戈尔德法因（Baig & Goldfain，1999）研究了亚洲危机时期外汇、股权、利率和主权债务市场的跨国相关性，试图将基础变量的传导和纯传染进行区分，在控制了国家信息和其他基础变量的基础上，他们发现了在外汇市场和股票市场存在纯传染的证据；韦艳华和齐树天（2008）利用 Copula 函数的方法检验了越南金融危机的传染性，结果表明越南金融危机的发生不会产生传染效应；格尔斯和萨海（Gelos & Sahay，2001）在风险价值的框架下分析 1998 年俄罗斯金融危机时期股票和外汇市场的日数据，发现危机时期俄罗斯的股票收益是欧洲转轨国家股票收益的格兰杰原因；刘旸（2006）利用风险价值的方法分析东南亚金融危机、俄罗斯金融危机和阿根廷金融危机，发现了纯传染现象的存在；波尔多和穆尔希德（Bordo & Murshid，2001）检验了第一次世界大战之后包括亚洲金融危机在内的七次国际金融危机债券价格和利率的跨国相关性，发现部分案例支持纯传染的存在；科尔塞蒂（Corsetti，2001）等人将多种分析方法纳入统一的理论框架之下，利用因素模型进行分析，将国家特定冲击与全球因素冲击的比例定义为 λ，如果 λ 值较低，那么，接受经济基础变量传导的假设，如果 λ 值较高，那么，接受纯传染的假设。他们利用该模型分析了1997 年香港金融危机，结果表明香港金融危机的爆发不是基于经济基础变量的传导；卡纳安和科勒比（Kannan & Köhler-Geib，2009）利用 1993 年 12 月至2005 年 9 月包括 15 个发达经济体和 23 个新兴经济体在内的 38 个国家的数据对危机传导的不确定性渠道进行验证，结果表明以投资者信心方差为代表的不确定性在解释金融危机传导中有明显而重要的作用。

另外，一些学者对多重均衡的存在进行了检验。例如，珍妮（Jeanne，1997）以欧洲汇率危机为例对第二代货币危机模型进行分析，在考虑基础变量和多重均衡因素的条件下，设定了三个不同的贬值概率，将多种均衡的区间转换与贬值概率的区间转换相对应，结果表明 1992 年 8 月之后，法国进入多重均衡区域；珍妮和马森(Jeanne & Masson，1998)通过引入非线性和不规则动态概率扩展了多重均衡理论和实证框架，结论依然支持上述观点。

此外，有些学者认为不存在金融危机传导，是共同冲击导致了危机的同时发生。例如，莫雷诺和德黑兰(Moreno & Trehan，2000)利用1974—1997年121个国家的样本检验了共同冲击的作用，结果表明共同冲击在很大程度上(75%以上)解释了货币危机的共同发生。

除了验证金融危机传导是否存在，一些学者试图对金融危机的传导渠道进行检验，以证明该渠道是否存在或者其相对重要性如何。弗拉泽(Fratzscher，1999)分析了1986—1998年25个国家新兴经济体的数据，利用马尔可夫转换模型进行估计，结果表明金融联系和贸易联系对于汇率的作用在平静时期和危机时期都很重要；卡拉马扎(Caramazza，2000)等人将影响金融危机传导的因素分为内外宏观经济不平衡、金融脆弱性、贸易联系、金融联系，利用Probit模型对包括工业化国家和新兴经济体在内的61个国家的数据进行分析，模型结果表明贸易联系和金融联系对解释货币危机传导十分重要。

艾齐格林(Eighengreen，1996)等人将金融危机传导定义为一国发生危机导致另一个国家发生危机可能性的提高，利用Probit模型分析1959—1993年20个工业国家的面板数据，结果表明贸易渠道是金融危机传导的主要渠道；库马尔(Kumar，1998)等人将艾齐格林(Eighengreen，1996)的模型进行扩展，引入了金融和经济的滞后变量，更好地解释了贸易渠道在危机传导中的作用；格里克和罗斯(Glick & Rose，1999)选取1971年布雷顿森林体系崩溃之后到1998年亚洲金融危机之间五次货币危机为样本，利用Probit模型检验国家之间直接贸易和间接贸易的重要性，结果也支持贸易渠道在金融危机传导中占有重要作用；德格雷格里奥和瓦尔德斯(De Gregorio & Valdes，2001)对1982年拉美债务危机、20世纪90年代的墨西哥金融危机和亚洲金融危机进行了检验，结果表明贸易联系指标在检验过程中是显著的。在利用总量数据进行验证的同时，一些学者利用企业或者工业层面的数据对贸易渠道的重要性进行验证。例如，福布斯(Forbes，2002b)利用46个国家10000多家企业的数据检验亚洲金融危机和俄罗斯金融危机时期不同特质企业的股票市场收益情况，结果表明直接和间接贸易联系都十分重要；同时，他将贸易渠道分解为竞争力效应和收入效应，检验了1994—1999年包括16次危机58个国家工业层面的贸易数据，发现与危机国存在出口竞争的国家和向危机国出口的国家收益均显著降低。

在对贸易渠道进行验证的同时，金融渠道也是学者关注的重要内容，特别是对共同债权人效应是否存在的验证。卡明斯基和雷哈特（Kaminsky & Reinhart，2000）根据国际银行信贷的地区特点将 20 个工业国家和发展中经济体分成三个贷款区域，强调了日本银行和美国银行在东亚和拉美金融危机中的作用。他们认为，由于降低总体风险和调整准备金的原因，银行将调整贷款资产组合，这会通过减少其他借款国的贷款传导金融危机。之后，卡明斯基和雷哈特（Kaminsky & Reinhart，2001）构造了条件概率传染脆弱性指数，关注在亚洲金融危机中日本和欧洲银行的信贷逆转在危机传导中的作用。冯·瑞克恩和韦德（Van Rijckeghem & Weder，1999）分析了在银行资金竞争条件下银行贷款是如何导致金融危机的国际传导的。他们发现，在控制了宏观经济基础变量的条件下，共同（银行）债权人效应能够较好地解释墨西哥、泰国和俄罗斯危机中的金融危机传导。之后，冯·瑞克恩和韦德（Van Rijckeghem & Weder，2000）分析了银行调整其资产组合的原因，认为由于资本充足率、保证金或者风险价值（VaR）等原因要求银行调整其资产组合，并且认为银行对非预期损失的反应是十分机械的。同时，他们从微观角度对共同银行债权人效应进行实证分析，将 30 个新兴经济体分归于 11 个银行中心，根据 BIS 提供的银行信贷面板数据分析发现在墨西哥和亚洲金融危机之后银行对危机国的风险暴露有助于预测银行信贷资金的国际流动，但没有在俄罗斯金融危机之后发现同样的证据。斯纳斯和史密斯（Schinasi & Smith，1999）也证明了当投资者的杠杆水平较高时，VaR 等资产组合管理模型的决策方式倾向于产生传染。此外，斯布拉奇和扎吉尼（Sbracia & Zaghini，2003）关注经常发生危机的三个地区：拉美、东亚和东欧，并将其对应于美国、日本和德国，利用脆弱性指数分析借款者的依赖和贷款者的风险暴露，认为共同贷款人的存在有力地解释了金融危机的国际传导。

第三节　金融危机传导的环境分析

金融危机传导是在特定经济金融环境下发生的。20 世纪 70 年代以来，全球经济金融形势发生了巨大变化，金融市场的参与者逐步增加，金融机构的业务范围逐步扩大，金融一体化程度逐步深化，本书将从宏观和微观两方面对金融危机传导的环境进行分析。

一、金融危机传导的宏观环境

金融危机是在具有当代特点的宏观环境下产生和传导的。从某种意义上讲，正是当代的宏观经济金融环境为金融危机传导，特别是为开放经济条件下的金融危机传导敞开了大门，这些具有当代特点的宏观环境包括金融自由化、经济金融化、金融虚拟化、经济全球化等内容。

(一)金融自由化、经济金融化和金融虚拟化

金融自由化是指国家放松金融管制后出现的金融体系和金融市场充分经营、公平竞争的趋势和过程，包括利率自由化、业务范围自由化、金融机构准入自由化、资本流动自由化等内容。20世纪70年代以来，以麦金农和肖的金融深化理论为基础，发达经济体为了摆脱凯恩斯主义经济政策的窘境①，发展中经济体为了改变经济模式、促进经济发展，纷纷融入金融自由化的浪潮。成功的金融自由化改革促进了金融功能的提升，提高了金融对资源的配置效率，但是，自由化改革本身意味着不稳定因素的增加，金融监管难度的上升，为危机的产生和传导打开了方便之门。其一，金融市场的一体化和金融创新的加剧导致金融市场透明度的降低，从而降低了金融市场的效率；其二，利率和汇率管制的解除导致市场波动幅度增加，分业经营管制的解除刺激商业银行从事高风险业务的经营，资本流动障碍的解除便利了国际游资的冲击，金融自由化增加了金融业的风险和不稳定性。张荔(2001)认为，过度的金融自由化破坏了金融体系的正常运行，导致金融体系的脆弱性增大；章齐、何帆和刘明兴(2003)认为，金融自由化会对金融体系的稳定产生一个独立效应，金融自由化政策是否与其他经济政策相协调也会影响到金融体系的稳定。

经济金融化是经济与金融相互影响、相互渗透、相互融合的过程，是金融发展的结果。白钦先(1999)认为，经济金融化包括以下几个方面：第一，经济和金融日益融合，金融是现代经济的核心，资本或资金成为经济发展的重要制约条件，金融对经济运行具有广泛、深刻的渗透性；第二，经济关系日益金融化，经济关系越来越表现为经济主体之间的债权债务关系、股权股利关系；第三，社会资产日益金融化，金融资产总量与国民生产总值的比率基本呈上升态势；第四，融资非中介化、证券化和金融倾斜逆转。经济金融化使金融对于经

---

① 王凤京：《俄罗斯的金融自由化与金融危机：剖析与借鉴》，1页，北京，经济科学出版社，2008。

济的作用、地位日益重要，经济主体对金融市场的参与更加深入和广泛，这导致金融危机对于实体经济的冲击也更加严重，金融危机的波及范围更加广阔。例如，随着经济金融化的发展，经济主体对金融市场的参与程度逐步加深，以美国为例，20 世纪 80 年代中期，美国人口的 1/4 直接持有股票与债券，人口的 3/4 间接持有股票与债券，包括投资基金、社会保险基金、医疗保险基金等。

白钦先和常海中(2008)对金融虚拟性进行了阐述，认为金融虚拟性是指金融尤其是金融工具与金融工具的运动所表现出的超越于实体经济合理界限的规范性、本质性特征或状态，其主要表现为不断创新的金融工具与实物资产的联系日益疏远，金融工具的市场价值超越于其作为权益凭证所代表的实体价值和金融工具交易所导致的金融部门相对独立于实体经济的运动特征。20 世纪末以来，金融虚拟性程度不断提高，金融虚拟化趋势逐步增强。例如，从 1990年开始，美国资本市场的资产规模快速增长，增长速度大大超过了同期国内生产总值(GDP)，1990 年年初美国金融资产(股票和债券)的规模与国内生产总值的比例大体维持在 1.6∶1 的水平上，而在 2007 年达到 3.2∶1①。另外，在金融虚拟化的过程中，金融衍生产品快速增长，在 1998 年 6 月金融衍生产品合约总值只有 25800 亿美元，而 2008 年 12 月上升到 322440 亿美元，增加了11 倍左右(见图 1-1)。其中，与利率有关的金融衍生产品上升的速度快于与外汇有关的金融衍生产品。金融虚拟化对金融危机传导产生了重要影响。其一，金融虚拟化的不断发展推动了金融泡沫的形成，增加了金融危机发生的可能性；其二，与金融虚拟性相伴而来的高杠杆性和高风险性增加了金融脆弱性，影响了金融危机传导的过程和轨迹；其三，金融虚拟化通常与金融创新相联系，金融创新产品规避了原有的金融监管，从而导致金融监管出现真空领域，金融业风险增加；其四，在金融虚拟化的过程中，金融创新构造了复杂的证券化、衍生化的金融产品，产品的复杂性刺激了金融中介道德风险的增加，从而增加了金融体系的系统性风险。

(二)经济全球化

根据国际货币基金组织的定义，经济全球化是指通过正在日益增长的大量与多样的商品和劳务的跨国运动，通过国际资本的大量而多样的流动，通过技术更快捷的广泛传播，所形成的世界各国经济相互依赖增强的现象。经济全球

---

① 吴晓求：《金融危机启示录》，6 页，北京，中国人民大学出版社，2009。

单位:10亿美元

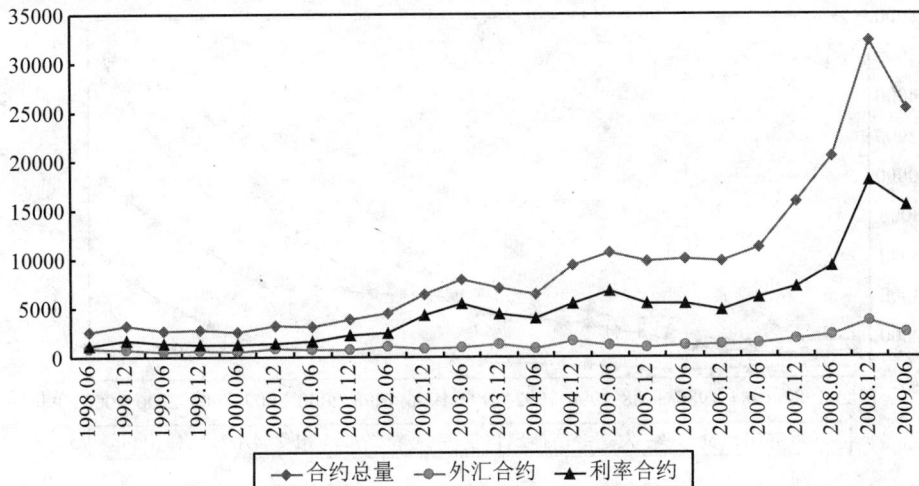

图 1-1 金融衍生产品的发展情况

资料来源:http://www.bis.org/statistics.

化以经济资源的全球流动和配置以及全球市场的大发展为主要特征,以贸易全球化和金融全球化为主要表现形式。

1. 贸易全球化

贸易全球化是指随着科学技术的发展和各国对外开放程度的提高,流通领域中国际交换的范围、规模、程度得到增强。伴随着"冷战"结束和经济自由化的浪潮,国际贸易发展迎来了新的契机,参与国际贸易的国家和地区不断增加,国际贸易的规模不断扩大,国际贸易的种类不断丰富。从图 1-2 可以看出,1980 年以来,无论是世界出口总量,还是发达经济体的出口量,乃至新兴市场和发展中经济体的出口量都呈现显著增加趋势。特别是 21 世纪以来,新兴市场和发展中经济体的出口增长率快于发达经济体的出口增长率。

此外,国际贸易的结构也发生了巨大变化。从地域结构上看,国际贸易主要有如下三种表现形式:①以比较优势理论为基础的产业间分工贸易,以发达经济体制成品出口和不发达经济体初级产品出口为主要表现形式;②以规模经济和寡头竞争为基础的产业内分工贸易,以发达经济体之间分工明确的制成品

单位:10亿美元

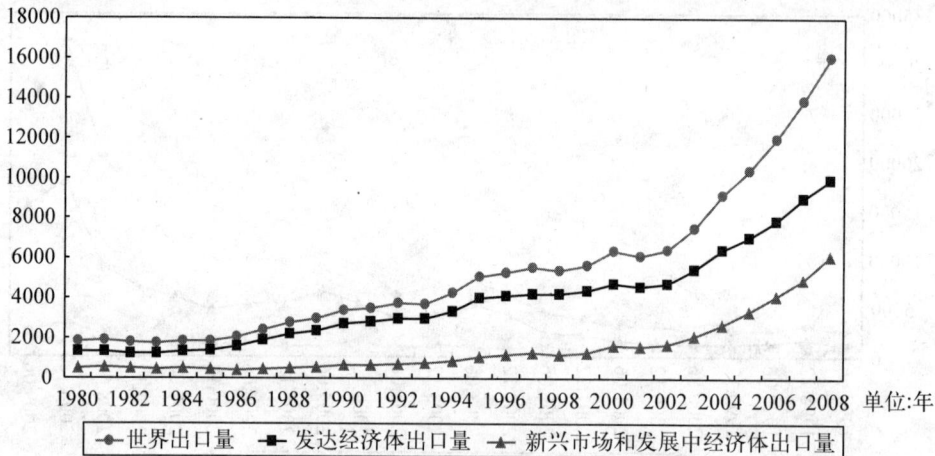

图 1-2　1980—2008 年世界出口量的变化

资料来源：IMF：*Direction of Trade Statistics*，www. imf. org.

贸易为主要表现形式；③以生产非一体化①为表现形式的产品内贸易，以发达经济体与发展中经济体之间同一产品不同生产阶段的分工贸易为主要表现形式。从图 1-3 可以看出，1980—2008 年，发达经济体之间的贸易快速增长，发达经济体之间的贸易是国际贸易的重要组成部分；新兴市场和发展中经济体对发达经济体的出口与发达经济体对新兴市场和发展中经济体的出口数量大体相当，2000 年之后，前者的规模超过后者；新兴市场和发展中经济体之间的出口在 2002 年之前增长缓慢，之后增长速度较快。

同时，从产品结构看，服务贸易成为国际贸易的主要内容。根据世界贸易组织（WTO）的数据统计，货物贸易占货物和服务贸易总额的 18.3%，而服务贸易占货物和服务贸易总额的 81.7%；而且，在货物贸易中，制成品贸易是其主要内容，占据货物出口总额的 66.5%；在服务贸易中，运输和旅游的出

---

① 张少军和李东方（2009）指出，跨国公司为了获得全球竞争力，将附加值低的产品生产工序外包给他国或到他国投资设厂进行生产，自己只保留产品的研发、设计和营销等高附加值的工序。这种国际生产模式现在已从制造业扩展到服务业，成为国际生产活动中的主流，形成不同的表现形式，垂直专业化、多阶段生产、产品内分工、竞合关系、国际生产分割、全球经济生产非一体化、全球生产分享、价值链切片、生产的非地方化、外包、代工等现象为生产非一体化。张少军、李东方：《经济全球化指数的构建——基于中国行业数据的分析》，载《世界经济研究》，2009(3)，22～27 页。

单位:10亿美元

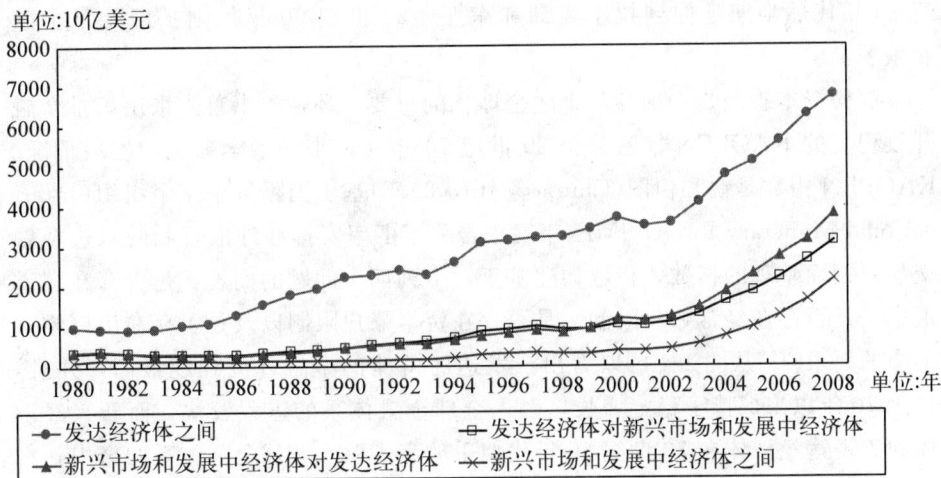

图 1-3　1980—2008 年不同经济体之间的出口量

资料来源:IMF:*Direction of Trade Statistics*,www.imf.org.

口量分别占据服务出口总量的 29.9％和 24.4％①。

　　贸易全球化为金融危机基于贸易渠道的传导打开了大门。其一,伴随着配额的取消和关税的削减,各国逐步融入全球经济中,各国之间的贸易联系日益加强,各国的对外依存度也不断提高;其二,跨国公司对公司内部的全球生产配置和交换的组织不仅导致国际贸易规模的扩大,也将不同国家、不同区域纳入同一个组织体系中来,跨国公司的这种跨国生产和经营的特点导致相关国家和地区的经济联系日益密切。当金融危机发生导致相关国家的国际贸易受到不利冲击时(既包括价格方面的冲击,也包括数量方面的冲击),危机会通过贸易渠道传导至相关国家,形成金融危机的国际传导。

　　2. 金融全球化

　　金融全球化是指各国货币体系和金融市场之间日益紧密的联系,是金融自由化和放松管制的结果。金融一体化是一个国家参与金融全球化的进程,世界各国金融一体化程度的普遍提高是金融全球化的前提和基础,金融全球化是各国金融一体化普遍提高的结果。布雷顿森林体系崩溃之后,金融全球化的范围不断扩展,20 世纪 70 年代包括工业化世界,即 OECD 国家,20 世

---

　　① 为 1980—2008 年的平均值,根据 WTO 的统计数据作者自行计算。WTO,International Trade Statistics,www.wto.org.

纪 80 年代后半期延伸到拉丁美洲和东亚，20 世纪 90 年代则扩展到了中欧和俄罗斯①。

放松资本管制是一国参与金融全球化的重要一环，本书首先采用衡量金融开放程度的 KAOPEN 指数分析 20 世纪 70 年代以来金融全球化的发展情况。KAOPEN 指数是钦和伊图（Chinn & Ito，2008）基于国际货币基金组织（International Monetary Fund，IMF）年度报告关于汇率安排和外汇管制的双边金融交易限制而整理的指数，指数构建基于对下列四个问题的回答：是否存在多重汇率、是否存在经常账户限制、是否存在资本账户限制以及是否存在出口收益上缴的要求②。从图 1-4 可以看出，发达经济体的金融开放程度最高，并且，自 1970 年以来保持了稳定增长，融入全球金融体系的进程较快，而新兴经济体和欠发达经济体在 20 世纪 80 年代似乎放弃了融入全球金融体系的努力，在 20 世纪 90 年代以后发展速度较快。

此外，兰尼和米莱西·费拉提（Lane & Milesi-Ferretti，2006）利用一国外部资产和负债之和占该国国内生产总值的百分比衡量一国金融一体化程度。从图 1-5 中可以看出，1970—2004 年，发达经济体外部资产和负债之和占国内生产总值的比重增长了 7 倍，而新兴市场和发展中经济体则增长了 3 倍，并且，在 20 世纪 80 年代中期之后，增长速度明显低于发达经济体，与发达经济体之间的差距逐步增大。黄玲（2009）将兰尼和米莱西·费拉提（2006）的分析扩展到 2006 年，也得出了类似的结论，并且指出金融全球化表现出极为不平衡的特征：发达经济体的金融资产交易规模无论相对于国民经济规模还是相对于进出口贸易规模都呈现了长期迅猛上升的趋势，其他经济体的金融一体化进程曲折起伏，远远落后于发达经济体；美国、其他发达经济体和广大发展中经济体之间金融全球化的侧重点存在差异，发达经济体对外投资的主要方式是私人资本的债务投资、外国直接投资和股权投资，投资收益率较高，而新兴经济体和发展中经济体的官方储备资产增长较快，投资收益率较低；而且国际金融资本流

① ［比］兰姆弗莱斯：《新兴经济体的金融危机》，57 页，成都，西南财经大学出版社，2002。

② 在 1996 年，由于汇率安排和外汇限制的分类方法发生变化，上述的四个层面发生变化，为了保持数据的持续性，依然保持上述分类，采用了莫迪和穆尔希德（Mody & Murshid，2005）的做法。KAOPEN 指数提供了 1970—2007 年 182 个国家金融开放程度的变化。A. Mody & A. P. Murshid："Growing Up With Capital Flows," *Journal of International Economics*，2005，65(1)：249-266。

量存在倾斜分布，20 世纪 90 年代中期以来，金融全球化的浪潮将广大新兴经济体和发展中经济体推到了更为边缘的位置，它们占世界资本市场的资本净流入份额和负债存量份额都下滑到近三十年来的最低水平。

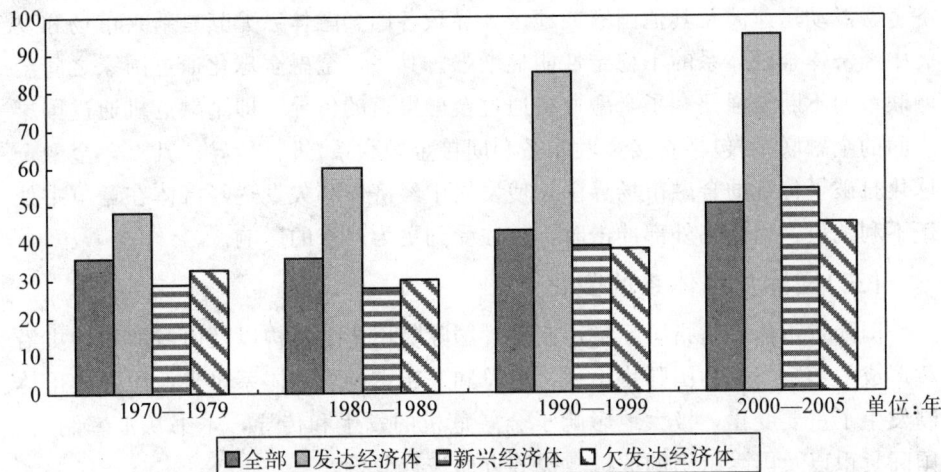

图 1-4 经济体 KAOPEN 指数的变化

注：上述图示将 KAOPEN 标准化，金融开放度最高为 100，最低值为 0。

资料来源：http：//www.ssc.wisc.edu/~mchinn/research.html.

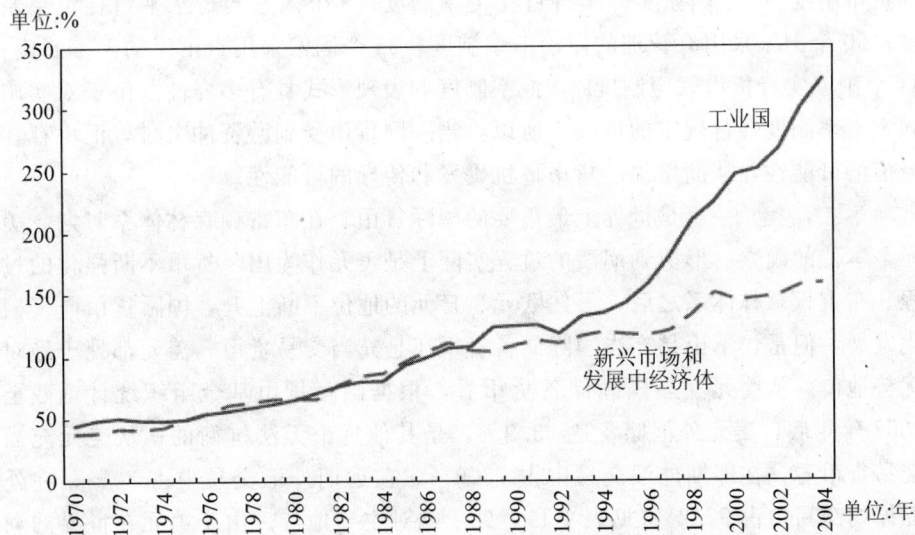

图 1-5 1970—2004 年金融一体化程度的变化

从上面的分析可以看出，虽然在融入金融全球化的程度上存在差异，但是，不同经济体都成为金融全球化的参与者。金融全球化使世界各国经济、金融发展的整体性和相互依存、相互制约程度不断增强，使一国或一个地区的经济金融波动迅速波及其他国家或地区，导致各国金融体系尤其是新兴市场和发展中经济体金融体系的不稳定性明显增强。其一，金融全球化通过国家之间金融联系的不断增强便利了金融危机通过金融渠道的传导，即金融危机通过国家之间的金融联系(包括直接金融联系和间接金融联系)进行传导。其二，金融全球化打破了传统的金融市场界限，使发展中经济体和欠发达经济体在竞争中处于不利地位，当面临外部冲击时，往往受到更为严重的影响。

(三)国际货币体系的变化

国际货币体系是指国际货币制度、国际货币金融机构以及由习惯和历史沿革形成的约定俗成的国际货币秩序的总和。布雷顿森林体系以来，国际货币体制发生了重要变化，极大地影响了金融危机的发生和传导，本书从汇率制度、国际货币以及国际组织的危机救援等方面进行分析。

第一，从人为确定的强制固定汇率制度向允许浮动汇率制度存在的多样化汇率制度转变。根据国际货币基金组织统计，在 2004 年，41 个国家采用固定钉住汇率制度，其中 33 个国家采用钉住单一货币制度，8 个国家采用钉住复合货币制度；6 个国家实行爬行钉住汇率制度；5 个国家实行水平钉住汇率制度；50 个国家采用有管理的浮动汇率制度，35 个国家采用自由浮动汇率制度；41 个国家实行货币联盟制度[①]，汇率制度的表现形式具有多样性。由于对实施固定汇率制度强行规定的消失，所以，当一国货币受到游资冲击时，汇率存在贬值的可能性，从而增加了货币危机爆发和传导的可能性。

第二，美元一直是世界上最重要的国际货币。在布雷顿森林体系时期，美元金本位的确立、形成到崩溃的过程实际上是美元作为国际货币不断强化的过程。布雷顿森林体系之后，虽然欧元、日元的地位不断上升，国际货币向多极化发展，但是，不论是充当国际储备货币还是充当交易货币，美元都处于绝对优势地位。从美元充当国际储备货币看，根据国际货币基金组织统计，截至2007 年年底，美元外汇储备达 63.9%，是其他货币无法抗衡的；从美元充当交易货币看，在即期外汇交易中占 78.6%，在远期外汇交易中占 80%，在外汇掉期交易中占 92.2%(见表 1-1)，处于绝对主导地位。由于美元在世界的霸

---

① 刘园：《国际金融实务》，36~37 页，北京，高等教育出版社，2006。

权地位，世界各经济体都需要购买美元以进行国际贸易和防范汇率风险，这导致世界各经济体对美元资产的大量需求。大规模的资本流动引起美国金融机构杠杆化比率的提高，并不惜以增加像次级债券等有毒资产的方式来增加资产供给，这直接导致了21世纪初美国次贷危机演变成为全球金融危机①。

第三，以美元本位制为基础的全球经济失衡导致全球流动性过剩。一方面，美国通过推动经济"去工业化"而维持和扩大其贸易赤字，其他国家愿意通过对美贸易顺差而获得美元，从而使美元从美国流入其他国家；另一方面，美国创造了大量的金融产品，其他国家持有的美元通过投资美国的金融产品回流到美国②。"美元回流"加强了美元的本位地位，加剧了全球经济失衡和流动性过剩。

表 1-1　国际外汇市场上美元、欧元和日元的交易份额

单位：%

交易 货币	即期外汇交易	远期外汇交易	外汇掉期交易	全部外汇交易
美元	78.6	80.0	92.2	86.3
欧元	41.8	38.0	34.0	37.0
日元	20.5	17.0	14.1	16.5

注：表中数值作者根据绝对额自行计算，由于一种货币同另一种货币进行交换，所有货币相加存在一次重复统计，交易份额的总和为200%。

资料来源：BIS：*Foreign Exchange Statistics*，2007.

第四，国际金融组织在危机救助方面的作用不断提高。20世纪80年代以来，金融危机的频繁爆发以及金融危机的国际传导性致使凭借一国之力无法应对金融危机的冲击，导致联合救助的出现。其中，国际货币基金组织在国际救助中通常发挥领导者和推动者的作用，这是由其特殊的地位和角色决定的。其一，国际货币基金组织等国际组织具有广泛的成员国，这为实行国际联合救助创造了条件。截止到2010年4月，国际货币基金组织拥有186个成员国，各成员国根据国际货币基金组织章程缴纳份额以及履行义务。其二，国际货币基

---

① 卡比罗(Caballero，2009)。R. J. Caballero："Global Imbalances and Financial Fragility," *NBER Working Paper*，2009，No. 14688.

② 朱太辉：《美元环流、全球经济结构失衡和金融危机》，载《国际金融研究》，2010(10)，37～45页。

金组织等国际组织更加关注全球金融体系的整体情况，从而在一定程度上避免在危机救助过程不同国家救助政策的负向溢出效应。其三，国际货币基金组织等国际组织具有一定的资金实力，具备充当国际最后贷款人的条件。以国际货币基金组织为例，其资金主要来源于成员国认缴的份额，这些份额中既有成员国的货币资金，更多的是美元、黄金等具有高度国际流动性的资金，还有国际货币基金组织本身创设的特别提款权，而且国际货币基金组织可以组织和协调危机中的成员国进而募集更多的资金。其四，国际货币基金组织等国际组织可以有效地提供国际联合救助所需要的经济金融信息，从而降低信息获得的成本。其五，国际货币基金组织等国际组织参与了以往的金融危机国际援助，积累了一定的经验和教训。此外，为了增强自身能力和作用，国际货币基金组织进行了一系列的改革，例如，在治理结构方面，提高新兴市场国家在国际货币基金组织中的份额，增强最不发达国家在国际货币基金组织中的发言权；在贷款职能方面，弱化贷款的条件性，增加贷款规模，新增多种贷款工具。国际组织在危机救助中的参与会导致两方面影响：一方面，国际组织通过在短期内聚集大量的资金可以有效地阻止金融危机传导，并且，通过促进不同国家之间的协商和交流减少危机救助的成本；另一方面，对国际组织救助的预期增加投资者和金融机构的道德风险，进而导致其继续从事高风险的活动，为下一次危机的爆发埋下了种子。

二、金融危机传导的微观环境

在宏观环境发生变化的同时，金融危机形成和传导的微观环境也发生了显著变化，主要体现在参与金融市场的微观主体、金融部门的业务范围和利润来源、金融部门的风险承担模式、金融机构的组织形式等方面。

第一，参与国际和国内金融市场的微观主体发生了显著变化。传统的商业银行等金融机构已经不是国际金融市场最活跃的微观主体，机构投资者成为全球金融体系内最具有决定作用的组成部分，是世界新主宰[①]。自 20 世纪 80 年代中期以来，从绝对数、与国内生产总值的比率和市场资本化的比率看，以投资公司(以共同基金为主)、保险公司和养老基金为主要表现形式的机构投资者快速增加。到 1995 年，由美国、加拿大、日本和欧洲机构投资者管理的总资

① 沙奈：《突破金融危机——金融危机缘由与对策》，155 页，北京，中央编译出版社，2009。

产大约为 21 万亿美元，大大超过了相关国家的国内生产总值总和，其中，这些机构有 50％以上在美国，2％在加拿大，14％在日本，其余在欧洲①。另外，值得注意的是，主权财富基金(Sovereign Wealth Funds，SWFs)发展迅速，根据国际货币基金组织《全球金融稳定报告》(2007)估计，目前 SWFs 的规模为 1.9 万亿～2.9 万亿美元，已超过对冲基金管理的 1 万亿～1.5 万亿美元的资产规模②。

第二，金融机构的业务范围和利润来源发生了显著变化。其一，金融自由化改革打破了金融分业经营的壁垒，使混业经营成为可能，不同类型的金融业务相互交叉融合，在分散了非系统性风险的同时也增加了系统性风险。其二，作为金融机构重要组成部分的银行逐步改变利润增长模式，利润来源从存贷差向以中间业务和表外业务为主的多样化来源转变，这导致金融机构经营的不透明性增大。其三，金融机构的业务不再局限于国内市场，无论在资产方面还是在管理模式方面，它们在国外的业务都逐步增长，这意味着某一市场受到的冲击会通过跨国金融机构这一中介迅速传导至其他市场。其四，证券化使证券在银行资产中的地位越来越重要，也使银行资产变现更加容易，并且银行可以将其业务从资产负债表内移到表外，使信息透明程度降低，借款者和贷款者之间稳定而又透明的关系消失了。其五，金融创新使商业银行和其他金融机构之间的区别越来越模糊，联系越来越密切，这些变化使它们处于与某种金融产品相关的共同利益链条之上。

第三，金融部门资金来源的构成发生了显著变化。以商业银行为例，从被动地等待资金向主动地寻找资金转变，商业银行可以依靠发行债券、借款等方式主动获得资金。例如，20 世纪 90 年代以来，商业银行在国际金融市场上发行国际债券直接融资，占国际融资总额的 60％以上③。对国际金融市场流动性的严重依赖使这些金融机构容易受到国际金融市场波动的影响，当危机发生时，通过国际金融市场流动性变化受到冲击。

第四，金融部门的管理动机和风险承担模式发生了显著变化。20 世纪中期，银行之间竞争不是十分激烈，银行经理得到固定工资，股东获得稳定租

---

① 兰姆弗莱斯：《新兴经济体的金融危机》，60 页，成都，西南财经大学出版社，2002。

② 朱孟楠、陈晞、王雯：《全球金融危机下主权财富基金：投资新动向及其对中国的启示》，载《国际金融研究》，2009(4)，4～10 页。

③ R. G. Rajan："Has Financial Development Made the World Riskier?" http：//www. nber. org/ papers/w11728，2005(11).

金，金融体系是低效率的；20 世纪 80 年代之后，金融部门经理的报酬往往与经营利润相挂钩，而风险和收益是相联系的，因此，经理为了追逐高报酬而承担高风险的动机增大，致使整个银行部门尾部风险①增加。此外，在进行投资决策时，某个投资经理往往采取"跟随其他投资经理"的策略，因为"跟随"为投资经理提供了一种保险：这样做不会比其他投资经理的业绩差。"法不责众"与"与单独犯错相比集体犯错受到更轻的惩罚"的观念导致大量的投资经理作出相同或者类似的投资决策，致使羊群效应发生，资产价格严重偏离其基础价值。

第五，金融机构的组织形式发生了显著变化。当金融机构从分业经营向混业经营转变后，金融系统稳定性及其内部的相互关系存在明显不同。在分业经营模式下，各金融机构在某一地区、某一行业从事某一类型的金融业务，金融机构的自身风险较大，但是，因为相互之间的关联性较小，所以系统性风险较小；在混业经营模式下，各金融机构同时经营不同地区、不同行业、不同类型的业务，金融机构由于混业经营而分散了风险，但是，机构之间的关联性较大，系统性风险也较大②。

此外，资本充足率的监管、贷款损失拨备、公允价值等因素存在顺周期性，导致外部冲击被金融系统放大。从资本充足率监管的顺周期性看，在经济繁荣时期，对资本充足率的要求下降，刺激银行信贷的增加；在经济萧条时期，对资本充足率的要求上升，当无法获得其他资金来源时，银行不得不出售资产以获得流动性，从而导致银行信贷的减少。从贷款损失拨备的顺周期性看，在经济繁荣时期，银行信贷的信用风险没有完全显现，计提拨备的数额较小；在经济萧条时期，银行信贷的风险完全显现，计提拨备的数额较大。从公允价值的顺周期性看，如果资产具有流动性较好的二级市场，那么，在按照市值计价(Mark to Market)的情况下，当资产价格下降时，按照市值计价的资产价格会下降，当资产价格上升时，按照市值计价的资产价格会上升，从而导致经济周期的波动性增大。

可见，金融危机传导的宏观环境和微观基础发生了很大的变化。这些变化使危机的发生和传导不再局限于危机发生国内部，不仅仅对国内的金融体系和实体经济产生影响，而是打破领土的限制向危机发生国之外传导，形成对其他

---

① 尾部风险(Tail risk)，即有小概率会产生恶性损失而大概率产生大量收益的风险。

② A. G. Haldane & P. Alessandri："Banking on the State, Bank of England," http://www.bis.org/review/r091111e.pdf, 2009.

国家的负向冲击。在上述宏观环境和微观环境下，金融危机传导具有以下特征[①]：

第一，新兴市场和发展中经济体常常是危机传导开始的地方。在金融自由化的背景下，为了促进经济发展、缩小与发达经济体之间的差距，新兴市场和发展中经济体纷纷进行经济金融改革，取消资本账户管制，吸引大量外资流入，改革带来的不稳定性、外资消化吸收能力较差以及政策不协调等问题都可能成为金融危机爆发的原因，形成从新兴市场和发展中经济体到其他国家和地区的危机传导。例如，20世纪80年代的拉美债务危机、1994年和2001年的阿根廷金融危机、1997年的东亚金融危机都是以新兴市场和发展中经济体为发源地的金融危机。但是，由于其自身的地位、与其他国家之间的联系以及救助规模等原因，以新兴市场和发展中经济体为发源地的金融危机通常只会形成区域性金融危机，而不会形成全球性金融危机。例如，20世纪80年代拉美债务危机在国际金融组织和发达经济体商业银行的联合救助下，最终没有形成波及范围更广、影响更深的全球性金融危机。1997年的东亚金融危机虽然对俄罗斯和巴西造成了冲击，但危机传导范围主要在东亚地区。

第二，以发达经济体为发源地的金融危机往往会波及其他国家和地区，容易形成全球性金融危机。一方面，发达经济体本身在进行经济体制改革和货币制度变革的过程中也会面临一些问题，存在诱使危机爆发的因素，欧洲汇率体制危机就是一个例子；另一方面，金融创新过度导致金融风险增大，容易爆发金融危机，在国际金融市场上，以美国为代表的发达经济体是金融衍生产品市场的主要参与者，过度衍生、过度虚拟的金融产品可能严重背离其实体价值，成为不稳定的因素，次贷危机就是一个例子。此外，发达经济体（特别是美国）在世界经济金融体系中处于主导地位，而新兴市场和发展中经济体处于从属地位，其经济金融发展往往受到发达经济体的制约，因此，发达经济体一旦发生危机，将波及融入全球化阵营的其他国家和地区，容易形成全球金融危机。将20世纪30年代的"大萧条"与21世纪初由次贷危机引发的全球金融危机相比较，可以发现虽然两次危机都发源于作为发达经济体的美国，但是，"大萧条"

27

[①]　虽然波尔多（Bordo，2001）等人通过对经验数据分析认为当代金融危机与过去金融危机相比在持续时间、严重程度等方面不存在很大差别，但是，由于对危机的定义（他们将恶性通货膨胀也看成是金融危机）、分析方法、时间跨度等方面的差异，本书认为当代金融危机有其自身的特点。M. Bordo, B. Eichengreen & D. Klingebiel *et al.*: "Is the Crisis Problem Growing More Severe?" *Economic Policy*, 2001, 16(32): 51-82.

主要波及了美国、英国、德国等工业化国家以及与其相联系的墨西哥、阿根廷、爱沙尼亚、拉脱维亚等周边国家[①]，而 21 世纪初全球金融危机却几乎波及了包括发达经济体、新兴经济体、发展中经济体和欠发达经济体在内的世界上所有国家。

第三，经济金融化和经济全球化使金融危机的传导渠道更加多样，传导机制更加复杂，对实体经济的影响更加严重。一方面，经济金融化导致更多的微观主体参与到金融市场中来，金融危机的发生必然会对更多的市场微观主体产生冲击，造成经济关系的混乱，进而影响到消费、投资和产出等实体经济变量，容易造成综合性金融危机和经济衰退；另一方面，金融关系日益复杂，更多的微观主体处于某一复杂的利益链条之上，当危机导致利益链条断裂时，必将像多米诺骨牌一样对相应的微观主体产生冲击。此外，贸易全球化导致国家之间经济依赖性增强，危机更加容易通过贸易渠道进行传导，金融全球化导致更多的国家和地区融入国际金融市场，危机会通过国际资金流动直接地或者间接地影响到参与国际金融市场的其他国家。

第四，信息不完全导致的羊群效应使金融危机传导的冲击力量更大。金德尔伯格（2007）认为金融危机的爆发往往与投机过热相联系，而在投机过程中金融市场的个体理性行为可能导致整体的非理性，出现合成谬误，从而使市场参与者丧失了对现实和理性的感觉，形成某种集体的疯狂。对于当代金融危机而言，信息不完全使投资者无法准确掌握所需的信息，这导致对其他投资者行为的效仿，进而形成羊群效应，导致危机传导到其他国家和地区，并且传导的冲击力量大于在信息完全条件下传导的冲击力量，这也从另一个角度说明了当代金融危机传导的复杂性和多样性。

第四节　金融危机传导的范围与路径

在对金融危机传导的宏观环境和微观环境进行分析的基础上，根据金融危机传导的地域特征可以将其分为封闭经济条件下的金融危机传导和开放经济条件下的金融危机传导（见图 1-6）。其中，封闭经济条件下金融危机传导重点分析由金融危机爆发引起的在危机发生国内部的传导，是开放经济条件下金融危机传导的中间环节；开放经济条件下金融危机传导重点分析由金融危机爆发引起的对其

---

① ［美］伯南克：《大萧条》，89 页，大连，东北财经大学出版社，2007。

他国家或地区的传导，是经济金融全球化和国家领土地域化之间矛盾的产物。

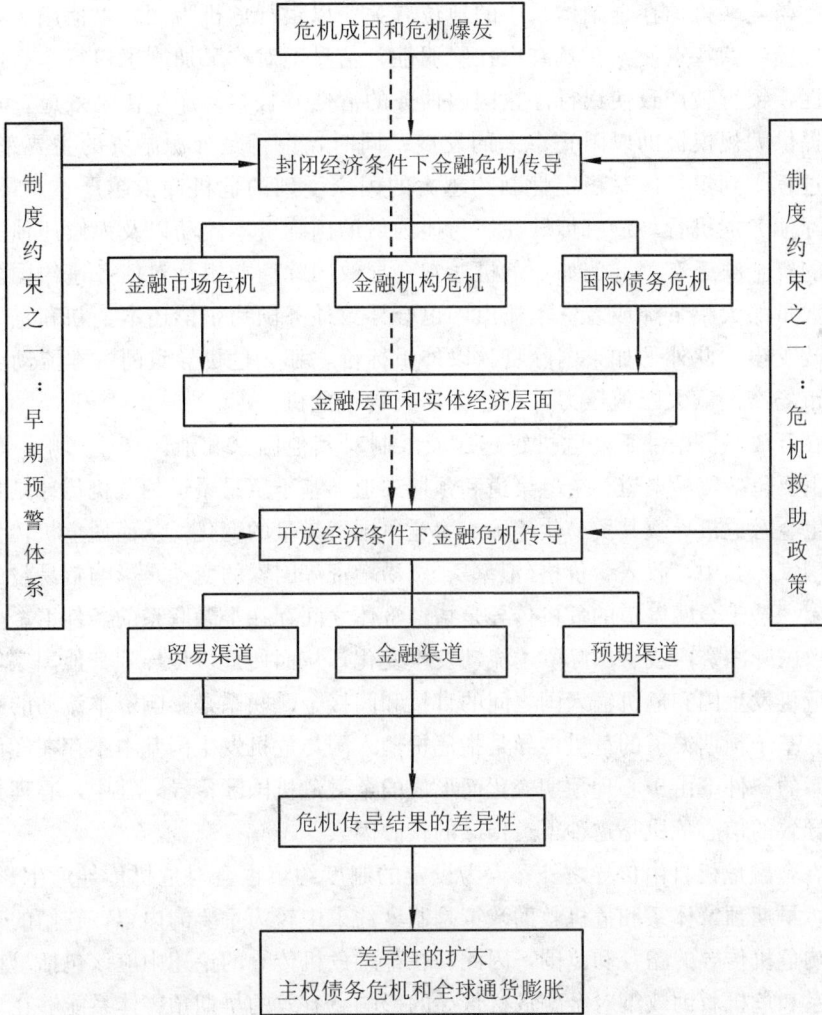

图 1-6　金融危机传导的范围和路径

在封闭经济条件下，金融危机既会对危机国的金融层面产生影响，也会对危机国的实体经济层面产生影响，而且不同类型金融危机的传导机制存在差异。首先，从金融市场危机看，危机传导通常与金融市场在经济金融中的作用有关。以货币危机(即外汇市场危机)为例，投机冲击致使一国货币大幅贬值，或者迫使货币当局利用大量外汇储备进行干预或提高利率，最先受到冲击的微观主体通常是正常时期也可能存在汇率风险暴露的微观主体，包括进出口企业、拥有未保值头寸的金融机构和个人等。其次，从金融机构危机看，危机传导通常与金融机构在金融体系中的地位有关。以银行危机为例，以信用为基础的高负债经营特点使银行具有内在脆弱性，信息不对称又加剧了银行体系的不稳定性，银行破产致使银行停止国内债务的清偿并且容易产生传染效应，迫使政府提供大规模援助以阻止事态的发展；同时，银行是外源融资的主要来源，融资过程受到银行体系稳定性制约越大的国家受到的危机冲击越严重。最后，从国际债务危机看，危机传导往往与违约后的国际资本流动以及为偿还债务而导致的资金缺乏有关。例如，危机通常会导致国际商业银行对债务违约国新增贷款数量的大幅下降或者资本流出，也会导致债务国为了偿还本金和利息而削减财政支出。此外，如果国际贷款以外币标价，那么危机导致的资本流动会对外汇市场产生巨大贬值压力，可能会形成货币危机。

在开放经济条件下，危机跨越地域限制对其他国家和地区产生影响，传导渠道主要包括贸易渠道、金融渠道和预期渠道。基于贸易渠道的危机传导是指一国发生金融危机导致其贸易伙伴国或者竞争国贸易量的变化，从而使危机传导到其他国家，其中，收入、价格（汇率）、贸易融资等因素的变动是影响贸易量的主要原因。基于金融渠道的危机传导是指经济体之间存在金融联系的条件下金融危机导致国际净资产或者国际资本流动发生变化，从而使危机传导到其他国家，其中，危机发生国和危机输入国之间的直接和间接金融联系是影响资本流动的重要因素。基于预期渠道的危机传导是指危机输入国与危机发生国基本不存在经济金融联系的条件下由于心理预期变化而形成的金融危机国际传导，其中，心理预期变化导致的信心危机是这种渠道传导的核心因素。

在金融危机自由传导之外，人为设定的制度约束也会对危机传导产生影响。其中，早期预警体系和危机救助政策是制度约束中较为重要的内容，它们的存在会影响危机传导的路径和范围，因此，在金融危机传导的论述中应该包括早期预警体系和危机救助政策对金融危机传导的影响。有效的早期预警体系能够在危机来临之前发出预警信号，政府能够动员人力、物力和财力防止和弱化金融危机的冲击，从而降低金融危机传导的初始力量和波及范围；有效的金融危机救助政策能够对金融危机传导发挥阻断器作用，降低金融危机造成的损失。

危机传导结果是危机传导过程的终结，是危机传导的最终表现形式。对危机传导结果的分析不仅可以使金融危机传导理论更加完整，也可以通过分析危机传导结果的差异性再次论证制度约束下的金融危机传导机制和传导渠道。

第二章

金融危机成因与危机传导

正如研究金融危机的学者被分为分拆者（Splitter）和归并者（Lumper）①一样，金融危机的成因解释可以分为金融危机成因的分类解释和总体解释。金融危机成因的分类解释从金融危机的不同类型出发，分析引发不同类型金融危机的特定原因；金融危机成因的总体解释从金融危机的共性出发，分析引发不同表现形式的金融危机背后的一般原因和内在规律。在对金融危机成因进行阐述的基础上，本章将分析金融危机成因与危机传导之间的关系。

第一节　不同类型的金融危机成因与危机传导

金融危机根据其表现形式可以分为金融市场危机、金融机构危机、债务危机以及包含多种形式的综合金融危机。本书将依据上述分类，分别对金融市场危机、金融机构危机以及债务危机的成因进行解释②。

一、金融市场危机成因与危机传导

金融市场是经济运行过程中资金供求双方运用各种金融工具调节资金盈余活动的场所，金融市场危机包括外汇市场危机、股票市场危机以及货币市场、

---

①　［美］金德尔伯格：《疯狂、惊恐和崩溃金融危机史（第四版）》，2页，北京，中国金融出版社，2007。

②　其中，综合金融危机涉及金融危机国内传导的内容，本书将在第三章进行阐述。

资本市场和金融衍生产品市场危机。

(一)货币危机的成因与传导

对货币危机成因的分析主要为三代货币危机模型，这些模型分别从经济的基本层面、预期的自我实现、金融恐慌、道德风险等角度分析了货币危机的成因。

1. 基于第一代货币危机模型对危机传导的分析

20世纪70年代末和80年代初，许多发展中国家（特别是拉美国家）爆发了多次以货币危机为表现形式的金融危机，这直接导致了学者对货币危机成因的研究。萨伦特和亨德森（Salant & Henderson，1978）研究了固定黄金价格下，对作为维护黄金价格的缓冲储备的攻击及其后果，认为放弃固定黄金价格制的时间是内生的——由投机者的行为决定的。克鲁格曼（Krugman，1979）把这些观点应用于固定汇率的投机攻击，并把对汇率的投机看成是投资者改变其资产组合的过程。对汇率的投机攻击是由政府持续的国内信贷扩张引起的，在固定汇率制下信贷扩张是通过政府出售外汇储备来实现的。因此，持续的国内信贷扩张必定会造成外汇储备的逐渐减少，最终导致政府放弃固定汇率制度。投资者意识到政府不可能一直维持固定汇率，于是，为了避免汇率浮动后的损失就会在政府未耗尽外汇储备时进行攻击，从而造成了外汇储备的急剧下降，固定汇率制度崩溃。由于克鲁格曼模型的非线型性，克鲁格曼没能求出固定汇率崩溃的时间。弗拉德和加伯（Flood & Garber，1984）用线性模型简化了克鲁格曼的模型，并且求出了固定汇率制度崩溃的时间，完成了第一代货币危机理论的基本模型，通常称之为克鲁格曼——弗拉德——加伯（Krugman-Flood-Garber，KFG）模型。第一代货币危机模型认为政府过度扩张的财政货币政策导致经济基础的恶化，并最终引发对固定汇率的投机，货币危机的成因是政府宏观经济政策与固定汇率制度之间存在政策冲突。

从第一代货币危机模型可以看出，危机起源于货币市场，以固定汇率制度的崩溃或者汇率的大幅贬值为主要表现形式，对金融危机传导的影响表现在以下几个方面。第一，固定汇率制的崩溃或者汇率的大幅贬值是危机传导的起点，危机传导的初始力量取决于汇率贬值的幅度，汇率贬值的幅度越大，危机传导的初始力量越大，汇率贬值的速度越快，危机传导的速度越快。第二，收入和支出与汇率相关的经济主体，包括进出口企业、存在汇率风险的金融机构等都会受到危机的冲击，受到冲击的程度与汇率弹性相关。如果弹性较大，那么，汇率贬值意味着经济主体的收入和支出的变动程度越大，受到危机冲击的程度越大。例如，对于出口企业而言，对手方国家汇率贬值通常会导致本国出口企业的竞争力降低，出口下降，但是，如果该出口企业的汇率弹性较小，或者对手方对出口企业的进口需求呈现刚性，那么，贬值不会导致出口企业的出口量大幅度下降，货币危机的冲击较小。第三，由于对汇率的投机是投资者改变其资产组合的过程，危机爆发之后，危机传导会通过进一步资产组合的调整而形成。资产组合不仅包括不同金融市场上的产品，也包括不同国家金融市场上的产品，金融危机会通过资产组合的调整而传导至不同金融市场和不同国家。第四，因为扩张性的货币政策和财政政策是危机发生的原因，所以，危机发生可能会导致货币政策和财政政策的调整，进而影响社会的总需求。当危机国实行紧缩的货币政策和财政政策时，它不仅要承受货币危机对本国的冲击，也要承受紧缩性政策的冲击，从而可能造成长期的经济衰退。

2. 基于第二代货币危机模型对危机传导的分析

1992 年，欧洲汇率体系危机（ERM）对第一代货币危机模型提出了挑战。首先，没有一个发生危机的国家实行扩张性的货币政策，创造大量货币而对固定汇率制度造成威胁，不符合第一代货币危机模型的形成机制；其次，这些国家比较富有，不是由于外汇储备的枯竭而被迫放弃固定汇率，而是在衡量了成本与收益的基础上主动采取贬值的措施；最后，有些受冲击国家的宏观经济基本面不存在问题。上述新情况的出现促使学者从其他角度对货币危机的成因进行解释，从而导致第二代货币危机理论的产生。在第二代货币危机理论中，强调多重均衡和投资者预期的自我实现[①]。经济中存在两种均衡：好的均衡和坏的均衡，分别对应着公众对于固定汇率是否能够维持的不同预期，每种预期都是自我实现的。其中，在好的均衡的条件下，公众的贬值预期为零，汇率稳定；在坏的均衡的条件下，公众预期汇率贬值，当这种预期达到一定程度时，政府认为维持固定汇率制度的成本过于高昂，从而放弃固定汇率制度，导致货币危机爆发。由好的均衡向坏的均衡的跳跃往往是一些与经济基础完全无关的事件，即所谓的黑子现象导致的。这些黑子现象经常与国际短期资金流动独特的运动规律密切相关，当它导致贬值预期心理时，就会引发投机并使这一预期得到实现。

第二代货币危机模型认为固定汇率制度本身具有天生的脆弱性，固定汇率

---

① M. Obstfeld："The Logic of Currency Crises？"http：//www. nber. org/papers/w4640，1994(2).

制度与允许资本自由流动之间存在冲突，如果一国的失业或者外部债务压力达到一定程度，那么，就可能通过投资者预期自我实现而爆发货币危机。此外，同第一代模型一样，第二代货币危机模型也认为政府政策不一致性是危机发生的原因，但是，两者的不一致性存在区别：第一代模型认为国内信贷创造造成中央银行进行调整的压力——货币贬值或汇率浮动；而第二代模型认为在货币危机发生以前并不存在政策不一致，而是危机本身导致了政策的变化，从而使得危机是自我实现的。因此，在第一代模型中，事前的政策不一致性导致了危机的产生；在第二代模型中，对事后政策的不一致性的预期导致了危机的产生[①]。

从第二代货币危机模型可以看出，由于黑子现象等与经济基础无关的事件改变了投资者的预期，致使从"稳定的均衡"向"危机的均衡"转变，进而导致货币危机的爆发，对金融危机传导的影响主要表现在以下几个方面。第一，与第一代货币危机模型一样，固定汇率制的崩溃或者汇率的大幅贬值是危机传导的起点，危机传导的初始力量取决于汇率贬值的幅度，波及范围主要是收入和支出与汇率变动相关的经济主体。第二，预期在第二代货币危机模型中占有重要地位，危机的发生证实了投资者的预期，从而导致危机之前没有进行调整的投资者对其资产组合进行调整以及已经调整的投资者的进一步调整，危机传导的方向取决于投资者根据危机力量与救助政策力量之间的比较而形成的预期，可能会存在超调情况，即由于投资者预期的不准确性而导致的投资组合调整幅度超过最优调整幅度的情况。第三，因为汇率贬值是政府在衡量维持固定汇率制度的成本与收益之后选择的结果，所以，在政府对汇率贬值的成本进行详细估计的基础上，贬值的幅度不会太大，贬值的速度不会过快，危机传导的初始力量不会太强，危机的波及范围可以在一定程度上受到控制。

3. 基于第三代货币危机模型对危机传导的分析

第三代货币危机模型对危机成因的解释多种多样，包括恐慌模型、资产负债表模型、道德风险模型等，侧重于从微观层面对货币危机的成因进行解释。

货币危机的恐慌模型认为货币危机的本质与经典的银行挤兑模型并没有不同，只是在国际程度上的挤兑而已。瑞德利特和萨克斯（Radelet & Sachs，1998）认为货币危机的发生与短期外债和外汇储备的比率有着显著的关系，危

---

① 金洪飞：《新兴市场货币危机机理研究》，13 页，上海，上海财经大学出版社，2004。

机发生国不是长期上无力偿还外债，而是短期流动性不足。当人们认为债权人不会提供新的贷款时，短期流动性不足就会发生，自我实现的恐慌心理使得资金撤离该地区，从而导致了该地区资产价格的下降以及货币贬值、货币危机爆发。金融恐慌模型依赖于大量非合作的投资者的存在，是建立在排队取款的假设之上，结果表明每个人都认为在他人之前行动是有利的。

货币危机的资产负债表模型是从资产负债表的角度（微观领域）解释货币危机。当一国企业、金融机构、政府以及国家整体存在货币错配、期限错配等资产负债表问题时，国际投资者会形成该国货币贬值的预期，从而导致危机的爆发。例如，施耐德和托内尔（Schneider & Tornell，2004）将国内经济分为贸易部门和非贸易部门，认为当其他国家货币贬值导致非贸易部门的商品价格和出口数量下降时，非贸易部门的现金流和企业净值下降，从而导致大量违约产生。企业净值下降导致非贸易部门的外源融资成本上升、数量下降，投资需求也相应下降，进而导致利率水平下降。在人们预期汇率贬值的条件下，自我实现的危机发生。

货币危机的道德风险模型强调政府显性或隐性的担保在货币危机爆发中的作用。例如，科尔塞蒂（Corsetti，1999）等人假定政府对企业和金融机构进行担保，国外债权人愿意为无担保条件下不能获得资金的企业融资。这一方面造成了过度借贷；另一方面造成了经常账户的赤字。当国外债权人不愿意继续提供资金或者召回贷款时，企业就会面临债务困境。但是，这时政府就会介入以帮助企业还债。为了获得还债所需资金，政府需要采取相应的措施（例如发行货币），这种扩张性的政策或者对扩张性政策的预期导致货币危机的爆发。

从上面的分析可以看出，对货币危机成因的不同解释意味着危机传导起始点的差异，对危机传导的影响具体表现在以下几个方面。第一，根据货币危机的恐慌模型，货币危机通过大规模的资本流出引发，因此，危机会通过资金从国内向国外流动而造成国内资金缺乏进而传导至经济金融层面；而且，危机的爆发会导致另一轮恐慌的出现，进而导致另一轮的资产组合调整以及资本的流出。第二，根据货币危机的资产负债表模型，货币危机是不健康的资产负债表和投资者预期相互作用的结果，汇率大幅度贬值会导致存在以外币标价的净债务的本币价值增加，导致经济主体净值的下降，从而影响其外源融资成本以及投资和产出规模；而且，危机爆发导致大量资本外流，进而导致存在期限错配的经济主体的资金流入减少，当存在大量短期外部债务而无法获得新的资金来源时，债务危机发生，货币危机进一步恶化。第三，根据货币危机的道德风险模型，政府担保导致过度借贷的发生，危机发生导致政府扩张性政策的转变，而且，投资者意识到所投资企业或者国家的真实风险水平，从而导致资本的大量流出以及国际范围内资产组合的调整。

(二)货币市场、资本市场和金融衍生品市场危机成因与传导

货币市场和资本市场是金融市场的重要组成部分。货币市场是短期资金融通的市场，包括同业拆借市场、回购协议市场、商业票据市场、短期政府债券市场、大额可转让定期存单市场等；资本市场是长期资金融通的市场，包括长期债券市场、股票市场、基金市场等。货币市场危机和资本市场危机以资产价格的暴跌、流动性的枯竭为表现形式。从投资者角度看，与基础变量相关或者无关的信息影响投资者的预期，从而导致投资者纷纷抛售手中资产，进而导致资产价格暴跌。从融资者角度看，货币市场和资本市场带有公共产品特质。它具有竞争性：一个市场参与者流动性的获得会减少另一个市场参与者获得流动性的可能性(或者提高其获得流动性的价格)；它不具有排他性，不能排除市场中某个参与者获得流动性，这导致"公共地悲剧"的发生和流动性的枯竭。以股票市场为例，以股票市场暴跌为表现形式的金融危机往往与浓厚的悲观预期和投资者抛售股票相联系，投资者抛售股票导致股票价格下跌，导致投资者悲观预期加深，进一步抛售股票，从而导致股票市场危机的爆发。

金融衍生品市场是以金融衍生产品为交易标的的市场。2007年的次贷危机就是一场金融衍生品市场危机，之后波及经济领域和其他国家进而形成全球性金融危机。从次贷危机成因看，美联储自2001年以来的低利率政策和政府的减税措施推动了房地产的需求以及推高了房地产的价格；商业银行等金融机构为了追求高利润而大量发放住房抵押贷款，并通过资产证券化手段，从次贷到次债，从CDO到CDS，将个体风险进行转嫁，系统性风险不断攀升；政府监管的真空以及评级机构的夸大评级导致金融泡沫的放大。当美联储为了应对通货膨胀压力而提高利率时，次级抵押贷款的借款人无法承受债务负担，违约率上升，次贷危机爆发。斯蒂格利茨(Stiglitz，2008)指出，公司的股票期权激励计划导致经理可能获取极高的收益而不必为其损失负责，客观上激励其提供虚假信息以及采取欺诈性行为；证券购买者没有充分了解证券化产品的标的资产，信息不对称为欺诈性行为的发生提供了可能，并导致证券购买者承担了过度风险；信用评级机构为了追求自身的利益而提供了夸大的评级，导致对市场行为的误导；格拉斯-斯蒂格尔法案的废除增加了商业银行和投资银行之间的利益相关性，为证券发行市场上的高风险、欺诈性行为提供了温床，上述因素

的共同作用导致了次贷危机的爆发。

从上面的分析可以看出，危机成因对危机传导的影响具体表现在以下几个方面。第一，货币市场危机和资本市场危机通常以流动性干涸为表现形式，会对通过货币市场和资产市场获得外部融资的企业、机构等经济主体产生影响；而且，货币市场危机和资本市场危机意味着市场流动性急剧下降，进而造成持有货币市场和资本市场金融工具的投资者无法变现，导致其持有的金融工具的价值严重低于正常价格。第二，货币市场和资本市场的不同特点导致货币市场危机和资本市场危机对其传导的影响具有不同特点。货币市场从事短期金融产品交易，资本市场从事长期金融产品交易，这意味着当危机发生时，交易市场首先受到冲击，发行市场其次受到冲击，货币市场的发行市场受到冲击的速度快于资本市场的发行市场，货币市场危机恶化的速度也会更快。第三，利率上升导致次级借款人违约而引发的次贷危机显示了基础金融产品受到的负向冲击会导致以其为基础的金融衍生产品受到冲击，从而导致 MBS、CDO 等金融衍生产品的发行困难，流动性消失，致使持有这些金融衍生产品的投资者和投资机构由于价格大幅下跌而面临破产；而且，金融衍生品市场对预期的依赖性很大，危机的发生导致投资者的不利预期，从而拒绝购买与次贷相关的金融衍生产品。当金融衍生产品的需求突然消失时，价格必然会大幅下跌。

二、金融机构危机成因与危机传导

商业银行是金融机构的重要组成部分，本书着重分析以银行挤兑、银行破产、银行接管为表现形式的金融危机成因对传导的影响。

金融脆弱性假说是由明斯基（Minsky，1982）在其著作《金融脆弱性假说：资本主义的进展和经济行为》中提出并系统阐述的。在债务—通货紧缩理论的基础上，他以信贷市场的脆弱性为研究对象，提出金融脆弱性的两个定理：第一，每个经济都具有一个稳定的融资体系和一个不稳定的融资体系；第二，在经历了一定时期的繁荣之后，金融关系和经济总会从稳定的状态走向不稳定的状态，融资体系的本质和常态是不稳定的。当经济由繁荣走向萧条时，任何打断信贷资金流向生产部门的事件都有可能导致企业的违约和破产，进而影响金融体系。可以说，银行部门的高负债经营以及来自于经济层面的负向冲击共同导致了危机的爆发。之后，克瑞格（Kregel，1997）提出了"安全边界"的概念，从银行角度对金融脆弱性进行了解释。他认为银行家运用了不恰当的方法——借款人的信用记录和追随其他银行的行为——来估计安全边界，从而导致商业

37

银行批准了低于安全边界项目的贷款，进而导致金融脆弱性的加强和银行危机的爆发。

戴蒙得和戴维格(Diamond & Dybvig，1983)提出了著名的"DD模型"，对银行挤兑、存款保险和流动性之间的关系进行了探讨。他们认为，银行挤兑的根源在于存款者流动性要求的不确定性以及银行资产和负债之间流动性的矛盾，银行挤兑具有自我实现的性质。在先到先得和清算资产存在成本的条件下，多重均衡会存在，而哪一种均衡会发生取决于太阳黑子因素。如果存款者对银行充满信心，不相信银行挤兑会发生，那么，银行挤兑就不会发生，存款者的取款是平滑的，每一次取款是存款者最优风险分担的选择；如果存款者对银行失去信心，相信银行挤兑即将到来，那么，银行挤兑就会发生，每个存款者的最优选择就是取款。由于没有充足的流动性应对所有储户的要求，银行就必须以低价在资产市场上出售资产而获得流动性，这会遭受一定损失，出售资产的价格越低，遭受的损失越大。因为规则是先到先得，所以，先到的储户比后到的储户会获得更多的资金，储户的最优选择是挤兑银行。此外，米切尔(Mitchell，1941)将银行危机看成是经济危机的一部分，认为经济下滑会通过不良贷款增加而减少银行资产价值，这提高了银行无法满足客户提款要求的可能性。如果存款者认识到经济即将下滑并且预期到银行部门可能存在支付困难，那么，他们就会提取存款。银行危机不是随机的事件，而是对逐渐显露的经济情况的反应。

随着信息经济学的兴起，学者从信息不对称角度分析银行危机的成因。银行和借款者之间存在信息不对称，借款者在投资预期收益、风险以及自身的信用情况、资本情况、经营情况、还款能力等方面占有信息优势，而银行则处于信息劣势。这种信息不对称导致了逆向选择和道德风险的发生。在发放贷款之前，银行难以甄别借款人资质的好坏，只能根据投资项目的平均风险收取利率，这可能会导致收益和风险高于平均利率和平均风险的借款者存在于市场之上，引起逆向选择的发生——风险越高的借款者越能获得贷款，从而导致银行风险增加；在发放贷款之后，借款者可能会变更或者隐瞒投资用途、投资收益，将贷款投放于具有更高风险的项目，如果发生偏差，那么，银行信贷资金将无法收回，导致银行陷入困境。虽然金融机构可以限制道德风险的发生，但要受到如下条件的制约：第一，储户对金融机构的信心维持不变；第二，金融机构对借款人的筛选和监督高效、成本低廉。遗憾的是，储户信心的外生性以及金融机构资产选择过程中的内在问题会使得信贷风险不断产生和积累，最终可能会引发银行危机。

此外，2007 年爆发的由次贷危机引发的全球金融危机向人们展示，从事高风险、高收益金融业务的投资银行等金融机构也会产生危机，并且，在当代经济金融环境下，这种危机会产生广泛而深远的影响。投资银行等金融机构的危机与其业务范围和盈利模式是分不开的。一方面，这类金融机构往往从事复杂的金融衍生产品交易，基础资产价值的变动以及金融衍生产品供给和需求的变动都会对其价格产生巨大的影响；另一方面，这类金融机构往往利用杠杆化的方式获取利润，杠杆化不仅可以使其所掌控的资金扩大数倍，利润来源增加，也导致其流动性风险的增加，金融脆弱性增加，正是由于过度借贷和杠杆化导致 2007 年次贷危机的发生[1]。

从上面的分析可以看出，金融机构危机成因对危机传导的影响具体表现在以下几个方面：第一，金融机构危机爆发和危机传导的初始地点为金融机构，与金融机构存在债权债务关系、股权股利关系等直接和间接联系的经济主体会受到冲击。第二，金融机构是企业特别是中小企业外源融资的重要渠道，因此，金融机构危机必然会通过影响外源融资的数量和规模进行传导，相对于大企业而言，中小企业受到的冲击会更加严重。第三，金融机构资产和负债的特殊性导致金融机构危机特别是银行危机容易发生传染效应，金融机构的特殊性致使金融机构危机引发市场恐慌和不利预期。巴塞尔协议要求商业银行的资本充足率达到 8%，这意味着商业银行可以利用 8 单位的资本撬动 100 单位的资产，具有较高的杠杆性和风险性。第四，金融机构危机会导致国际投资者对危机国的不利预期，从而导致短期内大量资本外流，甚至引发货币危机。第五，当金融机构处于某一金融产品链条之中，危机爆发会导致链条中断，进而形成多米诺骨牌效应，冲击该金融产品链条中的所有参与者，包括商业银行、投资银行、居民、企业、国外投资者，等等。

三、债务危机成因与危机传导

严格意义上讲，不同表现形式的金融危机一般都伴有债务违约的发生，例如，银行危机可以看做是银行对存款者的债务违约。为了与一般的债务违约进行区分，本书此处分析的债务危机主要是指由一国政府、银行或者企业在国际

---

[1]　A. V. Georgiou："Excessive Lending, Leverage, and Risk-Taking in the Presence of Bailout Expectations,"*IMF Working Paper*, 2009, No. 233.

金融市场上通过外部借款方式获得融资而产生的以债务停止偿还、债务拖延、债务重组为表现形式的主权债务危机。

吉塞(Guissé，2004)从历史角度解释债务危机的成因。他认为第三世界的债务是持续殖民主义的遗产。根据他的推算，发展中国家的债务部分来自于殖民者债务的不公平转移，而且高额的利率水平导致这一部分债务迅速增长，背负大量债务负担的发展中国家无力组织建设和发展经济，最终导致债务无法偿还，债务危机爆发。

梯若尔(2003)从国际债权人角度分析了债务危机爆发的原因。他认为，如果没有发达国家的超额贷款就不存在发展中国家的超额借款，正是由于作为债权人的发达国家受到利益的驱动却没有对风险进行有效识别和规避才导致贷款无法按时收回，发展中国家无力按时偿还债务。

兰姆弗莱斯(2002)从外债结构、用途以及借款国的国际收支情况角度分析了债务危机的原因。他认为，拉美国家对大量以外币标价短期债务的依赖以及将资金用于消费或者低效率的项目是债务危机发生的根源，而借款国外部环境的变化——世界经济萧条和外部利率上升——直接导致了债务危机的爆发。

齐尔瓦(Chirwa，2006)等人从羊群行为角度分析债务危机发生的原因。他们认为，在信息不完全的条件下，某个债权人召回贷款的行为会产生外部性，从而导致其他债权人相应效仿和追随，进而导致债务人无法在短期内获得流动性而造成债务违约。

从上面的分析可以发现，债务危机成因对危机传导的影响主要表现在以下几个方面：第一，债务危机以债务违约为表现形式，危机爆发会沿着国际债务链条进行传导，或者从债务国传导至债权国，或者由于预期的原因从债务国传导至其他债务国。第二，国际债务危机会导致国际资本迅速撤离危机国，进而形成由于大量资本流出而导致的货币危机。第三，如果外部债务来自于殖民者债务的不公平转移和高利率水平，那么，债务危机的爆发会导致原本脆弱的实体经济更加恶化。第四，如果国际资本是危机国金融机构的主要资金来源，那么，债务危机会导致危机国金融机构资金来源的减少，甚至发生金融机构危机。第五，国际债务危机引发的信用评级的下降会产生深远的影响，可能会导致未来几年内危机国国际资本流入处于较低水平，不利于危机国的经济复苏。

第二节　其他危机成因解释与危机传导

在对不同类型的金融危机成因进行解释之外，马克思主义经济理论和金融发展理论从金融危机的共性出发，探寻金融危机爆发的一般原因，本书在对马克思主义理论和金融发展理论视角下的危机成因进行阐述的基础上，分析危机成因对危机传导的影响。

一、基于马克思主义视角解释危机成因对危机传导的影响

马克思主义金融危机理论是马克思主义经济学的重要组成部分。19 世纪中后期，马克思和恩格斯针对资本主义全球扩展过程中日益严重的经济与金融危机进行了系统而深入的分析，在劳动价值论、商品与货币关系理论，特别是资本运动理论的基础上形成了科学的金融危机理论。

(一)马克思主义基本原理下金融危机成因的理论解释

马克思分析了金融危机的可能性或者一般条件。他认为，商品买卖分离和货币支付错位导致金融危机和经济危机成为可能，这里的商品既包括实物商品又包括金融商品(或者虚拟资本商品)。实物商品买卖分离和货币支付错位可能导致经济危机以及伴随着经济危机发生的金融危机；金融商品买卖分离和货币支付错位可能导致独立的金融危机。此外，他认为，随着经济和金融的融合程度不断提高，独立的金融危机会对经济产生巨大的反作用，引起经济危机并导致金融危机的深化。

金融危机的可能性或一般条件并非一定会导致金融危机的发生，马克思等人也分析了金融危机的形成机制和现实条件。对于伴随着经济危机的金融危机，他们认为，正是资本积累造就了货币金融危机发生的现实条件和基础：商品生产普遍过剩和信用的充分发展。商品生产过剩是指，商品的生产能力(再生产规模)太大、商品生产量超过购买力的需求状况，当社会出现普遍的生产过剩时，商品与货币的对立绝对化、公开化，经济危机和金融危机成为现实；信用的充分发展是指，债务的延伸和扩展是货币支付矛盾的积累，在支付链条和抵消支付的人为制度充分发展的条件下，如果整体的结构或制度被打乱，那么，危机会发生。在同时具备了上述两个条件时，即使不存在外部扰动，当市场价格下降、利润下降到某一点时，危机也将被触发。马克思在《资本论》中指出，这种混乱和停滞，会使货币的那种随着资本的发展而同时出现的并以这些预定的价格关系为基础的支付手段职能发挥不了作用，会在许许多多点上破坏按一定期限支付债务的锁链，而在随着资本而同时发展起来的信用制度由此崩

41

溃时，会更加严重起来，由此引起强烈的严重危机。① 对于独立的金融危机而言，他们认为，独立的金融危机是不以经济危机爆发为条件的金融危机，是当社会的再生产过程尚未达到极限、全面的生产过剩尚未发展到临界程度时所产生的金融危机，这种危机来自金融系统内部的紊乱。在发达资本主义阶段，信用、金融和虚拟资本交易日益重要，金融和虚拟资本的发展有超越和背离生产系统而独立发展的趋势。在虚拟资本背离实际经济的自循环过程中，货币与虚拟资本的矛盾日益显露出来，货币作为一般价值形式同虚拟资本的市场价值和信用货币的面额价值的矛盾不断累积，从而导致危机的爆发。

可见，马克思等人认为金融危机的本质是货币危机②，虽然其表现形式为企业和银行的流动性危机、债务支付危机，但其基本特征是对货币的追求；认为生产过剩和金融过剩是金融危机的两个必要条件，金融危机可以由于生产过剩在经济危机中爆发，也可以在以虚拟资本为代表的金融系统紊乱中爆发。

在马克思经济学基本原理的基础上，国内外的一些学者对金融危机成因理论进行了拓展。王德祥(2002)根据马克思主义经济学原理和方法，借鉴自然科学中的混沌理论和西方经济学的研究成果，从经济全球化过程中资本运动的角度比较系统地分析了全球化条件下世界金融危机的演变发展过程，指出了金融危机发生的特点、原因和发展趋势，探讨了在不对称的世界经济体系中资本流入对发展中国家经济金融冲击的机理，特别指出了发展中国家坚持真正的外部均衡和实现跨越式发展以摆脱对西方国家的资本、市场及货币严重依赖的重要意义；沙奈等人(2009)从金融全球化和金融自由化的角度出发，在国际货币的不稳定性、国际金融资本的不稳定性、机构投资者以及主权基金的兴起等方面利用马克思主义基本原理对美国 1929—1933 年经济金融大危机、1987 年华尔街股市风暴、1990—1991 年的金融冲击、1996 年欧洲金融危机、1990 年日本金融危机、20 世纪 80 年代的拉美金融危机以及 1997—1998 年的亚洲金融危机进行了全面、详细的分析，并提出了防范和化解金融危机的政策建议；易培强(2009)在考察生息资本和信用的基础上，概括了资本虚拟化的现象、成因和运动形式，归纳了当代国际金融危机的成因和实质，并认为经济金融化趋势的强化和虚拟资本的加速扩张是金融危机爆发的现实环境，经济泡沫的膨胀和破裂是金融危机爆发的表现形式，金融资本的贪婪性是导致金融危机爆发的深刻

---

① 马克思：《资本论》(第 3 卷)，283 页，北京，人民出版社，2004。
② 此处的货币危机不同于由汇率的大幅波动而引发的货币危机。

根源；王宇伟(2009)在对马克思关于虚拟经济以及货币资本和现实资本之间关系进行归纳的基础上，认为房地产市场的生产过剩是美国次贷危机的根源，次贷相关产品发展导致的信用过度扩张以及借贷资本过剩是美国次贷危机的直接原因。

(二)危机成因对危机传导的影响

根据马克思主义的基本原理，金融危机爆发的一般条件是商品买卖分离和货币支付错位；金融危机爆发的现实条件是商品生产普遍过剩和信用的充分发展，在这种分析框架下，危机成因与危机传导密切相关。

从金融危机爆发的一般条件分析，商品买卖在时间上和空间上相分离，出售商品获得货币的人不一定立刻在当地购买商品，可能在未来某一时刻在其他地方购买商品，从而导致商品在市场上等待、货币暂时退出流通领域的情况，这种买卖分离的状态导致商品生产和价值实现的过程中蕴涵着中断或者危机的可能性。当危机发生时，大量的商品无人购买，大量的人群没有货币购买商品，一方面，这种情况导致出售者无法通过商品销售获得货币，从而导致其没有货币购买生产资料甚至生活资料，生产经营活动中断；另一方面，对商品存在需求的人群没有货币，无法购买所需商品，无法维持正常的生产和生活状态，居民生活水平降低，进一步导致其对商品购买的减少以及商品销售量的下降。此外，当危机发展到一定程度时，社会恐慌会出现，这不利于社会稳定和政治稳定。

从金融危机爆发的现实条件分析，当商品生产普遍过剩，必然会产生滞销现象，危机爆发导致商品最终需求严重小于商品供给的情况出现，致使与该商品相关的所有环节——原材料、半成品、附属品、最终产品的生产过程——停滞，而且，危机会改变生产者和消费者的预期，导致消费和投资需求的萎缩，进而导致国民经济走入萧条。另外，金融衍生产品的严重过剩也会导致需求方以及市场流动性突然消失。当基础产品受到负向冲击时，与其相关的各种衍生产品自然会受到冲击，从而导致危机从基础产品领域传导至其他相关的衍生品市场。此外，随着信用的发展，货币承担了延期支付的职能，债务链条越长，相对而言，脆弱性越大。当债务链条中的某债务主体无法按时清偿债务并且无法获得其他资金时，信用链条断裂，危机不仅会波及该链条上的经济主体，而且，通过对该链条上经济主体的冲击而传导至与其相关联的更广阔的领域，从而对正常的生产经营活动产生不利影响。

此外，马克思对金融危机和经济危机的相互作用进行了探讨。在早期阶段,马克思认为金融危机是经济危机的伴生物,是经济危机影响了借款主体进而影响金融层面而引起的危机。后来,马克思意识到金融危机独特的运动规律,将危机分为独立的金融危机和伴生于经济危机的金融危机两种类型,并认为随着经济和金融的不断融合,独立的金融危机会通过恶化融资功能而传导至经济层面,引发经济危机,而经济危机又会反作用于金融层面,引起金融危机的深化。

二、基于金融发展理论视角解释危机成因对危机传导的影响

金融发展理论的提出最早可以追溯到戈德史密斯(1969)。在《金融结构与金融发展》一书中,他指出金融发展是金融结构的变化,并利用了大量指标对不同国家在不同阶段的金融发展程度进行了量化分析,认识到不同种类的金融工具以及一国外部债权和债务对于金融稳定的影响。

20 世纪 70 年代,麦金农和肖在其各自的著作《经济发展中的货币与资本》①和《经济发展中的金融深化》②中提出金融深化理论,金融发展理论进入新的发展阶段。他们认为,由于发展中国家的政府对经济和金融业实行了不适当的管制,并往往根据自己的偏好分配资源,结果损害了金融体系合理配置资源的功能,因此,应该放弃政府干预,实行金融自由化或金融深化,让市场机制在金融领域充分发挥作用。但是,许多发展中国家在推行金融自由化的过程中出现了金融危机,致使金融自由化一时之间成为众矢之的。麦金农指出,在自由化的过程中,国内金融资产利率急剧上升,琐细的外汇限制取消,外国通货价格实际和预期的大幅变动会导致大量的、可能是反常的资本运动,这种资本运动对于实行自由化的国家会产生不利的影响。在总结发展中国家金融自由化实践的经验和教训的基础上,麦金农(1993)指出在经济自由化过程中发展中国家存在的过度借贷现象对经济和金融发展的不利影响以及蕴含金融危机的可能性。卡明斯基和雷哈特(Kaminsky & Reinhart,1999)归纳了金融自由化与货币危机、金融银行危机的时间顺序,分析了金融自由化对危机发生的作用(见表 2-1)。

20 世纪 90 年代末,中国著名金融学家白钦先教授提出以金融资源学说为基础的金融可持续发展理论,将传统的金融发展理论推向一个崭新的发展阶段。白钦先(1999)认为金融是一种资源,是一种稀缺资源,是一国最基本的战

---

① [美]麦金农:《经济发展中的货币和资本》,上海,上海三联书店,1988。

② [美]肖·爱德华:《经济发展中的金融深化》,上海,上海三联书店,1988。

略资源，包括如下三个层次：基础性核心资源，即广义的货币资本或资金；实体性中间资源，即金融组织体系和金融工具；整体功能性高层金融资源，即货币资金运动与金融体系、金融体系各组成部分之间相互作用、相互影响的结果。金融可持续发展理论改变了戈德史密斯的量性金融发展观，认为金融功能的扩展与提升即金融功能的演进是金融发展，提出了量性和质性统一、相对稳定发展和跳跃性发展并存、金融整体效率和微观效率并重的金融可持续发展。

表 2-1　金融自由化与金融危机的时间表

单位：年

项目 国家	金融自由化时间	金融危机时间
阿根廷	1977	1980－1981；1985－1986；1990；1994
玻利维亚	1985	1985－1987
巴西	1975	1985－1986；1991；1994－1995
智利	1974	1981－1983
哥伦比亚	1980	1982－1983
芬兰	1982	1991
印度尼西亚	1983	1986；1992；1997
爱尔兰	1985	1983
马来西亚	1978	1985；1997
墨西哥	1974/1991	1982；1992；1994
挪威	1980	1986；1988
菲律宾	1980	1981；1983；1997
西班牙	1974	1977－1978
瑞典	1980	1991－1992
泰国	1989	1996－1998
土耳其	1980	1991；1994
乌拉圭	1976－1979	1981－1982；1993－1994
委内瑞拉	1981/1989	1993－1994

资料来源：G. L. Kaminsky & C. Reinhart："The Twin Crises: The Causes of Banking and Balance-Of-Payments Problems," *American Economic Review*，1999，89(3)：473-500.

　　金融可持续发展理论对金融危机成因的解释主要集中在以下两个方面：第一，金融资源的特点为金融危机的爆发提供了条件。白钦先(1998)明确指出金融资源具有高度流动性、金融信号的高速扩散性以及金融风险的渐进累积的隐蔽性和金融危机的突然爆发性与极大破坏性的特点，金融全球化和金融自由化条件下的资金流动往往不是以优化资源配置为目的，而是为了获取暴利的游资冲击，这会对一国的外汇市场和金融市场产生巨大压力，加大了金融脆弱性，为金融危机的爆发埋下了隐患。第二，金融发展过程中的金融虚拟性是金融危机爆发的另一原因。金融可持续发展理论认为适度规模的金融虚拟性从数量和质量两方面扩展了金融服务的范围和领域，可以促进金融发展。但是，金融虚拟性的程度往往不是能够人为控制的，过度金融虚拟性会导致金融脆弱性增加，不利于金融的健康发展。金融虚拟性导致了金融的虚拟价值高于其实体价值本身，而金融工具的虚拟价值又由金融衍生产品市场的供求关系决定，导致其价格波动巨大。而且，金融衍生产品的虚拟性、易动性和全球性特征不仅掩盖了各种传统的和新增的风险，也使金融系统性风险增加。金融创新实际上掩盖了日益增长的金融脆弱，是一种金融上的"围堵政策"[1]。此外，近年来，越来越多的市场参与者不再运用金融衍生工具进行套期保值、分散和转移风险，而是利用其高杠杆比率以小搏大、从事投机活动，这更加剧了金融的脆弱性。

　　此外，禹钟华(2005)从金融要素和金融功能的角度对金融危机的成因进行了理论阐述。他认为，金融是货币形式的价值运动，金融要素是有关这种价值运动的载体、目的、渠道、方式以及环境等方面的内容，金融危机的本质是金融要素功能一定程度的丧失。而且，导致金融功能丧失的根本原因只有一个：信用丧失，即作为金融运行必要条件的信用由于某种原因在一定程度的丧失。例如，当人们普遍地对一国货币、一国的金融效率或者一国的金融实力失去信心时，表现形式可能是币值下跌、汇率下跌、储备枯竭等，即金融形式价值载体失效或缩减，直接后果就是支付链条的松动甚至断裂，基本功能弱化，从而导致金融整体功能弱化，金融失效了或者说在一定程度上失效了。这样，形成了一个关于金融危机的因果链条：首先是由于某些具体的政治与经济原因导致一国或地区的信用水平下降，这直接损害金融要素的功能，然后，金融要素的失效最终导致了整个金融体系的失效，最后，金融危机爆发。

---

　　① 白钦先、常海中：《金融虚拟性演进及其正负功能研究》，204页，北京，中国金融出版社，2008。

　　从上面的分析可以看出，在金融发展理论的视角下，金融危机的形成与金融的特点密不可分，对金融危机传导的影响具体表现在以下几个方面：第一，金融资源的高度流动性导致危机发生后资本在不同市场之间、不同国家之间流动，从而形成危机对其他市场、其他国家的传导。第二，金融虚拟性的不断增加导致不断创新的金融工具与实物资产的价值日益疏远，金融工具的市场价值远远高于其代表的实物资产的价值，危机爆发导致金融工具的市场价值下跌，向其所代表的实物资产的价值回归，从而通过财富效应引发危机传导。第三，金融资源包括基础性核心资源、实体性中间资源和整体功能性高层金融资源，危机爆发不仅会对基础性核心资源产生影响，也会对金融工具、金融机构等实体性中间资源产生影响，甚至通过影响货币资金与金融体系及其组成部分之间的相互关系而恶化和传导危机。第四，金融危机发生意味着金融要素功能一定程度的丧失，原本通过金融要素发挥功能而获得便利的经济主体都会受到冲击，进而形成危机传导。

　　总之，金融危机成因是金融危机传导的前奏，金融危机的成因不同，金融危机的传导也会存在差异。金融危机的发生领域影响金融危机的传导路径和波及范围；金融危机的爆发速度影响金融危机的传导力量和冲击程度；金融危机的形成机制影响国内外的不同经济主体。

第三章
封闭经济条件下的金融危机传导

封闭条件下的金融危机传导主要分析危机如何在金融层面传导以及危机如何向实体经济层面传导两方面内容。危机在金融层面传导是指单一类型的金融危机(例如,货币危机、银行危机)爆发后通过金融体系内部的联系以及经济层面对金融层面的反馈作用而形成系统性、综合性金融危机的过程;危机对实体经济层面的传导是指金融危机通过金融与经济的相互作用导致投资、产出、就业等实际变量下降的过程。

第一节　金融危机传导的机制分析

在本章中,我们将依次分析不同类型金融危机是如何对金融市场、金融机构以及实体经济产生影响的。在金融自由化的背景下,金融机构之间、金融市场之间的界限日益模糊,金融与经济的关系日益密切,本书对封闭经济条件下金融危机传导机制的分析难免存在交叉重叠之处。

一、危机在金融层面传导的机制分析

李小牧(2000)认为,金融危机国内传导的基础是一国金融泡沫化,金融危机爆发导致金融泡沫被挤出,金融资产和实物资产的货币价值缩水,进而影响

了原有的债权债务关系和股权股利关系①。我们同意上述观点，承认金融泡沫的挤出效应在金融危机国内传导中的重要作用，同时结合综合性金融危机的形成过程分析危机在金融层面的传导机制。

（一）金融市场危机的传导机制

金融市场危机的传导机制是指某个金融市场的流动性危机如何对其他金融市场或者实体经济产生影响。货币危机（或者外汇市场危机）是金融市场危机的主要表现形式，它的爆发既会对其他金融市场产生影响，也会对银行等金融机构产生影响，我们以货币危机为例分析金融市场危机的传导机制。

1. 危机在金融市场内部传导

以汇率大幅下跌或者固定汇率制度崩溃为标志的货币危机对其他金融市场的直接影响是不确定性增加导致的资本异常流动。资本大量流出不仅是货币危机爆发的直接原因之一，也是货币危机爆发导致资产组合调整的结果。换句话说，资本大量流动导致货币危机的形成，货币危机的爆发又反过来恶化资本流出情况。一方面，本国资本从高风险市场向低风险市场转移，对危机国货币市场和资本市场等金融市场的资产进行抛售，这导致高风险市场资产价格的大幅下降以及流动性的短缺；另一方面，本国资本从高风险资产向低风险资产流动，风险资产向安全资产转移，这同样会导致股票市场等高风险市场资产价格大幅缩水。此外，金融资产价格下降和流动性短缺会进一步影响投资者的预期，犹如自我实现的预言一样导致资产价格和流动性的进一步下降，引发股票市场的崩溃以及货币市场和资本市场危机②。此外，金融市场可以看成是不同的投资者和融资者连结而成的网络，在这一网络中，不同参与者之间的连结模式和连结密度是影响危机传导的重要因素③。

2. 危机向金融机构传导

货币危机对银行等金融机构的传导往往与政府在危机爆发后是否救市以及救市的策略有关。斯多克（Stoker，1994）认为，当外汇市场面临压力时，一国为了维持固定汇率平价会利用外汇储备进行干预，如果没有相应的冲销措施，

---

① 李小牧虽然分析了金融危机对产出、就业的影响，但是，其金融危机国内传导的内涵中侧重于金融危机在金融层面的传导。

② 货币危机使存在未对冲的净外币债务的贸易企业处于困境，反映在该企业的股票市场上，导致股票价值的减少。

③ M. Naylor, L. C. Rose & B. J. Moyle : "A Network Theory of Financial Cascades," http://pape-rs. ssrn. com/sol3/papers. cfm? abstract _ id=1184604，2008.

那么，根据开放经济条件下的蒙代尔—弗莱明模型，国际储备的减少会导致货币供给量的减少以及信贷紧缩，这会增加银行破产和银行危机的可能性；罗杰斯·苏亚雷斯和维斯布罗德(Rojas-Suarez & Weisbrod，1995)认为，当本币在外汇市场上面临贬值压力时，如果政府提高利率以缓解外汇市场压力，那么，利率上升导致银行资金来源成本上升，脆弱的银行体系有可能陷入危机；米勒(Miller，1996)认为，如果银行将其存款在外汇市场投机，货币危机带来的投资损失导致银行资本的消耗，当资本损失达到一定程度时，银行危机将爆发；艾伦(Allen，2002)等人认为，货币错配为金融危机传导创造了条件，在银行等金融机构存在货币错配的情况下，例如，以外币标价的负债大于以外币标价的资产，并且该金融机构没有对其外币风险敞口进行对冲，那么，汇率大幅贬值导致净外币债务的本币价值大幅增加，产生资产负债表效应，银行资本减少，可能会导致银行危机。

在对经典文献进行归纳的基础上，货币危机向金融机构传导的机制如图 3-1 所示。一方面，在政府为了缓解外汇市场压力进行干预的情况下，如果采取提高利率的措施，那么，对于存在负缺口(即浮动利率资产占总资产的比例小于浮动利率负债占总负债的比例)的金融机构而言，银行收入的增加小于成本的增加，银行利润减少，金融脆弱性增强；如果采取抛售外汇储备的措施，在没有冲销措施的条件下，那么，可能导致信贷紧缩的出现，容易爆发银行危机。另一方面，在政府没有对外汇市场压力进行干预的情况下，汇率贬值导致银行等金融机构未对冲的净外币债务的本币价值增加，银行总体债务价值增加和资本减少，进而引起银行危机的发生；汇率贬值同样导致企业未对冲净外币债务本币价值的增加，可能导致企业破产和债务违约，银行不良贷款增加和资产总价值减少，进而引起银行危机的发生。

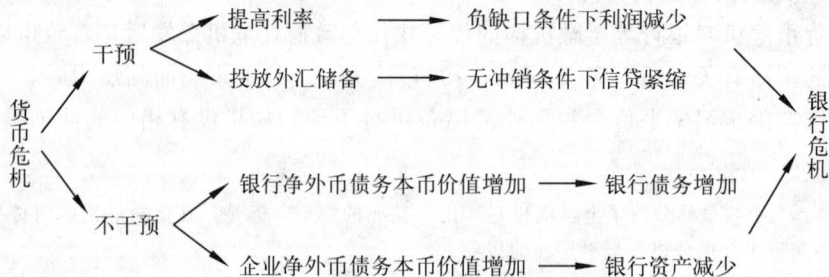

图 3-1 货币危机向金融机构传导示意图

需要强调的是，银行等金融机构以货币资金为经营对象，具有高杠杆性，在存在货币错配的条件下，会受到货币危机的严重冲击。

第一，货币危机会对银行等金融机构的资产负债表产生直接影响。当银行的资产和负债以外币标价，本币贬值会影响到以外币标价资产和负债本币价值，进而影响银行的净值。如果外币资产和负债的数量相同，那么，本币贬值对银行资产负债表没有直接影响。但是，在银行没有持有相同数量的外币资产和负债的条件下，直接影响就产生了。当银行以外币标价的资产大于以外币标价的负债时，本币贬值导致外币资产本币价值增加的数量大于外币负债本币价值增加的数量，银行净值增加；当银行以外币标价的资产小于以外币标价的负债时，本币贬值导致外币资产本币价值增加的数量小于外币负债本币价值增加的数量，银行净值减少。同时，由于银行经营具有高杠杆性，银行的资产（贷款）和净值（储备）之间的关系受到审慎性监管的要求，所以，银行净值的变化对银行贷款的规模有重要的影响。在其他条件不变的情况下，银行净值减少导致银行贷款规模减小，企业、居民等经济主体借款困难，从而引发经济收缩。

第二，货币危机对银行等金融机构的资产负债表产生间接影响。货币危机会通过对贷款的需求、竞争的程度和其他因素对银行产生间接的影响[1]。由于银行是金融中介部门，所以，在货币危机对银行的借款者产生负向冲击的情况下，银行资产质量将恶化。换句话说，在银行不存在货币错配的条件下（净外币债务为零或者完全保值），本币大幅度贬值导致银行的外币贷款客户无法按时偿还贷款，引发银行的外币贷款无法收回，以外币标价的资产减少，形成负向货币错配。正如弗罗斯特（Frost，2004）所指出的，即使银行没有外币资产和负债的错配，它也会由于资产负债表效应而面临信贷风险和流动性风险，进而导致银行破产（银行的净值为负）。

此外，次贷危机向人们展示了金融衍生产品市场对金融机构的巨大冲击。由于投资银行、商业银行、保险公司等金融机构持有大量证券化的有毒资产，所以，次贷危机爆发导致有毒资产的价值大幅下降，持有有毒资产的金融机构受到损失，资产价值减少，资本受到侵蚀，极易爆发危机。其中，金融市场危机导致的资产价格下跌进而引起金融机构的资产组合调整是危机传导的重要方式。资产价格的下跌导致按照市值计价的资产价值下降，银行等金融机构的资产价值缩水，收益率降低。而且，资产价格的下跌也通常伴随着波动性的上

---

① S. Chamberlain, J. S. Howe & H. Popper : "The Exchange Rate Exposure of Us and Japanese Banking Institutions," *Journal of Banking and Finance*, 1997(21)：871-892.

升，从而导致银行等金融机构的风险价值增加，导致其实际风险价值与目标值之间的缺口扩大，银行等金融机构必须调整资产组合以拟合目标值，进而导致金融危机的传导和恶化。当资产价格下降、金融机构的资本减少、贷款标准提高时，货币供给量的减少导致资产价格的进一步下降，形成"资产价格下降——资本减少——信贷下降——资产价格进一步下降"的恶性循环。同时，为了规避金融危机的冲击，银行等金融机构会保留更多的流动性，进一步导致信贷市场流动性的缺失，从而恶化金融市场危机。

（二）金融机构危机的传导机制

金融机构危机的爆发既会在金融机构体系内部进行传导，也会向金融市场传导，影响金融市场的流动性和波动性。

1. 危机在金融机构体系内部的传导

在金融机构危机传导过程中，金融机构积极的资产负债表管理、信用评级的顺周期性、银行等金融机构的支付清算系统发挥了重要的推动作用。

首先，金融机构积极的资产负债表管理强化了金融危机传导。与普通大众和非金融公司被动的调整方式不同，金融机构采取积极的资产负债表管理方式。在经济繁荣时期调高杠杆率，扩张资产负债表规模，在经济衰退时期调低杠杆率，收缩资产负债表规模[①]。金融机构采取这种顺周期的资产负债表管理方式是与其风险管理方式分不开的。

第一，金融机构利用风险价值（VaR）进行风险管理。风险价值表示金融机构在大概率（一般为 95％）下的最大可能损失，它与资产的波动率正相关。当经济衰退时，资产价格的高波动性导致风险价值增加，为了控制风险并保持既定的风险价值目标值，金融机构需要降低高波动性资产的比重。同时，资产的波动性一般与杠杆率正相关，当杠杆率较高时，资产价格的小幅波动会通过杠杆化产生放大效应，进而引起波动率的大幅变动。因此，为了降低资产的波动率，金融机构也需要降低杠杆率。

第二，监管当局利用资本充足率等手段对商业银行进行风险管理。资本充足率是指银行监管当局要求银行在一定信贷规模下必须持有的资本数量，巴塞尔资本协议规定资本充足率以资本对风险加权资产的比率来衡量，并将其目标比率定为8％。但是，资本充足率的计算方式导致监管套利的出现，致使商业

---

① 毛菁：《从积极的资产负债表管理机制看次贷危机的去杠杆化》，《世界经济研究》，2009(3)，38～42 页。

银行等金融机构推出的贷款证券化业务处于空白监管之下，造成监管漏洞和风险增加。而且，"公允价值"新会计准则的引入导致资本充足率的顺周期性更加突出。在经济萧条时期，风险暴露、违约率和损失率不断提高，虚拟资产的价格波动不断加大，银行的预期损失和非预期损失可能增加①。按照巴塞尔协议要求，银行需要提高资本金准备。另外，冲销损失造成银行资本金下降，在资本强约束和主动避险的双重作用下，银行将收缩信贷资产，表现为信贷规模的下降以及贷款标准的提高。

其次，信用评级的顺周期性加剧了金融危机传导。信用评级可以包括内部评级和外部评级两个方面。内部评级主要是指新巴塞尔资本协议提出的根据违约概率、给定违约概率下的损失率、违约的总敞口头寸、期限等因素来决定信贷资产风险权重的银行内部评级；外部评级主要是指标准普尔、穆迪和惠誉等信用评级机构作出的评级。

第一，从内部评级看，新巴塞尔资本协议引入了信用风险的内部评级法，当经济繁荣时期，借款方的经营状况较好，抵押品价值较高，银行等金融机构对违约率、违约损失率等风险的估计较低，银行对借款方作出的内部评级级别较高，进而导致与内部评级相关的监管资本要求较低，从而刺激银行扩大信贷规模；当经济萧条特别是金融危机时期，借款方受到宏观经济形势的影响经营状况较差，抵押品价值较低，银行对其信用风险的估计较高，对借款方的内部评级级别较低，进而导致与内部评级相联系的监管资本要求较高，促使银行紧缩其信贷规模。

第二，从外部评级看，虽然评级公司宣称其评级是跨周期的(Through the Cycle)，但是，学者们也发现了评级是亲周期或基于当前时点的(Point in Time)的证据。例如，坎特和曼恩(Cantor & Mann，2003)指出，穆迪的评级与周期性指标正相关，当经济衰退时，评级下调，当经济繁荣时，评级下调；阿马托和福尔菲(Amato & Furfine，2004)指出，在经济周期的不同阶段评级发生变化，但不是由于评级标准的周期性变动，而是由于与评级相关的经济金融风险的周期性变动。无论是由于何种原因，金融危机时期外部评级的下调也导致银行资产组合的调整，从而加大经济周期的波动幅度。

再次，银行等金融机构的支付清算系统为危机在金融系统内的传导提供了

① 巴曙松、邢毓静、朱元倩：《金融危机中的巴塞尔新资本协议》，47 页，北京，中国金融出版社，2010。

平台。一方面，某个银行流动性的减少会减少支付清算系统的支付总量，增加未结清的支付；另一方面，支付清算系统使整个金融系统网络化，致使非系统性、非扩散的冲击也会引起整个金融系统以及某些机构的价值减少①。此外，无论是国内的支付清算系统，还是国际的支付清算系统，在提高了清算效率、加速资金周转的同时，也通过资金的快速流动推动了金融危机传导。

最后，上述因素的共同作用导致银行等金融机构在金融危机时期清算资产，收缩信贷规模和资产规模。对于银行而言，提前清算长期资产对金融危机传导具有显著的影响，它不仅增加了借入方银行的资产损失，减少了每个银行的资本缓冲，也会通过资源配置功能的丧失②破坏银行间交叉存款形成的流动性保险机制，从而导致金融危机传导的发生③。

此外，在当代的经济金融环境下，金融机构之间出现一体化或者整体化（Integrated）趋势，业务之间互相交叉，联系日益密切。以投资银行和商业银行之间的关系为例，投资银行的资金来源受到商业银行信贷松紧程度的制约，而商业银行扩展其资产业务成为投资银行金融产品或者金融衍生产品的投资者，这导致两者"一荣俱荣，一损俱损"。一方面，投资银行破产使金融体系不确定性提高，商业银行在金融市场上获得资金的成本上升，融资数量下降，银行的资金来源受到约束；另一方面，商业银行破产既会通过信贷紧缩导致投资银行资金成本上升，也会通过不确定性的提高导致投资银行金融产品的价格下降，收益减少。此外，正如上文中所论述的一样，投资银行和商业银行也会由于相同的原因——持有次贷资产而埋下危机发生的种子，或者由于对金融市场的依赖而受到金融危机的冲击。

2. 危机向金融市场传导

与货币危机向银行危机传导相似，银行危机对外汇市场的影响也与政府对银行危机的干预存在联系。维拉斯科（Velasco，1987）认为，如果政府为了挽救银行体系而采取了与汇率稳定相矛盾的措施，那么，银行危机有可能引发对外汇市场的攻击；奥博斯特菲尔德（Obstfeld，1994）认为，如果投资者预期政府为了避免银行破产而实行扩张性的货币政策，那么，扩张性的货币政策会导

---

① L. Eisenberg & T. H. Noe："Systemic Risk in Financial Systems," *Management Science*，2001，47(2)：236-249.

② 即无法将盈余的流动性配置到流动性不足的银行。

③ F. Allen & D. Gale："Financial Contagion," *Journal of Political Economy*，2000，108(1)：1-33.

致本币贬值，货币危机将发生；米勒（Miller，1999）明确提出，放弃固定汇率制度是政府在面临银行挤兑时的理性选择；冈萨雷斯·埃莫西约（Gonzalez-Hermosillo，1996）认为，在金融市场欠发达的经济体中，银行危机的发生使经济主体偏好持有外币资产而非本币资产，进而导致本币有贬值压力、外币有升值压力，从而导致货币危机爆发。

另外，道德风险模型分析了对金融机构（例如银行）隐性或者显性的担保与金融危机之间的关系。对金融机构（例如银行）的担保来自于地方政府、中央政府或者诸如国际货币基金组织等国际机构。担保的存在使银行储户或债券持有者相信，当银行出现问题时，担保者会帮助银行渡过危机。这种政府或国际机构的担保导致过度借贷和过热投资的出现。克鲁格曼（Krugman，1998）认为，在政府对银行和金融机构存在隐性担保并且监管不力的情况下，银行等金融机构借入外国资本投资于风险较高的房地产市场和证券市场，当资产泡沫破裂时，银行陷入危机，当人们意识到金融机构无法偿还债务时，外国债权人将收回贷款，导致汇率存在贬值压力；李小牧（2000）认为，如果政府通过发行大量内债对处于困境的银行融资，并且，如果市场参与者预期当局存在利用通货膨胀和货币贬值减轻债务负担的动机，那么，这种预期会导致自我实现的货币危机。

在对上述文献进行归纳的基础上，银行危机对外汇市场传导的机制如图3-2所示。一方面，在货币当局为了避免银行破产而进行干预的情况下，如果实行扩张性的货币政策，降低困境银行资金来源成本，那么，第一代货币危机形成的条件将满足，当该国的外汇储备不足以抵御外汇市场压力时，货币危机将爆发；如果选择发行大量内债的方式融资以支持困境银行，那么，市场参与者的通货膨胀和贬值预期会导致货币危机的自我实现。另一方面，在货币当局没有选择与固定汇率制度相矛盾政策的情况下，如果国内经济主体对本国货币失去信心，利用外国资产代替本国资产，那么，会导致外币需求的增加，外汇市场存在贬值压力；如果银行危机导致不确定性增加，那么，本国资本向国外流出，资本外逃也会导致汇率贬值，货币危机爆发。

金融机构危机对金融市场的传导也存在其他渠道，投资银行、投资基金和养老基金在危机传导过程中充当了推动者和中介。

从投资银行看，金融危机导致投资银行的中介功能和服务功能丧失，不确定性增加。一方面，投资银行破产以及由此引起的不确定性增加导致股票发行、承销遇到障碍，对股票发行市场产生冲击；另一方面，投资银行作为金融

扩张货币政策 ——→ 第一代货币危机形成机制满足

干预

发行内债 ——→ 预期通过贬值减轻债务负担

银行危机

经济主体的货币替代 ——→ 外币需求增加

不干预

不确定性增加，资本外逃 ——→ 本币有贬值压力

货币危机

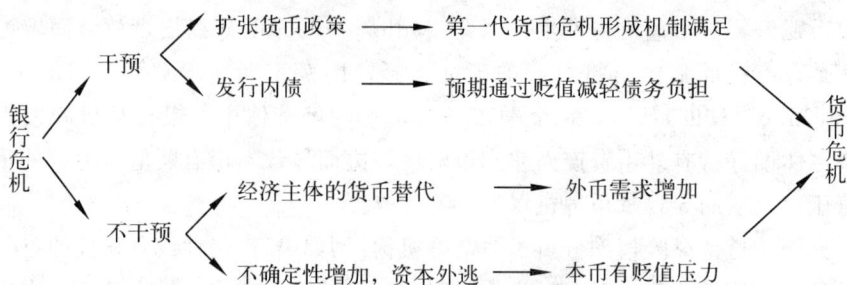

图 3-2　银行危机向外汇市场传导示意图

资产的持有者，金融危机时期资产大幅下跌导致投资银行的资产价值大幅下降，利润减少。例如，在次贷危机爆发后，雷曼兄弟因持有大量的资产抵押证券，资产大幅缩水，公司股价在次贷危机爆发一年内大幅下跌近 95%，在筹集资金和寻找收购方无果的情况下，不得不破产倒闭。

从投资基金看，金融危机不仅导致新基金的发行困难，也导致已发行的基金出现净值缩减、流动性下降等情况。根据基金单位是否可赎回，证券投资基金可以分为封闭式基金和开放式基金，封闭式基金的持有人在基金存续期内，可以在规定的场所转让其所持有的基金份额，但不得请求基金管理人赎回；开放式基金的持有人可以依据基金份额的资产净值，在规定的时间和场所申购或者赎回基金份额①。对已发行的封闭式基金而言，金融危机爆发导致流动性下降，基金持有人在二级市场上抛售基金获得流动性的成本增加，而且，封闭式基金由于并不必然反映基金的净值，在危机时期会出现资产价值严重低估的情况。对已发行的开放式基金而言，金融危机导致基金的净值下降，从而导致基金持有者要求基金管理人赎回基金单位，当出现大规模的赎回要求时，开放式基金所保留的现金不足以应付基金持有者的赎回要求，基金管理人或者宣布停止赎回，或者低价出售资产。例如，在次贷危机爆发后，恐慌的投资者从德国法兰克福信托基金公司规模 1.6 亿欧元的基金中赎回了 4000 万欧元的份额，尽管这些基金大多没有直接参与美国次级抵押贷款市场，也没有投资于本国高风险的次级抵押贷款领域。并且，受此影响，德国多家基金公司陆续宣布暂停基金赎回业务，以避免投资者因"过度赎回"对基金整体投资产生不良影响②。

从养老基金看，金融危机不仅导致待遇确定型养老基金的筹资率大幅下

---

① 何小锋：《投资银行学》，75 页，北京，中国发展出版社，2002。

② http://www.wyzxsx.com/Article/Class20/200711/26799.html.

降，导致政府和企业的负担增加，也导致缴费确定型养老基金的投资损失增加，待遇降低①。对于 DB 型养老基金而言，养老待遇水平是外生的，由计划参加人的工作年限和工资水平等因素确定，缴费率是内生的，主要由养老计划的财务状况决定。当金融危机爆发后，资产价格的大幅下跌导致养老基金的资产价值下降，市场利率提高导致养老基金的资金成本增加，投资收益下降导致养老基金的收入减少，失业率大幅攀升导致缴费收入减少，提前退休人口增加导致养老基金支出增加，这会导致养老基金破产的可能性增加。对于 DC 型养老基金而言，老年福利取决于退休时所累积的基金资产，金融危机导致养老基金的资产价值下降，致使即将退休的职工由于没有足够时间等待资产价格恢复到危机前的水平而受到较大的冲击，而对年轻人的影响相对较轻。

(三)国际债务危机的传导机制

根据雷哈特(Reinhart，2002)的估计，发展中经济体 84％的债务违约会引发货币危机，66％的货币危机也会引发债务危机，债务危机与货币危机之间存在密切的联系。

奥博斯特菲尔德被认为是最早研究货币危机与债务危机之间关系的学者②。在奥博斯特菲尔德的基础上，一些学者系统地研究了货币危机与债务危机之间的联系机制。赫茨和同恩(Herz & Tong，2004)分析了货币危机和债务危机之间的内部联系以及共生性因素；得勒埃、赫茨和盖博(Dreher，Herz & Karb，2005)认为，由债务危机导致贸易、产出以及就业方面的损失会通过宏观经济条件的变化导致贬值发生，而且投资者往往将债务违约看成是经济陷入衰退或者危机的信号，将资金从债务违约国纷纷撤出，从而增加了贬值压力；赫茨和同恩(Herz & Tong，2007)认为，在维持汇率平价存在高昂政治成本的条件下，债务危机以及随之产生的经济混乱通过资本外逃而导致货币危机发生。

此外，国际债务危机对银行等金融机构的影响取决于国际债务的借款主体。如果银行是国际债务的借款主体，那么，债务危机的爆发导致银行资本预期流入的减少，导致银行资金来源不足，存在削减国内贷款的可能；如果企业

---

① 熊军、高谦：《金融危机对全球养老基金的影响》，《国际金融研究》，2010(4)，54～59 页。待遇确定型即"Defined Benefit"，简称"DB"；缴费确定型即"Defined Contribution"，简称"DC"。

② 董彦岭、张继华：《共生性货币危机与债务危机长期联系效应的实证分析》，载《海南金融》，2008(5)，7～12 页。

是国际债务的借款主体,那么,债务危机的爆发导致企业的违约风险上升,在国内银行是其债权人之一的条件下,导致银行不良贷款的上升。

从上面的分析可以看出,主权债务危机的发生也会对其他金融市场、金融机构产生影响。从主权债务危机向货币危机的传导机制看,一方面,债务危机的爆发导致资本流入减少,资本大量流出,本币有贬值压力;另一方面,当一国的汇率水平与宏观经济条件正相关时,即宏观经济条件趋好导致本币升值,宏观经济条件恶化导致本币贬值,债务危机的爆发导致危机国宏观经济条件恶化,从而导致本币贬值。从主权债务危机向银行危机的传导机制看,一方面,在危机国的银行体系依赖国际资本市场的条件下,债务危机的爆发导致银行体系资本流入降低,银行体系不稳定性提高;另一方面,债务危机的爆发导致危机国企业的生产经营情况恶化,收入和现金流下降,银行贷款的违约率上升,这也会增加银行体系的脆弱性。

二、危机向经济层面传导的机制分析

金融是当代经济的核心,金融危机必然会对实体经济产生严重的冲击。同时,对实体经济的冲击也会反馈到金融层面,形成"冲击—反馈"循环,导致金融危机对金融层面和经济层面的影响不断扩大和深化。

(一)金融市场危机向经济层面的传导机制

货币危机或者外汇市场危机是金融市场危机的重要表现形式之一,我们首先分析货币危机对实体经济的传导机制。克鲁格曼(Krugman,1999)对伯南克—格特勒(Bernanke-Gertler,1989)模型进行扩展,认为在存在外源融资约束和以外币标价净债务的条件下,资本外逃和本币贬值会导致企业资产负债表的恶化以及投资和产出的下降;塞斯佩德斯、张和维拉斯科(Cespedes,Chang & Velasco,2000)认为,货币错配不一定必然导致产出下降,强调只有在外币债务水平特别高和国际资本市场不完全的情况下,货币贬值才有可能导致产出下降;阿吉翁(Aghion,2001)等人在信贷约束和名义价格刚性的条件下分析货币危机对产出的影响;格林(Greene,2002)认为,亚洲金融危机时期资本外流通过减少国内投资的可用资金而导致产出下降;施耐德和托内尔(Schneider & Tornell,2004)对非贸易企业与贸易企业进行区分,认为非贸易企业没有以外币标价的现金流流入,在存在货币错配和信贷约束的条件下,借款和产出的波动性更强。

在对文献进行梳理的基础上,货币危机对实体经济传导的机制如图3-3所示。首先，以本币贬值为表现形式的货币危机通过提高本国商品的出口竞争力导致出口增加，产出增加，即"竞争力效应"；其次，本币贬值导致存在净外币债务的企业资产负债表恶化，企业净值减少，外源融资成本上升，投资减少，即"资产负债表效应"；再次，货币危机导致的产出下降使企业的现金流下降，进一步影响企业的净值、外源融资成本和投资，形成"金融加速器效应"；最后，当政府提高利率以缓解外汇市场压力时，或者，当资本外流导致国内利率提高时，利率的提高导致融资成本上升，并且货币危机增加了不确定性，导致投资和产出的下降，即"利率效应"。

货币危机除了对投资和产出产生影响之外，也会对一国的一般价格水平产生影响。一方面，本币贬值导致进口原材料和半成品的价格上升，从而导致贬值国生产成本上升；另一方面，本币贬值导致进口消费品的价格上升，从而导致贬值国消费价格水平上升，并且推动工资上涨。上述两方面的共同作用推动危机国一般物价水平的上涨，形成通货膨胀。

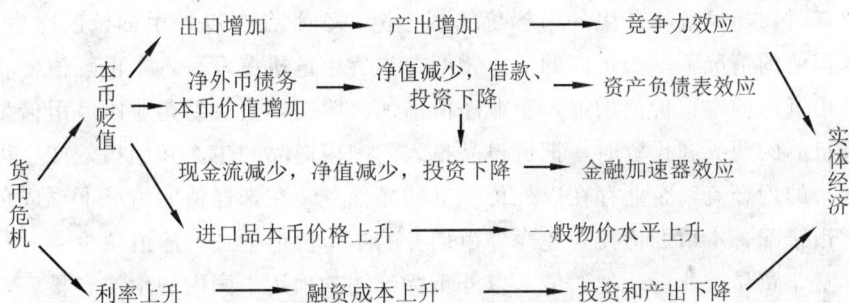

图3-3　货币危机向经济层面传导示意图

从上面的分析可以看出，金融市场危机会对实体经济层面产生严重的影响，而且，危机对实体经济的冲击不是危机传导的终结，而可能是另一轮传导的开始。

首先，从企业角度看，货币危机、货币市场危机、资本市场危机以及金融衍生品市场危机对企业的冲击方式是不同的。

对货币危机而言，危机对存在货币错配的中小企业影响较大。在企业存在货币错配的情况下，汇率变化会产生扩张性效应（贸易企业）和资产负债表效应[1]。如果扩张性效应大于资产负债表效应，那么，对企业产生正向的影响；

---

① N. E. Magud："Currency Mismatch, Openness and Exchange Regime Choice," http://economics.uoregon.edu/ papers/uo-2004-14-magud-openness.pdf, 2004.

反之，如果扩张性效应小于资产负债表效应，那么，货币错配引起的企业净值下降会导致企业所支付的外源融资升水上升和产出下降，进而无法偿还债务而破产。根据货币错配的原因和方式不同，货币危机对企业的影响可以细分为对贸易企业和非贸易企业的影响。

从贸易企业看，在满足马歇尔—勒纳条件下，以本币贬值为表现形式的货币危机会导致出口增加，从而产生扩张性效应。但是，当贸易企业的进出口都以外币标价时，货币危机也会导致资产负债表效应。第一，当贸易企业以外币借款用于进口品的购买和投资时，出口货物产生以外币标价的现金流，这对外币借款产生保值和支持的作用，货币错配的数额不会很大。当汇率发生变动时，在存在正向货币错配的条件下，本币贬值使企业净外币资产的本币价值增加，企业净值增加；在存在负向货币错配的条件下，本币贬值使企业净外币债务的本币价值增加，企业净值减少。但因为货币错配的数额不会很大，所以，汇率变动对于企业净值的影响不大。第二，当贸易企业用国内资源生产产品用于出口时，出口货物产生外币标价的现金流，企业存在以外币标价的净资产，在未保值的情况下形成正向的货币错配。当货币危机爆发后，本币贬值使企业净外币资产的本币价值增加，企业净值增加。第三，当贸易企业以外币借款用于进口品的购买和投资时，把进口品投入到国内商品的生产和销售，产生以本币标价的现金流，企业存在以外币标价的净债务，在未保值的情况下形成负向的货币错配，本币贬值使企业净外币债务的本币价值增加，净值减少。

从非贸易企业看，他们借入以外币标价的款项用于国内的生产和投资，获得以本币标价的现金流收益，在企业的资产负债表上造成了负债以外币标价、资产以本币标价的状况，形成负向的货币错配。如果非贸易企业无法对其负向的货币错配进行保值，那么，当货币危机发生、本币贬值时，企业以外币标价债务的本币价值增加，企业净值减少。与贸易企业不同，非贸易企业没有以外币标价的现金流流入，因此，在存在货币错配和信贷约束的条件下，借款和产出的波动性更强。

扩张性效应导致货币危机的传导力量被弱化，而资产负债表效应会导致货币危机的传导力量增强。一方面，当本币贬值导致货币错配的企业资不抵债时，企业将会破产，不仅导致上下游企业债权债务链条的中断，危机向相关企业波及，也会导致向其发放贷款（本币贷款和外币贷款）的金融机构出现资产损失，增加金融机构的脆弱性；另一方面，在存在外源融资约束和信息不对称的条件下，企业内源融资和外源融资的成本是不同的，外源融资成本高于内源融资成本的部分为外源融资升水。企业净值会对其金融地位（用于担保或者抵押的资产数量）产生影响，从而影响企业的外源融资升水和从银行借款的数量，进而影响企业的投资和产出。这意味着当货币危机恶化企业净值时，净值下降导致其从银行的借款数量下降、借款价格上升，致使其投资和产出的下降，引发经济萧条。

对于其他表现形式的金融市场危机而言，危机主要通过减少流动性的规模而对企业产生冲击。例如，货币市场和资本市场流动性干涸导致企业外源融资渠道减少，直接融资的数量缩减，进而导致其投资和产出的降低；根据托宾 q 理论，股票市场的崩溃导致股票市值大幅萎缩，当股票市值的下降导致 q 值小于 1 时，股票的市场价值小于重置成本的价值，从而导致企业缩减投资，进而造成投资和产出的下降。

其次，从居民角度看，金融市场危机会通过财富效应对其产生影响。当危机影响到企业并导致工人工资降低或者裁员时，居民收入减少，从而导致居民的支出下降；当危机导致居民的财富大幅度缩水时，例如，在股票市场危机或者基金大幅贬值的情况下，财富效应导致居民的支出下降。而且，在居民的财富大幅缩水的情况下，居民通常采取去杠杆化的方式调整其资产规模和资产比例。例如，在次贷危机之前，伴随着房地产价格的上升，居民以房地产作为抵押向银行等金融机构借款，不仅可以提前购买住房，还可以利用房地产升值的契机增加借款从而增加消费支出。但是，在次贷危机爆发后，房地产价格下跌导致居民担保品价值下降以及居民借款能力弱化，原有的借债方式无法持续，居民被迫增加储蓄以偿还债务。危机通过财富效应导致居民支出减少，这意味着企业产品的最终需求下降，从而进一步导致企业销售量的下降以及收入的减少，造成经济萧条。

最后，从政府角度看，金融市场危机特别是货币危机会通过资产负债表效应对其产生影响。21 世纪以来，伴随着国际金融市场的迅速发展，政府在国际金融市场中的参与程度也逐渐加深。根据国际清算银行（BIS）统计，从 1993 年到 2006 年，发达国家的外部债务从大约 3000 亿美元增加到 12000 亿美元左右，发展中国家的外部债务从 1000 亿美元增加到 4000 亿美元以上。而且，发达国家外币标价的债务占国内生产总值的比重从 1993 年的 10％降低到 2000 年的 6％，新兴市场外币标价的债务占国内生产总值的比重则从 2％上升到

5%①，新兴市场国家对于外币债务的依赖逐渐增加。当危机爆发时，本币贬值导致以外币标价政府债务本金和利息的本币价值增加，致使政府财政赤字增加，政府利用扩张性财政政策应对危机的救助资金减少。而且，当政府以外币标价的债务数额巨大时，危机导致政府偿债困难，可能会通过增加税收的方式将债务负担向企业和居民转移。

（二）金融机构危机向经济层面的传导机制

银行等金融机构是资源配置的中介，金融机构危机的爆发必然对实体经济产生影响。巴杰特（Bagehot，1873）以 20 世纪 30 年代的"大萧条"为背景分析了金融部门压力对实体经济的影响；亨特（Hunter，1999）等人以亚洲金融危机为背景分析了金融体系特别是在银行和监管当局没有充分监管的条件下，银行危机对实体经济造成的严重而长期的影响；卡明斯基和雷哈特（Kaminsky & Reinhart，1999b）以及艾齐格林和罗斯（Eichengreen & Rose，1998）分析了银行危机时期产出和信贷增长的关系，发现产出增长和信贷增长都低于正常水平，但是没有论证出因果关系；多马和费里（Domaç & Ferri，1999）发现，在亚洲金融危机时期马来西亚和韩国更加依赖于银行信贷的中小企业受到的冲击更大；伯南克（2007）认为，银行危机通过影响金融中介的服务质量而影响信贷供给量；斯哈克和布鲁克斯（Čihák & Brooks，2009）分析了欧元区金融部门和实体部门的联系，发现银行信贷减少对经济活动产生负向影响；蒂曼和梅克勒（Tieman & Maechler，2009）分析了 1991—2002 年间 7 个国家 26 个商业银行的季度数据，论证了金融通过信贷渠道对经济的影响。

银行危机向经济层面传导的机制如图 3-4 所示。首先，银行危机通过影响货币供给数量和价格影响实体经济。银行危机破坏了原来的货币供给乘数，导致货币供给量的减少，出现以信贷标准提高、利率提高为表现形式的信贷紧缩。信贷紧缩既导致消费信贷的减少以及居民消费的下降，也导致企业融资成本的上升和融资数量的减少，进而导致投资的下降，消费和投资的下降又通过需求的下降导致产出的下降。其次，银行危机通过影响金融服务质量（或者信用中介成本）影响实体经济。银行是资源配置的中介，它通过调剂资金余缺而提高资本配置效率。在信贷市场不完善的条件下，信息不对称导致企业外源融资成本高于内源融资成本，存在代理成本或者风险升水，银行危机使代理成本增加，导致融资成本的上升和融资数量的下降，进而导致投资和产出的下降。

---

① www.bis.org.

再次，银行危机打破了原有的债权债务链条，导致债权债务关系混乱，不利于企业经营和业务结算。代理客户进行资金收付和结算是商业银行的中间业务之一，银行危机爆发导致其代理职能的消失，造成客户资金收付的暂时停滞和流动性短缺。最后，银行危机对企业和居民的预期产生负向影响，企业和居民对未来经济形势以及收入变化产生悲观预期，进而减少当期的消费和投资，从而导致产出和需求的下降。

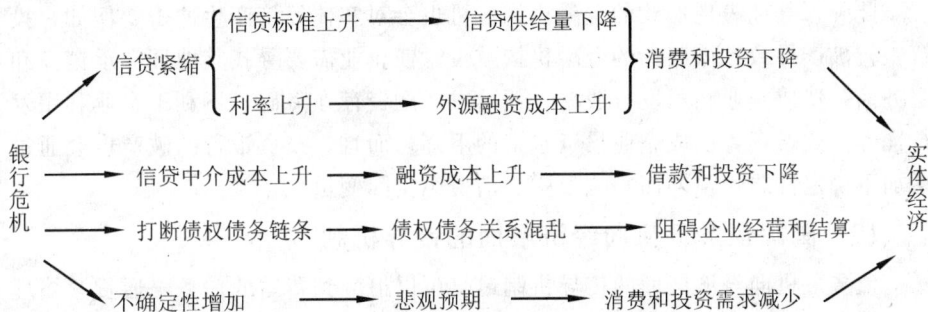

图 3-4　银行危机向实体经济传导示意图

从上面的分析可以看出，银行危机通过不同机制和路径对实体经济产生影响，对企业、居民和政府产生冲击。

首先，从企业角度看，银行危机导致银行的资产负债表恶化，进而通过信贷标准的上升、信贷规模的下降和利率的上升导致企业外源融资数量的下降和成本的上升，进而导致企业投资和产出的下降。另外，当银行危机导致需求下降时，企业的现金流会减少，从而导致企业净值减少，企业外源融资升水增加，外源融资数量进一步减少，进而导致企业投资、产出的下降，形成金融加速器效应。因为中小企业更加依赖来自于银行的外源融资，所以，相对于大企业而言，银行危机对中小企业的影响会更加强烈。

其次，从居民角度看，银行危机也会导致银行对居民的信用紧缩。一方面，在正常情况下，银行会通过信用卡、消费贷款等方式向消费者提供信用，在银行危机时期，流动性短缺，银行会减少包括居民信用在内的信用总额，致使居民通过信用方式购买耐用消费品的数量下降；另一方面，房地产贷款是银行对居民提供的另一种信用方式，对于已经贷款的居民而言，在银行危机时期，房地产贷款利率的上升增加了借款者的债务负担，当房地产价格受到银行危机的影响而下跌时，房地产贷款的抵押品价值下降，银行会要求借款者增加抵押品、提前还贷或者拍卖房地产。

最后，从政府角度看，银行危机是对政府救助能力的一次考验。银行在金融体系中占有重要地位，而且，银行危机具有高度传染性，因此，当银行危机发生时，政府会选择救助银行，特别是大银行，即"大而不倒"。当政府选择向危机银行注资时，资金来源成为问题的关键。如果政府选择发行债券筹集资金，那么，危机时期的高利率会导致政府背负高额的利息负担，并且，大规模的债券发行通过增加债券供给而造成债券市场的价格下降。

此外，其他表现形式的金融机构危机也会对实体经济产生冲击。例如，投资银行破产导致提供服务的金融机构减少，使企业需要寻找其他证券承销商和服务商，造成企业利用发行股票、债券方式融资存在障碍，不利于企业利用发行证券方式融资，造成企业投资水平的下降。而且，投资银行的破产也会通过增加不确定性恶化预期而影响投资、消费等实际变量。

（三）国际债务危机向经济层面的传导机制

债务危机向经济层面的传导机制最早可以追溯到费雪的债务—通货紧缩理论。该理论认为未预期到的物价水平下降会导致财富在债务人和债权人之间再分配，当债务人支出倾向高于债权人支出倾向的条件下，物价水平下降导致债务人减少的支出多于债权人增加的支出，进而导致国民收入的减少。同理，当债务危机发生时，正常的债权债务关系被打破，债务人违约，债权人无法收回款项，这会导致债务人和债权人支出的减少以及国民收入的下降。

债务危机国内传导机制体现在以下几个方面。第一，国际债务危机导致投资规模减少。为了还本付息，债务国需要减少进口、增加出口以增加外汇收入，这会抑制经济发展所需原材料等商品和服务的进口，阻碍了企业投资；债务危机导致债务国国家信用的下降，无法通过国际金融市场获得资金，国外资金流入的减少通过银行信贷减少、直接投资减少等渠道缩小投资规模；债务危机导致投资者对经济前景持悲观态度，也会相应地减少投资需求。第二，国际债务危机对危机国金融机构产生不利影响。如果危机国的商业银行依赖于国际资本流入，那么，危机导致国际资本流入下降，商业银行资金来源减少，有可能造成信贷紧缩。第三，投资率的下降和信贷紧缩的出现不利于危机国经济的复苏和发展，导致经济增长缓慢。第四，如果危机国通过发行国内债券或者增加货币供给量的方式转嫁债务，那么，这会导致危机国内通货膨胀的形成。

（四）需要说明的问题

在上述分析的基础上，本书有两个需要说明的问题：

第一，不同类型的金融危机虽然对实体经济的传导机制不同，但是，都会对实体经济产生不同程度的负向影响，造成产出下降和经济衰退。奥肯定律告诉我们，经济衰退导致失业率增加，这不利于社会稳定和经济发展。同时，失业率上升导致居民收入减少、消费和投资需求下降，进一步恶化经济情况，形成"经济衰退——失业——收入减少——消费和投资下降——经济衰退"的恶性循环。

第二，金融危机不仅会导致投资和产出的下降，也会影响潜在产出水平以及经济增长路径。一方面，投资减少导致资本积累下降，失业率增加导致长期内人力资本被破坏，对私人部门 R&D 的投资抑制导致全要素生产率下降，这会导致潜在产出水平的下降；另一方面，金融危机可能会改变经济增长路径。通常情况下，在金融危机之后经济增长路径的变化分为三种情况①：第一种情况，危机后的经济增长率超过危机之前的经济增长率，完全弥补了金融危机的损失，经济增长回到原来的增长路径；第二种情况，危机后的经济增长率等于危机之前的经济增长率，危机造成了不可恢复的损失，经济增长在原来的增长路径之下与原来路径平行的新路径上运行；第三种情况，危机后的经济增长率小于危机之前的经济增长率，导致经济增长在原来的路径之下运行，并且新路径与原始路径之间的差距越来越大，经济增长缓慢。当金融危机导致经济长期严重衰退时，资本过时退化，工作技能丧失使失业率无法逆转，第三种情况会出现，造成更大的损失。阿比阿德（Abiad, 2009）等人分析了银行危机对产出的中期影响，结果表明银行危机之后产出大幅降低，虽然产出增长率回弹到危机之前的水平，但是产出没有回弹到危机之前的水平。

第二节　金融危机传导的经验分析

理论从经验中归纳出来，经验又为理论提供了证据。本书选择 20 世纪 80 年代初的拉美债务危机、20 世纪 90 年代末的亚洲金融危机和 21 世纪初由次贷危机引起的全球金融危机为例对封闭经济条件下的危机传导进行经验分析。

一、危机在金融层面传导的经验分析

封闭经济条件下的金融危机传导首先体现在金融层面的传导，无论是金融

---

① *Impact of the Current Economic and Financial Crisis on Potential Output*，http：// ec. europa. eu/ economy _ finance/ publications/publication15479 _ en. pdf.

市场危机、金融机构危机还是国际债务危机，都会通过不同的传导机制和传导途径引起金融市场和金融机构层面的动荡和混乱。

（一）金融市场危机在金融层面传导的分析

亚洲金融危机是货币危机或者外汇市场危机的典型代表，我们利用亚洲金融危机分析金融市场危机在金融层面的传导。1997 年 7 月，泰铢持续大幅度贬值，之后波及印度尼西亚、马来西亚、菲律宾、韩国等国家和地区，亚洲金融危机不断发展和深化（见图 3-5）。

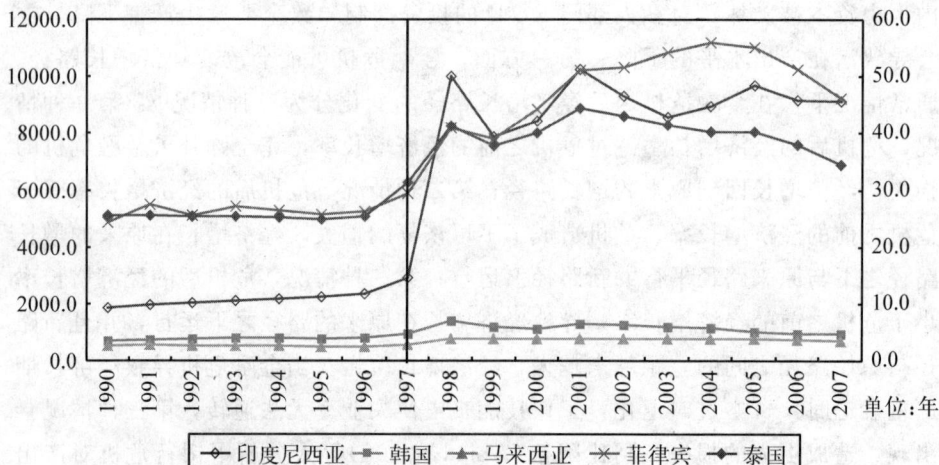

图例：◇ 印度尼西亚　■ 韩国　▲ 马来西亚　✕ 菲律宾　◆ 泰国

图 3-5　东亚五国汇率危机前后对美元平均汇率变化

注：泰国、马来西亚为官方汇率，印度尼西亚、韩国、菲律宾为市场汇率，竖线为危机爆发时期。

左侧坐标轴显示印度尼西亚和韩国的数据；右侧坐标轴显示菲律宾、泰国和马来西亚的数据。

资料来源：国际货币基金组织：IFS 数据库，www.imf.org。

货币贬值的影响首先体现在金融市场层面上。从股票市场看，泰国股票市场指数由 7 月 2 日的 527.28 下跌至 12 月 11 日的 371.51，下跌了 29.5%；印度尼西亚股票综合指数由 7 月 8 日的 740.83 下跌至 12 月 15 日的 339.54，下跌了 54.2%；马来西亚股票综合指数由 7 月 1 日的 1078.90 下跌至 10 月 31 日的 664.69，下跌了 37.8%；菲律宾股票市场指数由 6 月 27 日的 2835.03 下跌至 11 月 21 日的 1848.67，下跌了 34.8%；韩国股票市场指数由 1 月 4 日的

643.41 下跌至 11 月 7 日的 515.63，下跌了 19.9%①。从货币市场看（见图 3-6），泰国、印度尼西亚、马来西亚、菲律宾和韩国的货币市场利率均有不同幅度的上升，其中，印度尼西亚的货币市场利率上升幅度最大，持续时间最长，并且波动比较剧烈，这与其实行的稳定汇率、紧缩银根的政策密切相关。泰国、马来西亚、菲律宾和韩国的货币市场利率在 1998 年年初达到最高点，之后，随着危机救助政策的实施，利率稳步下降，泰国、马来西亚、韩国的货币市场利率变动趋势较为一致，而菲律宾的货币市场利率在 1998 年第三季度再次出现小幅上升。

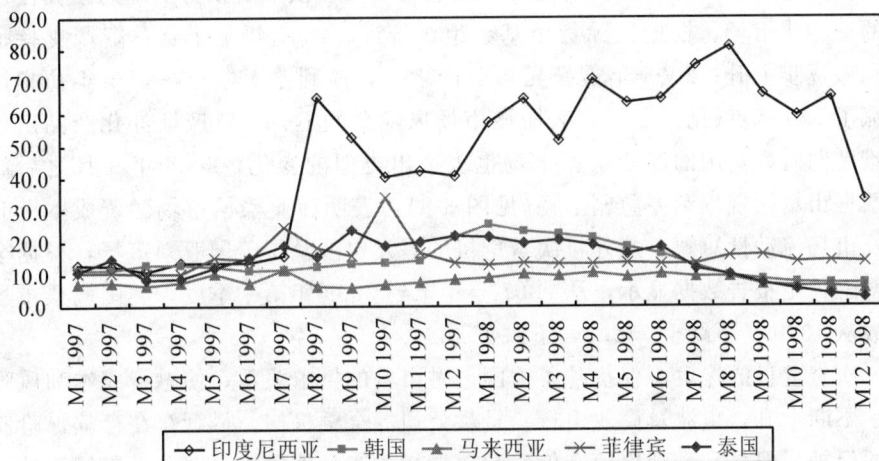

图 3-6 东亚金融危机五国货币市场利率

注：印度尼西亚为可赎回借款利率，马来西亚为银行间市场隔夜拆借利率。

资料来源：国际货币基金组织：IFS 数据库，www.imf.org。

货币贬值的影响也体现在金融机构层面上。卡明斯基和雷哈特（Kaminsky & Reinhart，1999b）认为亚洲金融危机具有"孪生危机"的特征，货币危机和银行危机同时爆发。在泰国，7 月 2 日之前，91 家金融财务公司中的 16 家倒闭，7 月 2 日之后到 12 月末，另有 58 家金融财务公司倒闭；在印度尼西亚，1997 年 11 月政府关闭 16 家资产质量低下的私营银行，1998 年 4 月又关闭 7 家私营银行，另外宣布额外 7 家银行受国家银行监督机构的监督；在马来西亚，中央银行加快金融机构合并的步伐，推动大型金融机构以及外国金融机构

---

① 何秉孟、刘溶沧、刘树成：《亚洲金融危机：分析与对策》，北京，社会科学文献出版社，2007。

对国内中小银行的兼并；在菲律宾，汇率贬值导致银行外债负担沉重，贷款质量低劣，少数小银行破产；在韩国，韩元贬值、企业破产、金融改革和政权更替相互作用，多家金融公司和证券公司停业倒闭。

（二）金融机构危机在金融层面传导的分析

由次贷危机引发的全球金融危机是以金融机构破产（特别是投资银行破产）为最初表现形式，我们利用这场危机对金融机构危机在金融层面传导进行经验分析。

次贷危机首先波及了次级抵押贷款或者以次级抵押贷款为基础的结构性产品的证券化市场。根据国际货币基金组织统计，2007年下半年，资产支持证券利差逐步上升；2008年雷曼兄弟破产之后，该利差大幅上扬，与年初相比上涨了650基点（见图3-7），表明该市场风险急剧上升，资产证券化产品出售困难。同时，美国的商业票据市场也表现出类似的变化，2008年9月之后商业票据市场贴现率利差急剧上扬（见图3-8），表明商业票据市场融资成本上升以及市场流动性短缺。此外，次贷危机的爆发也波及了美国股票市场，根据全球金融稳定报告数据显示，从2007年年末到2009年第一季度，美国股票市场指数从1390.9下跌至759.2，下跌了45.4%。

次贷危机的爆发不仅扰乱了美国金融市场的供求关系，使融资成本和风险水平不断上升，也波及商业银行、贷款公司等金融机构。尽管存在存款保险制度的保护，但是，受到房地产价值和次贷相关产品价值缩水、金融市场流动性短缺等多重因素的影响，美国金融机构大量倒闭。根据联邦储蓄保险公司统计，2007年美国银行倒闭数量为3家，2008年银行倒闭数量为25家，2009年银行倒闭数量为140家[①]。

（三）国际债务危机在金融层面传导的分析

1982年8月，墨西哥债务危机爆发，之后波及大多数拉美发展中经济体，我们选择拉美债务危机对债务危机在金融层面的传导进行经验分析。拉美债务危机是一种主权债务危机，以借款主体——主权国家——宣布延期偿还外部债务为主要特征。债务危机的爆发导致危机国国家信用大幅降低，国家风险增大，金融市场融资困难，也导致拉美国家由于资本外流而造成货币贬值。从图3-9可以看出，1982—1984年，阿根廷、巴西、智利、墨西哥和委内瑞拉等国均存在不同幅度的货币贬值，其中，阿根廷货币贬值2510%，巴西货币贬

---

① http://www.chinavalue.net/NewsDig/NewsDig.aspx? DigId=49338.

单位：基点

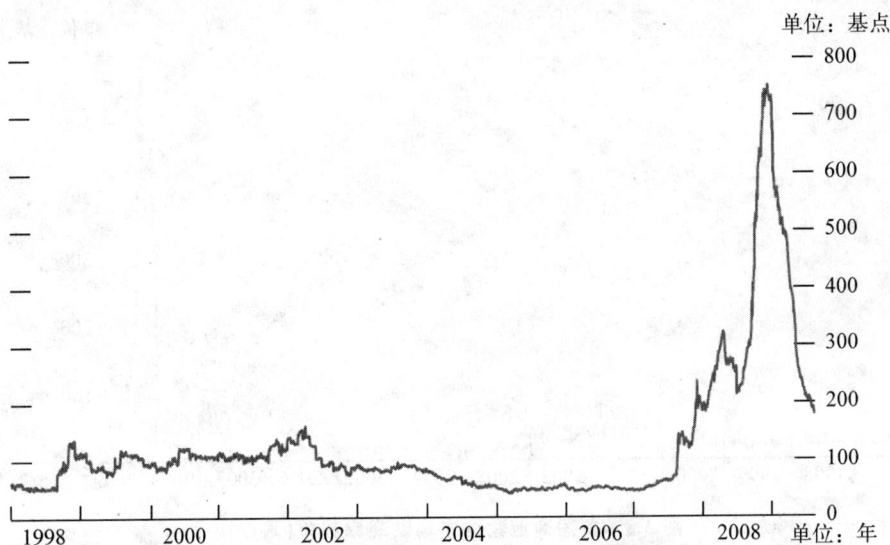

图 3-7 美国资产支持证券利差 (基点)

注：AAA 级资产支持证券的主指数 (固定利率) 的期权调整差幅。

资料来源：国际货币基金组织：《全球金融稳定报告 (2009 年 10 月)》，www. imf. org。

值 929％，墨西哥货币贬值 198％[①]。虽然拉美国家的货币贬值与其应对危机的政策措施以及国内外的经济金融环境有关，但是，不能否认拉美债务危机对危机国汇率的影响。

二、危机向经济层面传导的经验分析

金融危机的爆发不仅会在金融层面传导，引起金融机构和金融市场的混乱，也会向经济层面传导，对实体经济产生负向冲击，甚至引发经济萧条或者经济危机。

(一) 金融市场危机向经济层面传导的分析

亚洲金融危机的爆发不仅对泰国、印度尼西亚、马来西亚、菲律宾、韩国等国家的金融层面产生了冲击，也对这些国家的实体经济层面造成严重的影响。

首先，货币危机的爆发通过影响金融市场、金融体系以及国际资本流入影

---

① 债务危机爆发之后，五国汇率贬值持续至今。

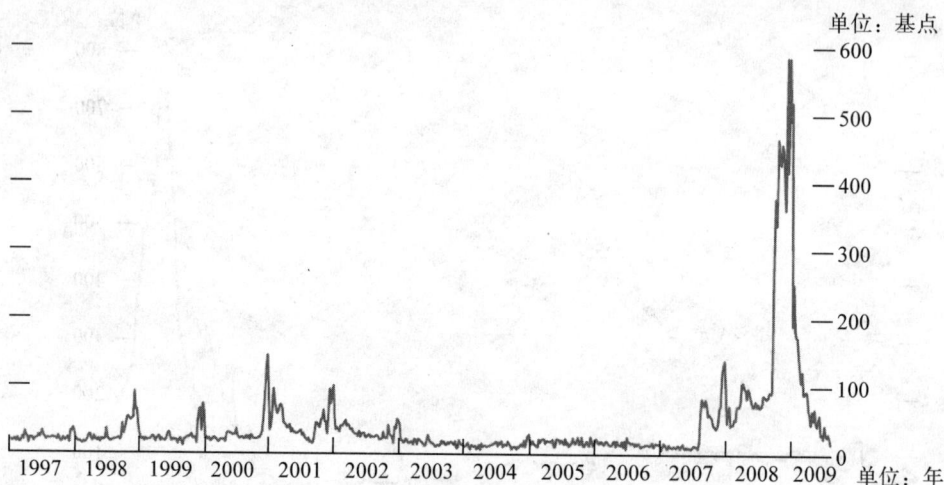

图 3-8　美国商业票据市场贴现率利差(基点)

注：30 天期的 A2/P2 与 AA 级商业票据之差；每周数据。

资料来源：国际货币基金组织：《全球金融稳定报告(2009 年 10 月)》，www.imf.org。

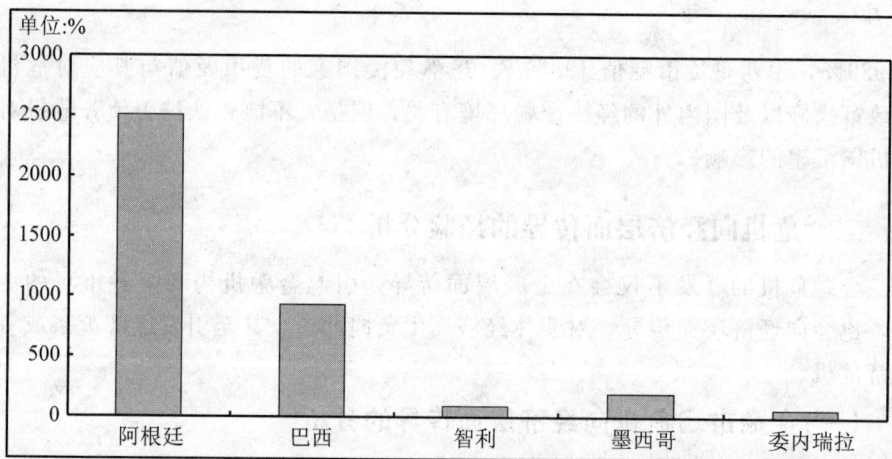

图 3-9　1982—1984 年拉美债务危机五国贬值率

资料来源：国际货币基金组织：IFS 数据库，www.imf.org。

响了危机发生国的投资率。从总资本占国内生产总值的百分比看，1998 年到 1999 年，亚洲金融危机五国的投资率大幅降低，并且，至今仍未回归到危机之前的水平(见图 3-10)。

单位:%

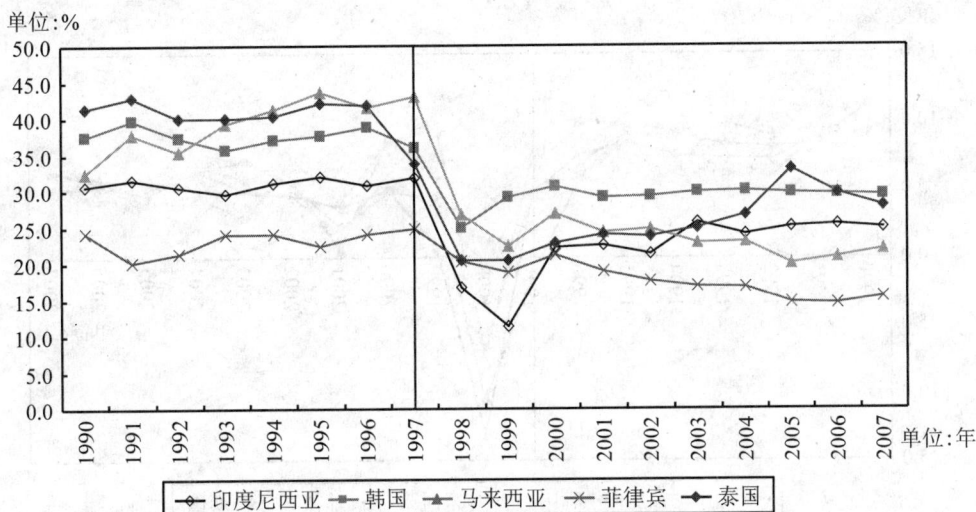

图 3-10 亚洲金融危机五国投资率

注:图中显示的是总资本占国内生产总值的百分比。其中,印度尼西亚、马来西亚、菲律宾是 1999 年与 1997 年的比值;泰国、韩国为 1998 年与 1997 年的比值。

资料来源:世界银行:世界发展指标(WDI)数据库,www.worldbank.org。

其次,投资率的降低直接导致了经济增长率的下降。从年度国内生产总值增长率看(见图 3-11),1998 年亚洲金融危机五国经济增长率无一例外地大幅下跌,其中,印度尼西亚下降幅度最大,下跌了 13.1%,泰国次之,下降了 10.5%。经济增长率的下降导致经济发展无法容纳原有的劳动力,致使大量工人失业,危机国失业率大幅上升。根据国际货币基金组织的数据显示,印度尼西亚和泰国的失业情况最为严重,1998 年印度尼西亚和泰国的失业率分别高达 16.8%和 10.3%。

最后,危机国对货币危机的干预措施导致国内一般物价水平的上升。根据世界银行网站的资料显示,与 1997 年相比,1998 年亚洲金融危机五国的通货膨胀率均有所上升,其中,印度尼西亚上升幅度最大,1998 年的通货膨胀率高达 75.3%,出现严重通货膨胀,马来西亚、韩国、泰国在通货膨胀之后出现了通货紧缩,泰国在 1999 年出现严重通货紧缩(见图 3-12)。

(二)金融机构危机向经济层面传导的分析

次贷危机爆发不仅导致了金融层面的混乱,也对美国经济层面产生了负面影响,导致美国消费和投资低迷,失业率上升,经济增长率下降。

单位:%

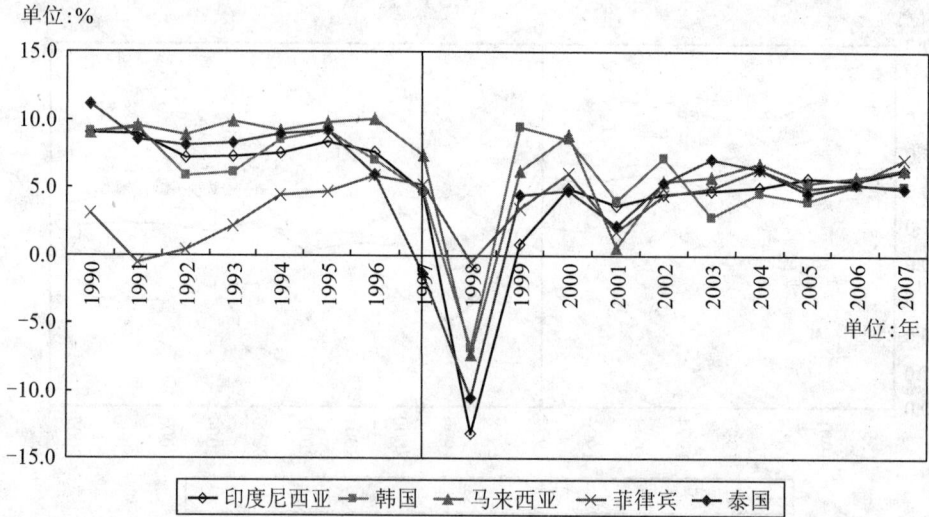

图 3-11　亚洲金融危机五国年度国内生产总值增长率

注：韩国 2000 年数据根据 IFS 计算。

资料来源：世界银行：世界发展指标（WDI）数据库，www.worldbank.org。

单位:%

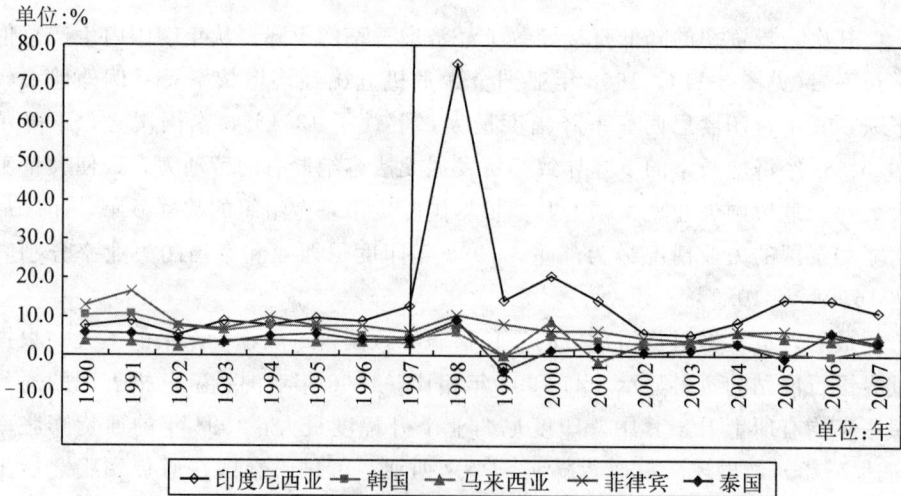

图 3-12　亚洲金融危机五国年度通货膨胀率

注：韩国 2000 年数据根据 IFS 计算。

资料来源：世界银行：世界发展指标（WDI）数据库，www.worldbank.org。

首先，次贷危机对美国经济层面的影响表现为失业人口的增加。经营、购买和持有次级抵押贷款或者以次级抵押贷款为基础结构性产品的金融机构大量破产，从事金融业务的人员失业率上升；金融市场、金融机构流动性紧缩导致企业融资困难，资金链条趋紧，企业破产倒闭；不确定性增加以及需求萎缩导致企业裁减员工，多重因素的共同作用导致美国失业率不断上升。根据美国劳动部统计，2007年11月—2009年11月，美国失业率不断上升，从4.7％上升到9.9％，其中，2009年10月失业情况最为严重，失业率高达10.2％左右（见图3-13）。

单位：%

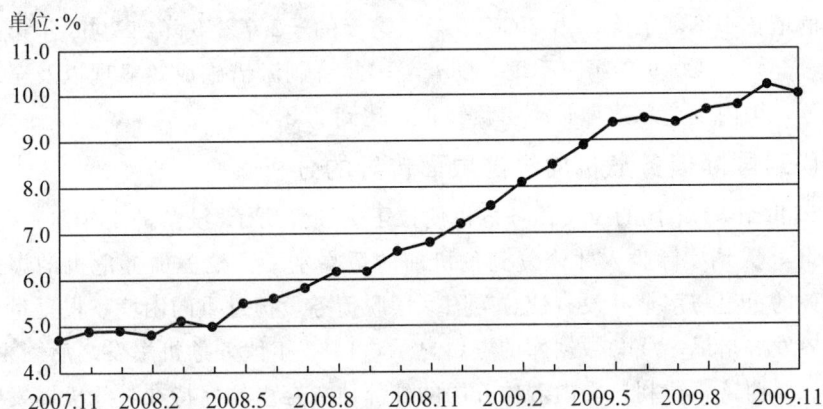

图3-13 2007年11月—2009年11月美国失业率情况

数据来源：美国劳动部。

表3-1 美国消费、投资和国内生产总值季度增长率的变化

单位：%

时间 项目	2007年				2008年				2009年		
	Q1	Q2	Q3	Q4	Q1	Q2	Q3	Q4	Q1	Q2	Q3
国内生产总值	1.2	3.2	3.6	2.1	−0.7	1.5	−2.7	−5.4	−6.4	−0.7	2.2
消费	2.5	0.8	1.4	0.9	−0.4	0.06	−2.5	−2.2	0.4	−0.6	2.0
投资	−1.1	0.9	0.14	−1.3	−1.2	−1.7	−1.0	−3.9	−9.0	−3.1	−0.5

注：以年率季节调整（Seasonally adjusted at annual rates）。

资料来源：http://www.bea.gov/newsreleases/national/gdp/2009/pdf/gdp3q09_3rd.pdf.

其次，次贷危机对美国经济层面的影响表现为需求下降。从表3-1可以看出，2008年美国消费需求下降，特别是2008年第三季度和第四季度，消费需求增长率分别为−2.5％和−2.2％，表明消费需求萎缩；同时，美国私人投资需求减少，私人投资增长率 2007 年第四季度之后均为负值，特别是 2009 年第一季度，投资增长率为－9.0%，表明次贷危机引起的投资环境恶化、资金短缺以及需求不足使美国投资需求下降。

最后，次贷危机对美国经济层面的影响也表现为经济增长率的降低。受消费低迷和投资需求下降的影响，美国国内生产总值增长率出现下降态势。从表 3-1 可以看出，在 2007 年次贷危机初期，美国国内生产总值增长率比较稳定，在 2%～4%之间波动，但雷曼兄弟破产导致金融危机深化之后，美国国内生产总值增长率不断下降，由 2008 年第三季度的－2.7%下降到 2009 年第一季度的－6.4%。2009 年第三季度，随着美国经济刺激措施成效显现以及全球经济复苏，国内生产总值增长率由负转正，达到 2.2%。

(三)国际债务危机向经济层面传导的分析

20 世纪 80 年代的拉美债务危机使拉丁美洲经历了"没落的十年"，一直到 1990 年，人均实际收入才恢复到危机前的最高水平。拉美债务危机的爆发以及债务的重组与调整并没有使拉美国家摆脱债务负担过重的困境，根据世界银行世界发展指标(WDI)数据库的资料显示，1982 年债务危机爆发之后阿根廷、巴西、墨西哥、智利、委内瑞拉五国的外部债务存量均保持在与危机爆发时相当的水平，其中，巴西和墨西哥的外部债务存量在危机后继续大幅上升(见图 3-14)，沉重的外债负担和偿债压力对拉美国家的经济造成了严重影响。

单位:美元

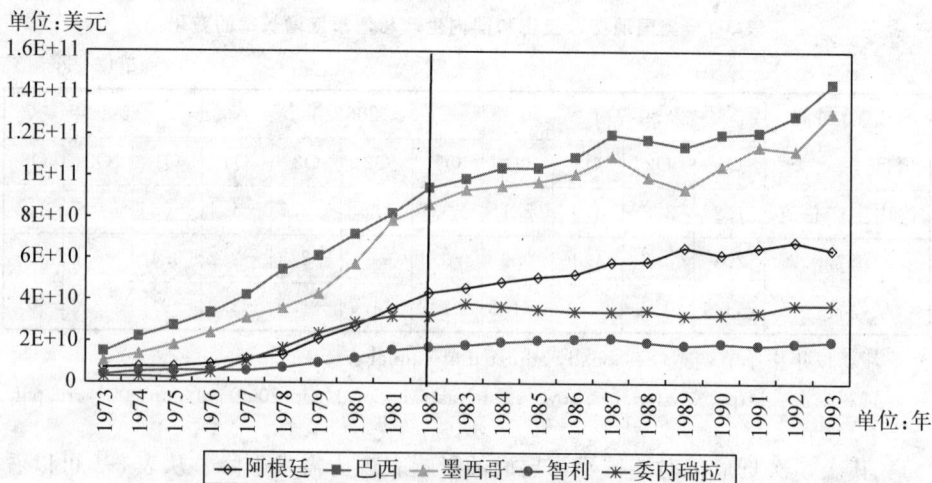

图 3-14　拉美债务危机五国外部债务存量

资料来源：世界银行：世界发展指标(WDI)，www.worldbank.org。

　　首先，国际债务危机对经济层面的影响表现为投资率的降低。债务本金和利息偿还导致资本流出该国，债务危机的爆发导致危机国在国际金融市场上融资困难，两者共同作用导致危机国国内资金供给减少，投资主体融资成本上升，投资下降。根据世界发展指标数据库的资料显示，1983 年拉美债务危机五国都存在投资率不同程度的下降，其中，委内瑞拉下降幅度最大，下降了 15.5％；阿根廷持续时间最长，1982 年之后，投资率均在 20％以下（见图 3-15）。

单位:%

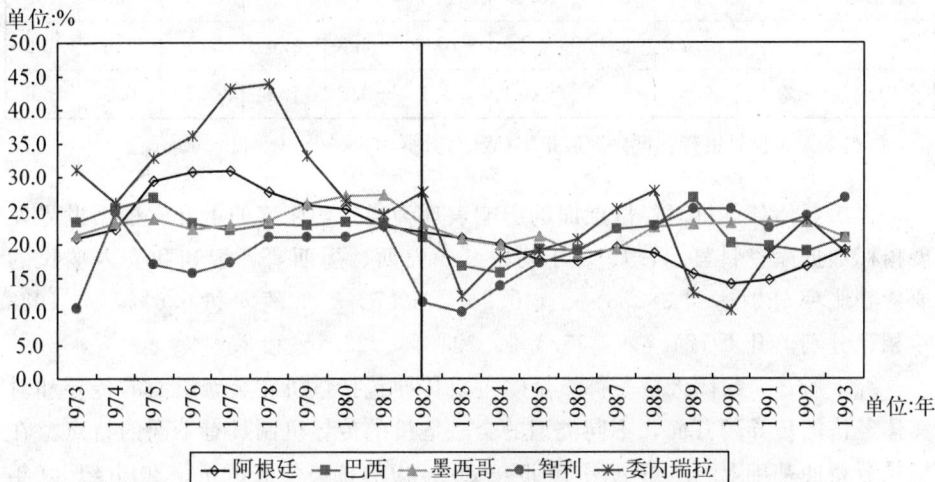

图 3-15　拉美债务危机五国投资率

注：总投资占国内生产总值的百分比。

资料来源：世界银行：世界发展指标（WDI）数据库，www. worldbank. org。

　　其次，债务危机对经济层面的影响表现为经济增长率的降低。从表 3-2 可以看出，巴西、墨西哥和委内瑞拉 1983 年的经济增长率分别为－3.4％、－4.2％和－3.8％，与 1982 年相比分别降低了 4％、3.6％和 1.7％；智利 1982 年的经济增长率为－10.3％，与 1981 年相比降低了 15％；阿根廷在 1981 年和 1982 年的经济增长率均为负值，意味着在债务危机之前阿根廷已经处于经济低迷阶段。

表 3-2　1978—1987 年拉美债务危机五国经济增长率

单位:%

国家\时间	1978 年	1979 年	1980 年	1981 年	1982 年	1983 年	1984 年	1985 年	1986 年	1987 年
阿根廷	-4.5	10.2	4.2	**-5.7**	**-5.0**	3.9	2.2	-7.6	7.9	2.9
巴　西	3.2	6.8	9.1	-4.4	0.6	**-3.4**	5.3	7.9	8.0	3.6
墨西哥	9.0	9.7	9.2	8.8	-0.6	**-4.2**	3.6	2.6	-3.8	1.9
智　利	7.5	8.7	8.1	4.7	**-10.3**	-3.8	8.0	7.1	5.6	6.6
委内瑞拉	2.3	0.8	-4.4	-0.4	-2.1	**-3.8**	1.4	0.2	6.5	3.6

资料来源：世界银行：世界发展指标（WDI）数据库，www.worldbank.org。

再次，债务危机对经济层面的影响表现为通货膨胀率的上升。根据世界发展指标数据库资料显示，1983 年阿根廷、巴西、墨西哥、智利和委内瑞拉的通货膨胀率分别达到 382.3%、140.2%、90.5%、30.7% 和 6.6%，与 1982 年相比分别上升了 174.7%、35.4%、29.5%、22.1% 和 2.9%。

综上所述，封闭经济条件下金融危机传导包括危机在金融层面的传导和对实体经济的传导两方面，不同类型的金融危机的传导机制具有不同的特点。在理论分析的基础上，本书利用 20 世纪 80 年代的拉美债务危机、20 世纪 90 年代末的亚洲金融危机以及 21 世纪初的全球金融危机对危机传导进行经验分析，为理论分析提供经验支持。此外，在经济全球化的背景下，金融危机的传导不再局限于危机发生国内部，而是传导到其他国家和地区，形成开放经济条件下的危机传导。在传导过程中，传导动力不仅来源于金融市场、金融机构等危机发源地，也来源于封闭条件下受到危机冲击的机构、市场和实体经济。因此，一般情况下封闭条件下的金融危机传导是开放经济条件下金融危机传导的中间环节。

第四章
开放经济条件下的金融危机传导

金融危机不仅会在危机发生国内部传导，也会打破国家和地区的界限，形成开放经济条件下的金融危机传导。在这一过程中，国际贸易的变化、资产价值和资本流动的变化以及心理预期的变化通常成为危机传导的关键变量。当危机传导到其他国家后，危机冲击又会通过封闭经济条件下的传导机制在危机输入国内部进行传导，甚至以危机输入国为中介形成另一轮跨国传导。

第一节　基于贸易渠道的金融危机传导

基于贸易渠道的金融危机传导是指一国发生金融危机导致与其存在贸易联系的国家的贸易量（进口量和出口量）发生变化，从而使危机传导到另一个国家。其中，无论是与另一个国家经济金融相联系的实际变量还是与另一个国家经济金融不相联系的预期因素都会影响贸易量变化，都是基于贸易渠道危机传导分析的内容。

一、贸易渠道传导的表现形式

在贸易渠道传导中，核心变量是贸易量的变化，既包括进口量的变化，也包括出口量的变化。根据贸易冲击是否来自于危机发生国，本书将贸易渠道传导分为直接贸易渠道传导和间接贸易渠道传导。

（一）直接贸易渠道传导

直接贸易渠道传导是指在危机发生国与另一个国家存在直接贸易联系的条

件下，贸易量变动对另一个国家产生的影响。根据国民收入理论，净出口是一国国民收入的重要组成部分，金融危机通过影响另一个国家的净出口而影响该国的国民收入、就业水平等经济变量。

第一，危机国与危机输入国之间存在直接贸易联系，这是构成直接贸易渠道传导的必要条件。其中，这种贸易联系既包括两国之间存在进口和出口联系，也包括存在竞争关系等其他联系[①]。当两个国家存在进出口联系时，一国发生危机特别是货币危机往往导致其出口增加和进口减少，从而导致其对应的贸易伙伴国出口减少；当两个国家存在贸易竞争联系时，危机国通过本币贬值增加了出口竞争力，从而导致与其在第三方市场上竞争的其他国家出口减少，进而导致这些国家通过贸易渠道受到危机的冲击。此外，危机输入国可以为多个国家，但多个危机输入国的贸易冲击均来自于同一危机发生国。

第二，对危机输入国冲击的大小主要依赖于危机发生国贸易量的变化。一方面，这将危机发生国对危机输入国的贸易冲击与其他因素对危机输入国的冲击相分离，危机发生国贸易量的变化——进口量和出口量的变化构成影响危机输入国贸易量的主要因素；另一方面，这意味着危机发生国与危机输入国之间存在严重的贸易依赖关系。例如，如果一国出口商品种类单一，并且危机发生国是其主要的出口地，那么，危机爆发导致危机发生国国内需求萎缩、进口下降，相应地导致危机输入国出口减少。

（二）间接贸易渠道传导

随着国际分工不断发展，国家之间的贸易联系不断密切。在直接贸易渠道传导之外，还存在间接贸易渠道传导。间接贸易渠道传导是指一国爆发危机对另一个国家产生严重冲击，导致与另一个国家存在贸易联系的其他国家受到影响，受到危机直接冲击的另一个国家在传导中起中介作用，称之为危机中介国。换句话说，危机发生国贸易量的变动影响到危机中介国，危机中介国贸易量的变动影响到危机输入国。需要说明的是，危机中介国和危机输入国不仅指代一个国家，金融危机可能通过贸易渠道冲击了多个国家，而这种冲击又通过贸易渠道相应地影响了其他国家。如果将上述条件放松，那么，广义的间接贸易渠道传导也包括对危机中介国的冲击来自于贸易冲击和金融冲击而对危机输入国的冲击来自于贸易冲击的情况。

---

① 既包括李小牧（2000）所论述的直接双边型贸易溢出途径，又包括间接多边型贸易溢出途径。

当代国际分工是间接贸易渠道传导的背景之一。国际分工导致国家之间、经济体之间的贸易不再局限于商品之间的贸易，而是扩展到一个商品不同生产过程、不同生产要素的贸易，并且国际分工更加细致、更加层次化，导致与一种或者一类产品相关的国际贸易链条更长、涉及的经济体更多，这导致间接渠道传导成为贸易渠道传导的重要表现形式。

首先，危机输入国与危机发生国不存在直接贸易联系，或者存在很少的直接贸易联系。与直接贸易渠道传导不同，危机的间接贸易渠道传导意味着对危机输入国的贸易冲击不是直接来源于危机发生国，而是来源于受到危机发生国影响的危机中介国，对危机输入国的影响是危机冲击波的另一轮攻击。

其次，间接贸易渠道传导受到首轮贸易冲击和中介国对危机冲击吸收的制约。在间接贸易渠道传导的条件下，金融危机需要通过中介国传导到其他国家，这要求危机发生国对危机中介国的首轮冲击比较强烈，并且危机中介国对该冲击威力吸收得较少，或者危机中介国自身的经济金融原因导致危机冲击更加猛烈，这样才会导致危机通过中介国传导到输入国。

再次，国家之间、经济体之间广泛而密切的贸易联系是间接贸易渠道传导的重要条件。在一国爆发危机对危机中介国产生严重冲击的条件下，如果危机中介国与其他国家基本没有贸易联系，或者贸易联系很少，那么，危机冲击在贸易渠道的传导基本上止步于危机中介国，不会对其他国家产生贸易冲击。但是，在贸易全球化的背景下，越来越多的国家融入贸易全球化的进程中，国家之间的贸易联系不断密切，这为金融危机的间接贸易渠道传导提供了条件。

最后，产品内分工为金融危机间接贸易传导增加了新内容。产品内分工意味着同一产品的不同生产过程和不同组成部分在不同国家生产，通过零部件和半成品的贸易完成该产品的最终生产和销售。正如本书在危机传导的宏观环境中所论述的，在当今国际贸易格局下，跨国公司通过垂直专业化、多阶段生产、产品内分工、全球生产分享、外包、代工等方式将附加值较低的产品生产工序外包给其他国家，自己专注于产品的研发、设计等附加值较高的工序，从而导致不同国家融入统一的产品生产链条之内。当金融危机导致进口需求下降时，如果一国是产品的最终消费国，那么，该国产品需求的减少意味着与该产品相关的零部件和半成品的需求以及贸易减少，进而冲击到该链条上的所有国家。

从上面的分析可以看出，不论是直接贸易渠道传导还是间接贸易渠道传导，贸易渠道传导的关键变量是贸易量的变化。如果危机导致其他国家贸易量变化较小，那么，危机基于贸易渠道的传导力量较小。相反，如果危机导致其他国家贸易量变化较大，那么，危机基于贸易渠道的传导力量较大。

二、贸易渠道的传导机制

在直接贸易渠道传导和间接贸易渠道传导中，危机输入国贸易量的变化是贸易渠道传导的关键因素。那么，金融危机是如何导致贸易量发生变化的呢？这就是贸易渠道的传导机制问题，包括收入机制、价格机制、"资产负债表"效应机制、贸易融资机制、支付方式机制等。

(一)收入机制

收入机制是指一国发生危机导致该国收入下降，进而导致包括进口品在内的需求下降，即危机输入国的出口下降，是封闭经济条件下需求收入理论在开放经济条件下的延伸。

假设本国出口(外国进口)M^*是由外国对本国产品的需求决定，是商品的相对价格 q 和外国国内收入水平 Y^* 的函数；同理，本国进口(外国出口)M 是由本国对外国产品的需求决定，是商品相对价格 q 和本国国内收入水平 Y 的函数。$q = eP*/P$ 表示扣除了价格水平因素后用本国商品表示的进口外国商品相对价格，即实际汇率，则有等式(1)和等式(2)成立。

$$M^* = M^*(q, Y^*) \quad \frac{\partial M^*}{\partial q} > 0, \frac{\partial M^*}{\partial Y^*} > 0 \tag{1}$$

$$M = M(q, Y) \quad \frac{\partial M}{\partial q} < 0, \frac{\partial M}{\partial Y} > 0 \tag{2}$$

贸易余额 T 是出口额 M^* 和进口额 M 的差额，由实际汇率 q、外国国民收入 Y^* 与本国国民收入 Y 决定，m 为边际进口倾向($0 < m < 1$)。在假定外国国民收入不变的条件下，贸易余额由自发性贸易余额、边际进口倾向和本国国民收入决定。

$$
\begin{aligned}
T &= M^*(q, Y^*) - qM(q, Y) \\
&= T(q, Y^*, Y) \\
&= \overline{T} - mY
\end{aligned}
\tag{3}
$$

$$\frac{dT}{dY} = -q\frac{dM}{dY} = -m < 0 \tag{4}$$

本国国民收入的下降导致该国贸易余额的增加，其贸易伙伴国贸易余额的减少。因此，一国发生危机导致国民收入下降，通过影响该国的贸易余额(或者进口)对其贸易伙伴国的出口产生影响。

(二)价格机制

价格机制是指一国发生危机导致其汇率发生变化，影响其贸易伙伴国或者贸易竞争国产品的相对价格，从而导致危机输入国贸易量的变动，是封闭经济条件下需求价格理论在开放经济条件下的延伸。

一般情况下，进口品本币价值上升导致本国需求下降，进口品本币价值下降导致本国需求上升。假定汇率变动之前一国的贸易余额为零，利用 η 表示进口需求的价格弹性，则根据(3)式可以推导出：

$$\frac{\Delta T}{\Delta q} = \frac{M^*}{q}(\eta^* + \eta - 1) \tag{5}$$

η^* 表示外国进口价格弹性，即本国的出口价格弹性。在本国和外国的国民收入不变的条件下，本币贬值改善贸易余额的条件为进出口需求的价格弹性之和大于1，该条件即为马歇尔—勒纳条件；当考虑本国国民收入因素后，贬值改善一国贸易余额的条件还要求贬值引起的国民收入增加幅度超过国内吸收的增加幅度，即边际吸收倾向小于1。此外，贬值对贸易余额的影响存在时滞，贬值后可能使贸易余额在短期内恶化，经过一段时间后改善，即存在"J曲线效应"。

当满足上述条件时，一国发生金融危机导致本币贬值，进口商品和劳务的本币价格增加，出口商品和劳务的外币价格下降，危机发生国出口竞争力增强，进而导致其贸易伙伴国出口减少和进口增加。同时，如果危机国与其他国家在第三方市场上存在竞争关系，危机国的货币贬值导致其出口产品和劳务的外币价格降低，与其出口竞争国相比竞争力增强，危机国出口市场份额增大，对竞争国的出口产生不利影响。

(三)"资产负债表效应"机制

"资产负债表效应"机制是指，在微观主体的资产或者负债存在外币敞口的条件下，货币贬值改变了其资产负债表情况，从而影响其融资规模和融资成本，进而影响出口企业的出口量。

伯南克(Bernanke，1989)等人从借款者清偿能力变化的角度分析经济波动的成因，提出了资产负债表渠道，在此基础上，他们提出了以企业净值为核心的金融加速器理论，并建立 BGG 模型加以阐述。一般而言，实际因素和货币因素冲击不会对总体经济产生直接影响，而是会通过企业的资产负债表(或者净值)对总体经济产生间接影响。企业净值的变动会通过影响借款的代理成本而影响企业在信贷市场上的外源融资升水，进而影响企业的借款数量、成本以及投资和产出。之后，投资和产出的变动会进一步影响企业的净值，产生下一轮的循环影响，从而导致初始冲击被放大，即金融加速器效应或金融传播机制。一些学者运用开放经济条件下的 BGG 模型从理论上说明在外币债务存在条件下货币贬值效应的不确定性①。例如，格特勒（Gertler，2001）研究了非金融企业的资产负债表效应，认为在不存在资产负债表效应的条件下，经典的开放经济宏观模型中汇率贬值的影响是扩张的，在存在资产负债表效应的条件下，汇率的实际贬值增加了企业外币债务的本币价值，减少了净值，通过影响企业的外源融资成本减少了投资和需求，因此，汇率贬值也具有收缩效应。

"资产负债表效应"机制的前提是经济主体存在没有套期保值的净外币资产或负债敞口，核心是汇率变动导致经济主体净值的变动以及融资成本的变动。在一国企业存在净外币债务的条件下，本币贬值导致净外币债务的本币价值增加，企业净值减少，资产负债表恶化。当存在外源融资约束时，净值减少导致风险升水以及外源融资成本的上升，外源融资数量的减少，进而导致投资和产出的下降。对于出口企业而言，上述机制的作用意味着出口企业出口量的减少以及与其在第三方共同市场上竞争的其他国家出口份额的增加。因此，货币危机或本币贬值对经济的总体影响由于"资产负债表效应"的存在而不一定是扩张的。

此外，在商品和劳务价格具有刚性的条件下，如果货币危机来源于经济层面或者来源于大量游资的严重冲击，那么，存在"汇率超调"的可能，即汇率贬值幅度超过其正常贬值水平，汇率贬值对存在净外币债务企业资产负债表的冲击将更为剧烈，"资产负债表效应"更加明显。

（四）贸易融资传导机制

贸易融资传导机制是指金融危机的爆发改变了危机输入国原有的贸易融资模式，进而影响危机输入国的出口量。通常情况下，贸易融资包括两种模式，一种是企业之间的贸易融资，以不同国家企业之间的赊销、延期付款等为表现形式；另一种是银行等金融机构对进出口企业的贸易融资，以金融机构对企业的卖方信贷、买方信贷、打包放款等为表现形式。

1. 金融危机对企业贸易融资的影响

企业贸易融资是发生在居民与非居民之间由于货物交易的买方和卖方之间

---

① 例如，克鲁格曼（Krugman，1999）；阿吉翁、巴凯塔和班纳吉（Aghion, Bacchetta & Banerjee，2001）；塞斯佩德斯、张和维拉斯科（Cespedes, Chang & Velasco，2000）；格特勒、吉尔克里斯特和纳塔路奇（Gertler, Gilchrist & Natalucci，2001）。

直接提供融资而产生的资产和负债，即由于涉及货物的资金支付时间与货物所有权发生转移的时间不同而形成的债权和债务①，是一种商业信用的表现形式。企业贸易融资包括资产和负债两部分，企业贸易融资资产包括出口贸易应收款、进口贸易预付款；企业贸易融资负债包括进口贸易应付款、出口贸易预收款等内容。

不同的企业贸易融资理论对企业贸易融资之所以存在进行了解释②。金融协助观点认为，贸易融资是金融实力较强的企业向其贸易对手方延伸资金的形式；交易成本观点认为，贸易融资有助于减少支付票据的交易成本以及银行贷款的交易成本；质量证明观点认为，当产品的质量不能被立即证实时，贸易融资可以保证买方有时间在最终支付前了解产品的质量。那么，在金融危机背景下，企业贸易融资是如何受到影响的呢？

首先，金融危机的爆发会影响危机国企业与其贸易对手方之间的融资数量。从危机国企业向其贸易对手方提供的融资看，金融危机导致危机国企业资金困难，对其他国家企业提供贸易融资的额度减少，时间缩短；从贸易对手方向危机国企业提供的融资看，当金融危机的首轮冲击不是很大、没有对其他国家造成严重的影响时，如果危机发生国的企业发展前景依然较好，那么，其他国家金融实力较强的企业可能会扩大危机国面临金融困境企业的融资额度。但是，如果金融危机已经对其贸易对手方造成了影响，那么，贸易对手方向危机国企业提供的融资数量也会减少。此外，在金融紧缩的环境下，企业会更加关注于贸易融资的违约风险，贸易企业之间的资金流动会出现"为质量而战"（Fight for Quality）的趋势。

其次，金融危机的爆发也会影响危机国企业与其贸易对手方之间的融资价格。企业贸易融资是一种商业信用，是贸易企业向其对手方提供的融资。通常情况下，一方会对另一方的提前付款给予一定的折扣，这即为融资的价格或者成本。当金融危机爆发时，危机国的企业处于金融困境，需要快速收回资金，出口企业给予的折扣率会更大；同时，危机国的进口企业将尽可能地延期支付货款。在不确定性较高的条件下，上述因素的共同作用导致融资成本上升。

---

① 刘春明：《贸易信贷调查实用手册》，1～32 页，北京，中国财政经济出版社，2006。

② W. G. Choi & Y. Kim："Trade Credit and the Effect of Macro-Financial Shocks：Evidence from U. S Panel Data，" http：//www. imf. org/external/pubs/ft/wp/2003/wp03127. pdf，2003(6)。

最后，金融危机的爆发也影响危机国企业的运营情况。在一些发展中经济体和欠发达经济体中，由于受到运营资本的限制，所以，出口企业往往利用进口商的提前付款充当运营资本，进口企业往往利用延期付款充当运营资本。危机导致金融紧缩，资金短缺，提前付款大幅减少，延期付款的可能性降低，从而导致这类国家运营资本短缺，流动性风险增加，极有可能陷入流动性危机。

总之，金融危机会通过减少不同国家之间企业融资的数量、提高融资价格、影响危机国企业的运营情况而传导至存在企业融资需求的其他国家。

2. 金融危机对银行贸易融资的影响

在企业贸易融资之外，银行等金融机构以银行信用为基础对进出口企业提供贸易融资，包括进口押汇、信用证打包放款、出口押汇、福费廷、贸易信贷等。同时，银行还为国际贸易资金提供保证和担保服务，方便国际贸易的安全快速进行。根据伯恩联盟(Berne Union)统计，银行贸易融资规模不断增长，在1993—2007年出口信贷的规模增长了3倍多，从3500亿美元上升到1.3万亿美元，大体上与商品贸易的增长率相当①。金融危机的爆发，特别是银行危机的爆发，会对银行贸易融资产生严重影响。根据国际货币基金组织统计，2001年金融危机时阿根廷和巴西的银行贸易融资下降了30%至50%。那么，金融危机是如何导致银行贸易融资减少的呢？

首先，金融危机的爆发特别是银行危机的爆发导致金融机构失去原有的金融功能。银行危机导致以银行信用为担保或者保证的融资方式面临着违约风险，不确定性增加以及贸易信贷保险的缺乏对国际贸易产生不利影响。

其次，金融危机对银行贸易融资供给产生不利影响。金融危机导致流动性短缺和风险增加，致使银行减少包括贸易融资在内的资产数量。一方面，金融危机导致银行流动性短缺，资产价值缩水，面临流动性约束和资本约束的金融机构需要降低杠杆比例，减少资产规模，而且，按照新巴塞尔协议的要求，在经济紧缩时期资本风险敏感度会增加，这要求银行等金融机构资产规模相应地减少；另一方面，与国际贸易相关的贸易融资具有短期性特征，与长期资产相比，银行能够更便利地召回和掌控，因此，在银行对贸易融资和非贸易融资不进行区分的条件下，贸易融资将大幅减少。此外，在金融危机时期，银行信贷决策往往不是依据基础变量的变化而是依据人们的主观认识，在信息不对称的

---

① N. Herger："Trade Finance and Financial Crises," http：//82.220.2.60/ images/ stories/ publication －s/IP10/ nccr％20wp％20trade％20finance％20and％20crisis. pdf, 2009 (8).

条件下，有可能产生银行之间的相似行为，形成贸易融资减少的"羊群效应"。

再次，金融危机的爆发对银行贸易融资需求产生双向影响。一方面，金融危机导致国际贸易的负向预期，对银行贸易融资需求下降；另一方面，在流动性紧缩的条件下，面临资金短缺的贸易企业或者无法通过企业贸易融资获得资金的贸易企业，也会寻求银行贸易融资，导致银行贸易融资需求的增加。

最后，金融危机对银行贸易融资成本产生影响。一方面，金融危机时期流动性短缺，包括银行贸易融资在内的所有贷款利率都将上升，根据 ICC 报告显示，21 世纪初全球金融危机时期，贸易融资利率和贴水率大幅上升；另一方面，因为每笔业务的融资条件需要一一确定，并且以银行信用为支持的信用证等支付方式需求增加，所以，货物在装船之前等待的时间变长，进而导致国际贸易的拖延。

总之，金融危机会导致金融机构失去原有的金融功能，致使银行减少包括贸易融资在内的资产数量，促使企业贸易融资向银行贸易融资转换而增加银行贸易融资的成本，提高获得银行贸易融资的难度。

3. 贸易融资恶化对贸易规模的影响

金融危机通过恶化企业和银行的贸易融资而对贸易规模产生影响，本书分别从企业贸易融资和银行贸易融资两方面进行分析。

从企业贸易融资方面看，金融危机通过减少企业贸易融资规模和增加融资成本对国际贸易产生不利冲击。以赊销为例，在金融危机时期，出口企业减少了赊销期限，甚至由赊销转变为提货付款，进口企业将无法获得融通资金，如果进口企业处于资金紧张的情况，那么，企业融资规模的下降将导致其或者无法按期偿还货款，或者减少进口规模，这必然影响到出口企业的出口。

从银行贸易融资方面看，金融危机通过减少银行贸易融资规模和增加融资成本对国际贸易产生不利冲击。以进口押汇为例，在金融危机时期，银行或者拒绝对进口商提供进口押汇(或者减少押汇额度)，使进口商无法获得资金以支付进口货物，从而导致贸易对手方的出口下降；或者提高进口押汇的利率水平，使进口商面临沉重的债务负担，也不利于国际贸易的开展。另外，以买方信贷为例，在金融危机时期，银行由于流动性压力或者缺乏有效的担保而减少买方信贷额度，使出口国的出口减少。此外，金融危机导致不确定性增加，违约风险、支付风险等与国际贸易相关的风险加大，这导致保理、福费廷等业务的成本和贴现率增加，使出口商承担的费用负担增加，同样不利于企业的出口。

贸易融资，包括企业贸易融资和银行贸易融资，是便利国际贸易的重要条件。当金融危机爆发时，违约风险和流动性风险增加，贸易融资恶化，这会导致与贸易融资相关的国际贸易数量的下降。

（五）支付方式传导机制

随着社会分工的不断扩展，国家之间进出口贸易涉及的企业越来越多，形成了冗长而复杂的供给链条。一方面，这使企业专注于自身的比较优势，从规模经济中获益；另一方面，这也恶化了基于贸易渠道的金融危机传导。

图 4-1 显示了一般的国际贸易模式所涉及的内容①。在订货、生产、运输和交割同时发生的条件下，交易结算也是同时发生的，这基本上消除了所有与贸易相关的风险；但是，当涉及国际贸易时，商品运输时间或者客户结算延迟导致贸易商品的订货、生产、运输和交割不能同时发生，出现了国际贸易交割与付款之间的矛盾。图中上面的部分表示直接付款的主要方式，包括提前付款、交货付款和赊销②。这种支付方式既会导致企业由于利用内部资金而产生流动性风险，也会使赊销企业暴露于违约风险之下。

直接付款的种种弊端导致一些贸易企业选择银行和保险公司提供的间接支付方式。图 4-1 中下面的部分表示间接支付方式，包括信用证、跟单托收和出口信贷保险等。金融机构作为中介代替进口商和出口商安排了付款条件，出口信贷保险使企业货款更加安全，间接支付方式和银行贸易融资相结合使出口商可以在更早的时间收到货款，而进口商不必使其资金在收到货物之前处于风险暴露之下。

在金融危机时期，违约风险大幅上升使赊销不再是国际贸易之间通常的资金支付方式，贸易企业纷纷选择以银行信用为基础的信用等级更高的支付方式，并且在银行信用支付方式中，由信用等级较低的支付工具向信用等级较高的支付工具转变。对以银行信用为基础的间接支付方式的需求增加和金融危机时期的风险增加共同导致了间接支付方式成本的上升。此外，当银行危机发生时，银行破产和银行挤兑使原有的资金流动链条中断，金融体系无法正常地发挥跨国资金结算功能。总之，金融危机一方面通过对正常支付结算功能的破坏

① N. Herger："Trade Finance and Financial Crises，"http：//82. 220. 2. 60/ images/ stories/ publication — s/IP10/nccr％20wp％20trade％20finance％20and％20crisis. pdf，2009 (8).

② 赊销是指在交货之后，出口商给予进口商 30 至 90 天的赊销期。

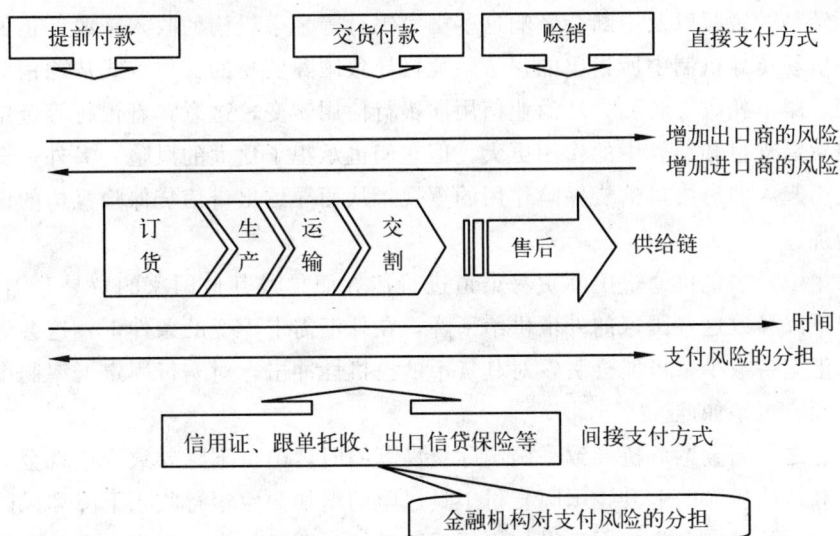

图 4-1　国际贸易供给链条

导致国际贸易的货款支付存在障碍；另一方面通过直接支付方式向间接支付方式转变导致贸易商需要承担额外的成本和费用，这都会对国际贸易产生负向影响，不利于国际贸易的发展。

三、贸易冲击对经济金融的影响

在危机通过贸易渠道传导至其他经济体之后，危机传导过程并没有结束，而是通过经济金融联系在其他经济体内部进行传导，甚至进一步冲击危机外围的经济体。

(一)贸易冲击对金融层面的影响

贸易冲击对一国的影响主要依赖于金融对贸易的支持程度以及贸易企业的融资方式。如果一国对国际贸易的金融支持程度越高，贸易企业对金融支持越依赖，那么，来自于贸易渠道的不利冲击对其反作用越强。

第一，当危机通过国际贸易渠道进行传导而导致其他国家的贸易萎缩时，出口下降导致这些国家贸易企业的现金流下降，经营风险上升，在存在银行贷款的条件下，银行贷款的质量下降，危机会从贸易企业传导至这些国家的金融机构。如果银行贷款质量大幅度下降并且规模较大，那么，贸易萎缩会引发金融机构危机以及金融层面的混乱。

第二，当危机通过国际贸易渠道进行传导而导致其他国家的贸易萎缩时，国际贸易的锐减以及中断会影响这些国家银行等金融机构的收入来源。正如本书在贸易传导机制中所指出的,金融危机导致国际贸易的支付方式从赊销向信用证、跟单托收等转变,从商业信用向银行信用转变,这意味着银行等金融机构在贸易支付和结算中的作用更大,但它们也承担了更大的风险。另外,金融危机引起人们对出口信贷保险作用的重视,从而导致出口信贷保险机构的设立和增加。

第三,当危机通过国际贸易渠道进行传导而导致其他国家的贸易萎缩时,出口下降导致这些国家的外汇供给下降,在外汇需求不变的条件下,这会导致其外汇储备减少,可能会引发对其货币的投机性冲击,对实行固定汇率制度的国家而言更是如此。

总之,当金融危机导致一国国际贸易萎缩时,出口下降导致企业现金流的下降和违约风险的上升,国际支付工具风险的增加导致银行收入下降和风险上升,这会从资产和收入方面增加银行的脆弱性。而且,出口下降也会导致外汇储备的下降,可能会引发投机性货币危机。

(二)贸易冲击对经济层面的影响

国际贸易是一国国民收入的重要组成部分。如果一个国家的国际贸易占国内生产总值的比重越大、对经济增长的贡献度越大,那么,来自于贸易渠道的危机传导对其冲击越大。

第一,危机导致一国出口下降以及净出口减少会影响该国的经济增长速度和增长水平。从国民收入组成来看,净出口是一国国民收入的重要组成部分,在消费、投资、政府购买等组成部分不变的条件下,净出口的减少必然会导致国民生产总值的下降。从贸易品的生产链条看,如果出口商品的原材料、半成品主要在国内采购和生产,那么,最终贸易出口品数量的下降会通过生产链条导致对原材料、半成品等需求的下降,并导致与其相关的新附加值商品和劳务价值的下降,从而导致国民生产总值的下降。

第二,危机导致一国进口减少会影响该国与进口商品相关的产品的生产和销售,进而影响该国的产出水平。如果受到危机冲击国家的国内生产依赖于某些特定的进口商品和服务,那么,当危机导致该国对这些商品和服务的进口减少时,依赖于进口商品的产品的生产也会相应地减少,从而导致该国国民生产总值的下降。

第三,贸易冲击直接和间接地导致一国失业增加,失业压力增大。当危机导致该国国际贸易萎缩时,出口企业的破产和倒闭必然会带来大量的失业人口；当与出口商品相关的原材料、半成品的需求下降时，这些企业也会通过裁员的方式降低成本、缓解压力。并且，当危机导致失业增加时，居民需求降低，社会需求减少，从而进一步影响该国的实体经济。

第四，贸易冲击导致一国经济的被迫转型。一国受到基于贸易渠道危机传导的冲击程度依赖于该国的贸易依赖度。严重的贸易冲击导致该国对其经济结构以及经济增长方式进行反思，并在危机的背景下被迫转型，降低贸易依赖度。

总之，当金融危机导致一国国际贸易萎缩时，贸易冲击也会对该国的经济层面产生影响。危机通过减少该国的净出口而直接降低该国的经济增长率，通过减少该国的进口而减少与进口品相关的商品和服务的生产，通过增加失业而导致该国社会需求下降。

第二节　基于金融渠道的金融危机传导

在贸易渠道之外，基于金融渠道的金融危机传导也是开放经济条件下危机传导的重要内容。金融渠道传导是指存在金融联系的国家之间一国发生危机导致其他国家国际净资产或者资本流动的变化，从而使危机传导到其他国家。

一、金融渠道传导的表现形式

依据不同的划分方法，金融渠道传导可以分为不同类别。根据资本流动是否与实体经济基础相关，可以分为生产性资本流动传导和非生产性资本流动传导；根据危机输入国与危机发生国是否存在直接金融联系，可以分为直接金融渠道传导和间接金融渠道传导。

(一)生产性资本流动传导和非生产性资本流动传导

国际资本流动的最初形态是与实际生产、交换相联系的，包括国际直接投资、国际贸易支付的资本流动以及贸易性资本流动等内容；而随着国际经济金融环境的变化，国际资本流动不再完全依赖于实物经济基础，产生了与实际生产、交换没有直接联系的金融性资本的国际流动[①]。

根据国际收支基本原理，商品的跨国流动必然对应于资本或者资金的跨国流动，金融危机影响了国家之间的贸易规模，必然也将影响国家之间与贸易相

① 姜波克：《国际金融学》，54～54页，北京，高等教育出版社，1999。

联系的资本流动规模①。一国发生金融危机导致该国进口量或者出口量发生变化，相应地导致危机输入国出口量或者进口量发生变化，而一国进口通常需要利用本国外部资产进行支付，一国出口通常对应于本国外部资产的增加。因此，在金融危机导致其他国家出口下降时，危机会相应地导致这些国家与出口相联系的外部资产增幅下降。

同时，金融危机也会导致国际直接投资发生变化。国际直接投资的主要特征是投资者对另一经济体的企业拥有所有权，国际直接投资的特征决定了金融危机对其影响的特点。一方面，对已经进行的国际直接投资而言，这种类型资本的流动性较弱，因此，金融危机不会在短时期内造成危机国或者危机输入国直接投资的迅速减少；另一方面，对将要进行的国际直接投资而言，由于危机导致投资前景不确定以及危机对投资主体的负向冲击，所以，即将要进行的国际直接投资往往被搁置，或者实际投资规模低于计划投资规模，这不仅会导致资源浪费，也会导致对国内资金需求增加。

对生产性资本流动产生影响的同时，危机也会对非生产性资本流动产生影响。非生产性资本流动包括国际银行存贷市场上与国际贸易支付不发生直接联系的银行存贷活动、国际证券市场上不以获取企业控制权为最终目的的证券买卖、外汇市场上与商品进出口没有直接联系的外汇买卖、国际衍生工具市场上与商品贸易套期保值无关的交易等内容。第二次世界大战以来，非生产性资本流动的发展非常快，增长速度远远快于国际贸易的增长。本书利用外部资产和负债占进出口总量的百分比表示非生产性资本流动相对于国际贸易的增长速度。从图 4-2 可以看出，1970—2004 年，发达经济体、新兴市场和发展中经济体显示了不同的增长态势。对发达经济体而言，1974 年以来外部资产和负债占进出口总量的百分比大体呈快速上升趋势，表明外部资产和负债的增长速度大大高于进出口的增长速度，非生产性资本流动是发达经济体资本流动的重要内容；对于新兴市场和发展中经济体而言，1974—1986 年，外部资产和负债占进出口总量的百分比呈上升态势，1986 年之后，平稳发展并略有下降，但该数值在 100% 至 200% 之间波动。

与生产性资本流动不同，非生产性资本流动具有速度快、流动性强的特点，因此，当金融危机爆发时，非生产性资本将快速、大规模地撤离高风险地

---

① 与国际贸易相关的资本流动是生产性资本流动的主要内容，而金融危机对贸易融资的影响本书已经在上一节进行了详细的阐述，因此，本部分主要分析危机对与国际贸易相关的资本流动和直接投资的影响。

单位:%

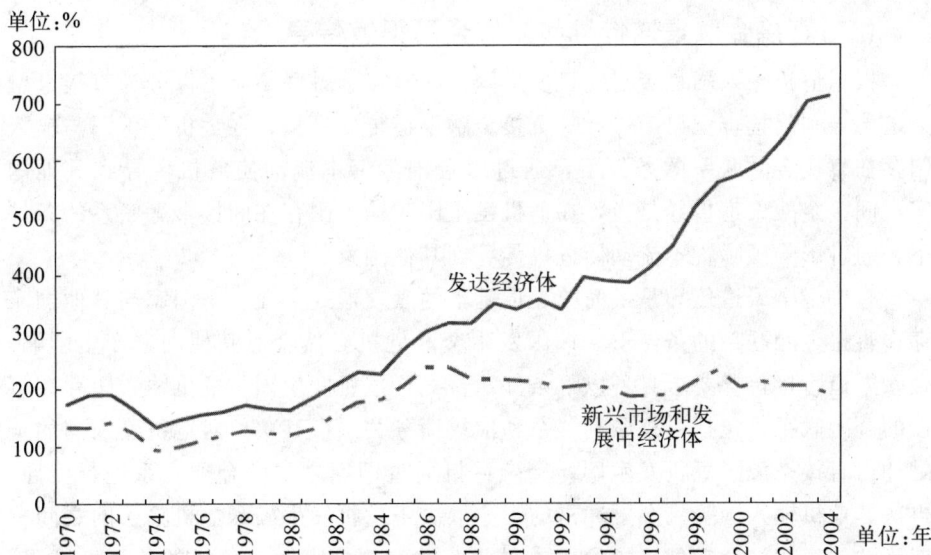

图 4-2 外部资产和负债占进出口总量的百分比

资料来源: P. R. Lane & G. M. Milesi-Ferretti: "The External Wealth of Nations Mark II: Revised and Extended Estimates of Foreign Assets and Liabilities, 1970—2004," https://www. imf. org/external/pubs/ft/wp/2006/ wp0669. pdf, 2006(3).

区(真正的高风险地区和投资者认为的高风险地区),对危机国和其他国家产生严重的负面影响,从而恶化和传导了金融危机。

从国际银行信贷看,危机往往导致国际银行信贷的逆向流动。国际银行为了规避危机造成的信贷损失(当债务国发生危机时)或者为了满足自身要求(当国际银行发生危机或者受到危机冲击时),往往减少对债务国的信贷规模或者停止贷款展期。如果债务国对国际贷款的依赖性较高,并且国际银行信贷减少幅度较大、速度较快,那么,金融危机对债务国的冲击将很大。

从国际证券投资看,危机往往导致资金从证券市场流出。一方面,当投资者"认为"或者"发现"危机输入国存在危机因素时,它的最优选择是将资本流出该国或者在该国内部从高风险市场向低风险市场转移,而证券市场通常被认为风险较高,因此,资本从证券市场流出,股票指数下降;另一方面,证券市场自身的特点导致其对信息的反应非常敏感,对"资本流出证券市场"的预期导致国内投资者和其他国际投资者也纷纷抛售证券,进而导致股票指数下降,可能形成股票市场危机。此外,股票市场价值损失会通过封闭经济条件下危机传导渠道对金融体系和实体经济造成进一步的影响。

(二)直接金融渠道传导和间接金融渠道传导

根据危机输入国是否与危机发生国存在直接金融联系，可以分为直接金融渠道传导和间接金融渠道传导。直接金融渠道传导是指，在危机发生国与输入国存在直接金融联系的条件下，通过影响国际资本流动使危机传导到其他国家；间接金融渠道传导是指，在危机发生国与输入国存在间接金融联系的条件下，通过影响国际资本流动使危机传导到其他国家。

直接金融渠道传导是最简单、最基本的表现形式。在一个国家与其他国家存在直接金融联系的条件下，该国发生金融危机必然会对其他国家产生影响。金融渠道直接传导要求具备以下条件：首先，危机发生国与危机输入国存在直接的金融联系，包括股权股利关系和债权债务关系；其次，对危机输入国的金融冲击直接来源于危机发生国，金融危机通过国家之间的金融联系进行传导；再次，危机输入国受到金融冲击的大小取决于危机发生国和危机输入国之间资本流动的变化，金融危机导致资本异常流动的规模越大，危机的传染性越强，危机的冲击力越大。

危机发生国与危机输入国之间存在各种各样的金融联系，包括债权债务关系、股权股利关系等。危机发生国与危机输入国之间的金融关系不同，金融危机的国际传导机制也不同。当危机发生国与危机输入国之间存在债权债务关系时，如果危机输入国持有危机发生国的国际债权，那么，金融危机的爆发有可能造成危机发生国的债务违约，危机输入国的债权价值损失，甚至国际债权无法收回，这意味着原来预期的资本流入无法实现；如果危机发生国持有危机输入国的国际债权，那么，金融危机的爆发有可能导致危机发生国对国际债权的召回、削减以及停止对原有债权的展期，这也意味着原有预期资本流入的减少。在危机输入国严重依赖危机发生国资本流入的条件下，资本流入的减少必然会对危机输入国产生严重冲击。当危机发生国与危机输入国之间存在股权股利关系时，如果危机输入国持有危机发生国的国际股权，那么，金融危机的爆发有可能导致国际股权价值的减少，危机输入国或者低价抛售股权或者等待股权价值恢复，这必然会对危机输入国资产的流动性和价值产生负面影响；如果危机发生国持有危机输入国的股权，危机发生国的股权持有者有可能为了缓解自身的流动性压力出售危机输入国的股权，导致危机输入国股价下降、资本流出，危机发生国的投资主体也有可能将资产转移到其他国家以规避风险。当然，后者必须是在危机发生国的投资主体认为其他国家经济金融比较健康、危机不会波及这些国家的情况下。

间接金融渠道传导是在危机输入国与危机发生国之间没有直接金融联系下发生的金融危机传导[①]。在金融全球化的背景下，经济体之间、金融市场之间存在着千丝万缕的联系，金融危机往往通过间接金融渠道传导到其他国家。

根据危机输入国的经济金融层面是否恶化，金融渠道的间接传导包括两方面内容：一方面，一国发生金融危机导致其金融交易对手方金融状况恶化，而其对手方金融状况恶化又会导致与其有直接金融联系的国家的股权和债权价值减少，犹如多米诺骨牌倒塌一样形成资产价值减少和债务违约链条，通过影响危机输入国的经济金融层面导致国际资本的大量流出，使危机传导到其他国家；另一方面，一国发生金融危机导致其交易对手方金融状况的恶化，而金融交易对手方为了满足自身的流动性约束、资本约束等条件而调整其资产组合导致对其他国家资产和负债的变化，从而引起其他国家的国际资本流动，使危机传导到其他国家。

总之，在金融一体化和金融全球化的背景下，不同国家之间存在着复杂的直接和间接金融联系，不同国家可能是同一国际金融市场的参与者，不同国家也可能是同一跨国银行的债务人，这种复杂的金融联系为金融危机基于金融渠道传导提供了客观条件。

二、金融渠道的传导机制

金融渠道传导机制是指一国发生金融危机如何导致其他国家国际净资产价值减少以及国际资本异常流动。在对金融渠道传导机制进行理论阐述的基础上，本书对金融渠道传导机制进行模型分析。

（一）金融渠道传导机制的理论解释

在当代经济金融环境下，各国处于复杂的国际债权债务、股权股利链条中，危机也会通过直接和间接形式进行传导，从而形成了多种传导机制，本书主要阐述估值效应和共同债权人效应。

1. 估值效应

估值效应（Valuation Effect）是指由于汇率和资产价格等因素的变化所导致

---

① 需要说明的是，在莫泽（2003）纯传染中多米诺效应的内容在本书中属于间接金融渠道传导的内容。

的一国净国际投资头寸市场价值的变化[①]。在全球金融一体化的背景下，国际资产流动的规模不断扩大，不同经济体的国际投资不断积累，金融危机通过影响其他国家的汇率和资产价格水平进行传导。

从汇率变动引起的估值效应看，危机通过影响对手国的对外资产和负债进行传导。如果一国存在大量的对外资产和对外负债，并且，对外资产以外币计价，对外负债以本币计价，那么，当对手国发生货币危机以及汇率贬值时，这意味着本币升值，从而导致该国以外币计价资产的本币价值减少，以本币计价负债的外币价值增加，致使财富从该国流入发生危机的对手国。这虽然在一定程度上有利于危机国的复苏，但是，这也扩大了危机蔓延的范围。因为汇率变动会引起估值效应，所以，这为危机国转嫁危机提供了平台。以美国为例，大约 2/3 的对外资产以外币计价，95％的对外负债以美元计价，美元贬值导致美国投资者持有的以外币计价资产的美元价值增加，对外负债的美元价值几乎保持不变从而导致财富从外国转移到美国，美国投资者获得大量资本利得[②]。

从资产价格变动引起的估值效应看，危机也会通过影响对手国资产和负债进行传导。如果一国持有其他国家以债券、股票表示的外国资产，那么，当资产价格下降时，该国的净投资头寸将会恶化，当资产价格上升时，该国的净投资头寸将会改善。因此，当金融危机发生时，危机国资产价格的下降导致该国的净投资头寸减少，从而导致危机传导。但是，杰瑞尼（Ghironi，2007）等人指出，资产价格变动引起的估值效应在国际传导中的作用依赖于金融摩擦程度、商品的可替代性、冲击的持久性等因素。

由汇率变动引起的估值效应和由资产价格变动引起的估值效应在危机传导中的作用是不同的。前者会产生不对称影响，出现一国收益、一国受损的现象，并且，传导程度依赖于对外资产和负债的货币计价情况；后者会导致危机国和投资于危机国的对手国同时受到冲击。

2. 共同债权人效应

当危机爆发对共同债权人造成严重冲击时，共同债权人资产配置的变化也会造成危机传导，其中，国际银行、对冲基金、机构投资者等都会在危机传导过程中发挥共同债权人的作用，本书将以共同银行债权人为例进行重点分析。

---

① 估值效应即"Valuation Effect"。林娟、张明：《估值效应与国际收支失衡调整：文献综述》，http://www.iwep.org.cn/info/content.asp? infoId=3950，2009。

② 范小云、肖立晟、方斯琦：《从贸易调整渠道到金融调整渠道——国际金融外部调整理论的新发展》，载《金融研究》，2011(2)，194～206 页。

共同银行债权人效应是指，在某一商业银行对多个国家进行贷款的条件下，一个借款国发生金融危机导致该银行调整贷款组合引起对其他借款国的贷款削减，从而导致金融危机通过银行——这一共同债权人传导到其他国家。斯布拉奇和扎吉尼(Sbracia & Zaghini，2003)认为，共同银行债权人效应的发挥取决于三个条件：第一，国际银行对危机发生国的风险暴露很大，意味着存在大量的潜在损失，因此，存在调整资本资产比率或者调整资产组合的需要；第二，这一国际银行也必须是其他借款国的重要资金来源；第三，受到影响的借款国没有其他可替代的资金来源。在此基础上，本书从债权人(银行)和债务人(借款国)的角度分析共同银行债权人效应在金融危机国际传导中的作用机制。

共同银行债权人效应发挥作用的首要条件是作为共同债权人的银行需要调整资产组合，削减其他借款国贷款。这涉及以下问题：当某一借款国发生危机时，银行是否需要调整资产组合？如果需要，在现有条件下银行是否有能力调整资产组合？当银行可以调整其资产组合以应对冲击时，它将怎样调整？

首先，并不是只要某一借款国发生危机，银行就必须调整资产组合。银行调整资产组合的必要性取决于危机对其冲击的大小、损失准备金额以及银行面临流动性、资本资产比率等其他约束。由于资产组合的调整存在着成本，所以，如果危机对银行的冲击不是很大，那么，它就没有必要调整资产组合，召回其他国家的贷款。而危机对银行冲击的大小取决于银行的杠杆比率和银行对危机国的贷款份额。因此，当银行的杠杆比率越大、对危机发生国的贷款份额越高、损失准备金越少、面临约束越严格，银行通过削减其他借款国的贷款而调整资产组合的必要性就越强。

其次，银行调整资产组合的数量受到其调整资产组合能力的制约。当危机借款国对银行的冲击很大、银行将要承担较大潜在损失时，它希望通过调整资产组合，降低风险以满足监管的要求。但是，银行资产组合的调整也会受到某些条件制约。以贷款为例，银行可以有效地减少对其他国家新增贷款的数量，而对已经发放的贷款而言，银行则需要等到该贷款到期，通过停止展期或者拒绝增加信贷额度进行调整。显然，如果银行对其他借款国发放的主要是短期信贷，或者中长期信贷即将到期，那么，该银行调整资产组合的能力较强；反之，调整资产组合的能力较弱。

最后，银行调整资产组合的数量受到其调整资产组合方式的制约。如果一个受到金融危机冲击的银行需要并且能够调整资产组合，召回其他借款国的贷款，那么，它的选择是减少所有借款国的贷款，减少一些借款国的贷款，还是在借款国之间进行贷款转移呢？一方面，银行为满足资本约束、流动性约束而减少贷款的发放，削减贷款总量；另一方面，银行资产组合的调整伴随着"为质量而战"的过程，在削减贷款总量的同时，银行也调整贷款结构。在"为质量而战"的过程中，信息完全与否至关重要。在信息完全的条件下，那些经济基础条件较好，风险较低国家的金融产品成为"高质量"的产品，银行将其贷款向这些地区和产品转移；在信息不完全的条件下，借款国的"风险－质量"状况取决于银行根据信息——正确的和错误的——对该国的认知，如果银行认为该借款国的风险很高，即使这种认知是错误的，也会对其资产进行削减。

当共同债权人——银行受到冲击需要通过削减其他借款国的贷款而调整其资产组合时，金融危机的冲击就传导到其他国家。但是，共同债权人效应的作用效果，即其他借款国受到冲击的程度，不仅取决于国际贷款减少的程度，也取决于债务人（其他借款国）对国际贷款的依赖程度。

首先，对借款国的冲击取决于国际贷款的减少幅度。如果银行对其他借款国的贷款减少幅度较大，对借款国的冲击也较大。此外，如果银行对其他借款国的贷款削减是迅速的，则借款国应对冲击进行调整的时间越短，冲击越大。

其次，对借款国的冲击取决于其对国际银行信贷的依赖性。借款国对受冲击银行的贷款依赖性越强，则受到冲击的程度越大。对国际银行贷款的依赖性表现在借款国的借款数额和借款的集中程度。如果来自于国际银行借款数额（绝对额和相对额）较大，借款的集中程度较高，那么，借款国受到的冲击越大；如果来自于国际银行的贷款主要用于支持本国信贷增长，那么，借款国的资金依赖性较强。此外，共同债权人效应的作用效果也会受到借款国企业内源融资和外源融资比率、银行融资和市场融资比率等制度因素的制约。

最后，对借款国的冲击取决于借款国是否存在其他可替代资金来源。如果说债权人对借款国国际贷款的削减是借款国债务组合的被动调整，那么，寻找其他可替代资金来源就是借款国债务组合的主动调整。从理论上讲，当借款国受到信贷削减冲击时，如果它能够寻找到其他的贷款来源，即用其他银行的新增贷款替代减少的贷款，则共同债权人效应较小，金融危机的国际传导将弱化。这意味着如果共同贷款人没有对经济健康国家的贷款进行展期，那么，其他贷款人会占领这一地方，成为替代资金的来源。但是，其他贷款人是否对其贷款取决于它是否对借款国的经济状况有详细了解、是否存在长期的合作关系或者是否存在某些地缘因素。

共同债权人效应是金融危机国际传导的重要内容，其发挥作用需要相应的条件，包括债权人调整资产组合对其他借款国的冲击、债务人对贷款的依赖以及没有替代资金来源等内容。

(二)金融渠道传导机制的模型解释

一些学者运用不同模型对金融渠道传导进行了解释。例如，张和维拉斯科(Chang & Velasco，2001)利用银行挤兑模型分析危机的传导；卡明斯基和雷哈特(Kaminsky & Reinhart，1999a)利用"共同债权人"模型分析危机的传导；杜利(Dooley，2000)利用道德风险模型分析危机的传导。其中，最优资产组合模型既可以解释危机在金融渠道的直接传导和间接传导，也可以解释在不同信息条件下的国际资本流动，因此，本书利用最优资产组合模型分析金融渠道的传导机制。

斯纳斯和斯密斯(Schinasi & Smith，1999)分析了在信息完全条件下由于最优资产组合调整而导致的金融渠道传导，他们认为，在存在杠杆投资的条件下，当受到冲击时，投资者出售风险资产是其最优选择。但是，他们只考虑了两种风险资产的情况，金洪飞(2004)将风险资产的数量扩展到"N 个"，并引入了效用函数将模型扩展，可是没有考虑资本市场线在最优投资组合推导中的作用。在上述研究的基础上，本书从经典的最优投资组合模型出发，分析最优资产组合结构调整而引起的资本流动。

1. 假设条件

假设一个代表性投资者自有资本数量为 E，投资组合的价值为 V。存在一种无风险资产和两种风险资产，无风险资产的预期收益率为 r_0，两种风险资产的预期收益率 r_1 和 r_2，显然 $r_1 > r_0$，$r_2 > r_0$，波动率为 σ_1 和 σ_2，相关系数为 ρ。投资者可以在无风险资产和风险资产之间分配资产，y 表示由两种风险资产组成的风险资产组合 p 的份额，$1-y$ 表示无风险资产的份额。同时，在风险资产组合中，第一种风险资产的份额为 w，第二种风险资产的份额为 $1-w$。

2. 推导过程

根据假设条件，可以得到风险资产组合 p 的预期收益率为：

$$r_p = wr_1 + (1-w)r_2$$

风险资产组合 p 的标准差为：

$$\sigma_p = [w^2\sigma_1^2 + (1-w)^2\sigma_2^2 + 2w(1-w)\rho\,\sigma_1\sigma_2]^{1/2}$$

为了实现最优风险资产组合，即风险既定下预期收益最大，预期收益既定下风险最小，需要调整风险资产的权重使资本配置线的斜率 S_p 最大①，即：

$$\max_w S_p = \frac{r_p - r_0}{\sigma_p}$$

则风险资产组合 p 中两种风险资产的投资份额分别为：

$$w = \frac{(r_1 - r_0)\sigma_2^2 - (r_2 - r_0)\rho\sigma_1\sigma_2}{(r_1 - r_0)\sigma_2^2 + (r_2 - r_0)\sigma_1^2 - (r_1 - r_0 + r_2 - r_0)\rho\sigma_1\sigma_2}$$

$$1 - w = \frac{(r_2 - r_0)\sigma_1^2 - (r_1 - r_0)\rho\sigma_1\sigma_2}{(r_1 - r_0)\sigma_2^2 + (r_2 - r_0)\sigma_1^2 - (r_1 - r_0 + r_2 - r_0)\rho\sigma_1\sigma_2}$$

此外，假定对两种风险资产的需求为正，则存在两种情况：

第一种情况：$(r_1 - r_0)\sigma_2^2 - (r_2 - r_0)\rho\sigma_1\sigma_2 > 0$

且 $(r_2 - r_0)\sigma_1^2 - (r_1 - r_0)\rho\sigma_1\sigma_2 > 0$；

第二种情况：$(r_1 - r_0)\sigma_2^2 - (r_2 - r_0)\rho\sigma_1\sigma_2 < 0$

且 $(r_2 - r_0)\sigma_1^2 - (r_1 - r_0)\rho\sigma_1\sigma_2 < 0$。

在第二种情况下，意味着 $\dfrac{r_1 - r_0}{\sigma_1} < \rho\dfrac{r_2 - r_0}{\sigma_2}$

并且 $\dfrac{r_2 - r_0}{\sigma_2} < \rho\dfrac{r_1 - r_0}{\sigma_1}$

即 $\dfrac{r_1 - r_0}{\sigma_1} < \rho^2\dfrac{r_1 - r_0}{\sigma_1}$

因为相关系数需要满足 $1 \leqslant \rho \leqslant 1$，所以第二种情况不成立，我们只考虑第一种情况。

投资者不仅要在风险资产组合中分配不同风险资产的份额，也要选择无风险资产和风险资产组合在其投资组合 C 中的份额。

投资组合 C 的预期收益率 r_c 为：$r_c = (1 - y)r_0 + yr_p$

当一个风险资产与一个无风险资产相组合时，资产组合的标准差等于风险资产的标准差乘以该资产组合中投资于这部分资产上的比例。因此，投资组合 C 的方差为：$\sigma_c^2 = y^2\sigma_p^2$。

投资者对其资产在无风险资产和风险资产组合中的分配受到效用函数的制约，令 U 表示投资组合的效用，A 表示风险厌恶系数，A 越大表示风险厌恶越强。

假设 $$U = r_c - \frac{1}{2}A\sigma_c^2$$

---

① 详细的推导过程参见［美］博迪：《投资学》，北京，机械工业出版社，2005。

为了选择最优的投资组合，那么必须满足投资者效用 U 的最大化，即

$$\max_{y} U = (1-y)r_0 + yr_p - \frac{1}{2}Ay^2\sigma_p^2$$

令一阶导数为 0，则：

$$y^* = \frac{r_p - r_0}{A\sigma_P^2}$$

因此，无风险资产的投资份额 y_0 为 $1 - \dfrac{r_p - r_0}{A\sigma_P^2}$

风险资产 1 的投资份额：

$$y_1^* = wy^* = \frac{(r_1 - r_0)\sigma_2^2 - (r_2 - r_0)\rho\sigma_1\sigma_2}{(r_1 - r_0)\sigma_2^2 + (r_2 - r_0)\sigma_1^2 - (r_1 - r_0 + r_2 - r_0)\rho\sigma_1\sigma_2}y^*$$

风险资产 2 的投资份额：

$$y_2^* = (1-w)y^* = \frac{(r_2 - r_0)\sigma_1^2 - (r_1 - r_0)\rho\sigma_1\sigma_2}{(r_1 - r_0)\sigma_2^2 + (r_2 - r_0)\sigma_1^2 - (r_1 - r_0 + r_2 - r_0)\rho\sigma_1\sigma_2}y^*$$

3. 模型分析

根据上述模型，本书分析风险厌恶程度、无风险利率、风险资产预期收益率等因素变动对国际资本流动的影响。一方面，当投资者投资总额发生变化，即使投资份额不变，也会导致不同市场资产投资数量的变动，进而引起国际资本流动；另一方面，在投资者投资总额不变的条件下，投资份额变化会导致资产投资数量的变动，进而引起国际资本流动。

（1）风险厌恶程度变动的影响

A 是投资者的风险厌恶程度。当金融危机发生时，不确定性大大增加，投资者的风险厌恶程度变强。

$$\frac{dy_0}{dA} = \frac{r_p - r_0}{A^2\sigma_p^2} > 0$$

因此，A 增加，y_0 将增加。在其他情况不变的条件下，投资者风险厌恶程度增加导致投资者对无风险资产投资份额增加，对风险组合投资份额下降。因为 A 仅出现在投资者的效用函数中，所以，A 的变化不会影响风险投资组合中两种资产的份额，但是，因为风险组合投资份额下降，所以两种风险资产投资数量的绝对额也将减少。

（2）无风险利率变动的影响

$$\frac{dy_0}{dr_0} = \frac{1}{A\sigma_p^2} > 0$$

通过上式可知，无风险资产投资份额对无风险利率的一阶导数为正，因

此，当无风险利率 r_0 上升时，无风险资产的投资份额上升；当无风险利率 r_0 下降时，无风险资产的投资份额下降。

（3）风险资产预期收益率变动的影响

我们以风险资产 1 为例分析风险资产预期收益率变动的影响。假设风险资产 1 原来的预期收益率为 r_1，变动后为 λr_1，且 $\lambda > 0$。若 $0 < \lambda < 1$，则表示风险资产 1 的预期收益率下降；若 $\lambda > 1$，则表示风险资产 1 的预期收益率上升。

当风险资产 1 的预期收益率变动后，风险资产组合中风险资产 1 的份额为：

$$w' = \frac{(\lambda r_1 - r_0)\sigma_2^2 - (r_2 - r_0)\rho\,\sigma_1\sigma_2}{(\lambda r_1 - r_0)\sigma_2^2 + (r_2 - r_0)\sigma_1^2 - (\lambda r_1 - r_0 + r_2 - r_0)\rho\,\sigma_1\sigma_2}$$

$$w' - w = \frac{(\lambda r_1 - r_0)\sigma_2^2 - (r_2 - r_0)\rho\,\sigma_1\sigma_2}{(\lambda r_1 - r_0)\sigma_2^2 + (r_2 - r_0)\sigma_1^2 - (\lambda r_1 - r_0 + r_2 - r_0)\rho\,\sigma_1\sigma_2} -$$

$$\frac{(r_1 - r_0)\sigma_2^2 - (r_2 - r_0)\rho\,\sigma_1\sigma_2}{(r_1 - r_0)\sigma_2^2 + (r_2 - r_0)\sigma_1^2 - (r_1 - r_0 + r_2 - r_0)\rho\,\sigma_1\sigma_2}$$

$$= \frac{(1-\rho^2)(r_2 - r_0)(\lambda - 1)r_1\sigma_1^2\sigma_2^2}{[(\lambda r_1 - r_0)\sigma_2^2 + (r_2 - r_0)\sigma_1^2 - (\lambda r_1 - r_0 + r_2 - r_0)\rho\sigma_1\sigma_2][(r_1 - r_0)\sigma_2^2 + (r_2 - r_0)\sigma_1^2 - (r_1 - r_0 + r_2 - r_0)\rho\sigma_1\sigma_2]}$$

因为本书假定对两种资产的需求为正，所以，上式的分母为正值，只需要考虑分子的情况。

$\because 1 < \rho < 1$，$\therefore 1 - \rho^2 > 0$

又 $\because r_2 > r_0$，$\therefore r_2 - r_0 > 0$

又 $\because r_1 > r_0 > 0$，$\therefore \sigma_1^2 > 0$，$\sigma_2^2 > 0$

$\therefore (1 - \rho^2)(r_2 - r_0)r_1\sigma_1^2\sigma_2^2 > 0$

$\therefore$ 当 $0 < \lambda < 1$ 时，$\lambda - 1 < 0$，$(1 - \rho^2)(r_2 - r_0)(\lambda - 1)r_1\sigma_1^2\sigma_2^2 < 0$

当 $\lambda > 1$ 时，$\lambda - 1 > 0$，$(1 - \rho^2)(r_2 - r_0)(\lambda - 1)r_1\sigma_1^2\sigma_2^2 > 0$

因此，当风险资产 1 的预期收益率下降时，风险资产 1 在风险资产组合中的投资份额下降；当风险资产 1 的预期收益率上升时，风险资产 1 在风险资产组合中的投资份额上升。值得注意的是，风险资产预期收益率的真实变动和虚假变动都会导致投资组合份额的改变，形成了信息不完全条件下的资产配置和资本流动。

（4）风险资产波动率变动的影响

我们以风险资产 1 为例分析风险资产波动率增加的影响。假设风险资产 1 原来的波动率为 σ_1，变动后的波动率为 $\lambda\sigma_1$，且 $\lambda > 1$，表示风险资产 1 的风险增加，则风险资产组合中风险资产 1 的投资份额为：

$$w' = \frac{(r_1-r_0)\sigma_2^2 - (r_2-r_0)\lambda\rho\sigma_1\sigma_2}{(r_1-r_0)\sigma_2^2 + (r_2-r_0)\lambda^2\sigma_1^2 - (r_1-r_0+r_2-r_0)\lambda\rho\sigma_1\sigma_2}$$

$$w'-w = \frac{(r_1-r_0)\sigma_2^2 - (r_2-r_0)\lambda\rho\sigma_1\sigma_2}{(r_1-r_0)\sigma_2^2 + (r_2-r_0)\lambda^2\sigma_1^2 - (r_1-r_0+r_2-r_0)\lambda\rho\sigma_1\sigma_2} - \frac{(r_1-r_0)\sigma_2^2 - (r_2-r_0)\rho\sigma_1\sigma_2}{(r_1-r_0)\sigma_2^2 + (r_2-r_0)\sigma_1^2 - (r_1-r_0+r_2-r_0)\rho\sigma_1\sigma_2}$$

$$= \frac{(\lambda-1)\sigma_1\sigma_2\{(r_1-r_0)\sigma_2[(r_1-r_0)\rho\sigma_2 - (r_2-r_0)\sigma_1] + \lambda(r_2-r_0)\sigma_1[(r_2-r_0)\rho\sigma_1 - (r_1-r_0)\sigma_2]\}}{[(r_1-r_0)\sigma_2^2 + (r_2-r_0)\lambda^2\sigma_1^2 - (r_1-r_0+r_2-r_0)\lambda\rho\sigma_1\sigma_2][(r_1-r_0)\sigma_2^2 + (r_2-r_0)\sigma_1^2 - (r_1-r_0+r_2-r_0)\rho\sigma_1\sigma_2]}$$

因为本书假定对两种资产的需求为正，所以，上式的分母为正值，只需要考虑分子的情况。

∵$\lambda>1$，∴$\lambda-1>0$

同时 $\sigma_1>0$，$\sigma_2>0$，∴$(\lambda-1)\sigma_1\sigma_2>0$

又∵$r_1>r_0$，$r_2>r_0$，∴$(r_1-r_0)\sigma_2>0$，$\lambda(r_2-r_0)\sigma_1>0$

又∵$(r_1-r_0)\sigma_2^2 - (r_2-r_0)\rho\sigma_1\sigma_2 > 0$；且$(r_2-r_0)\sigma_1^2 - (r_1-r_0)\rho\sigma_1\sigma_2 > 0$

∴$(r_2-r_0)\rho\sigma_1 - (r_1-r_0)\sigma_2 < 0$；且$(r_1-r_0)\rho\sigma_2 - (r_2-r_0)\sigma_1 < 0$

∴$(r_1-r_0)\sigma_2[(r_1-r_0)\rho\sigma_2 - (r_2-r_0)\sigma_1] + \lambda(r_2-r_0)\sigma_1[(r_2-r_0)\rho\sigma_1 - (r_1-r_0)\sigma_2] < 0$

∴上式分子小于 0

∴风险资产 1 波动率上升导致投资组合中风险资产 1 投资份额的下降

此外，如果两种风险资产的相关系数大于 0，即一种风险资产波动率上升；另一种风险资产的波动率也会相应上升时，那么，风险投资组合的份额 y^* 会下降，无风险资产的份额 y_0 将上升。

(5)VaR 约束的影响

一般情况下，投资组合的资产份额也受到风险价值的约束。如果投资组合的收益率服从标准正态分布，度量期间的波动率为 σ，投资组合 5% 的 VaR 计算公式如下[①]：

$$VaR = 1.65 \times \sigma \times V$$

在投资组合价值 V 不变的条件下，如果要满足 VaR 的约束，即保证 95% 概率下投资组合的最大损失在可以接受的范围之内，那么，就必须保证投资组合的波动率低于一定的数值。当金融危机发生时，风险资产的波动率通常会上升，从而导致风险资产组合的波动率上升，因为投资组合的波动率等于风险资产组合的份额乘以其波动率，所以，降低投资组合的波动率需要降低风险资产组合的投资份额。

---

① [美]斯塔茨：《风险管理与衍生产品》，54 页，北京，机械工业出版社，2004。

（6）资本约束的影响

在投资者面临资本约束的条件下，如果危机造成的投资者损失，需要利用自有资本进行弥补，那么，这会导致自有资本 E 的下降。为了保证 E/V 大于既定的最小比例要求，投资者将会按照最优资产组合确定的份额缩减所有资产的数量，在其他条件不变下，这意味着所有资产的投资数量减少，造成资本从原有金融市场流出。

总之，风险厌恶程度、无风险利率、资产收益率和波动率等因素的变动都会对投资份额产生影响。如果投资者在国内金融市场中选择不同的资产投资，那么，上述因素的变动（真实的和虚假的）会导致国内市场中不同资产的资本流动；如果投资者在国际市场中选择不同国家的金融资产，那么，上述因素的变动会导致资本在不同国家的变动。因此，当金融危机发生时，影响投资份额的因素会发生变化，从而导致资本的流动，使危机传导至其他市场和国家。

三、金融冲击对经济金融的影响

在危机通过金融渠道传导至其他国家之后，危机在其他国家内部又开始了新一轮的传导，从而对其经济金融层面产生影响。特别对于新兴市场和发展中经济体而言，国际资本流入是其弥补国内资金不足的有效手段，当危机发生导致资本流出或者国际资本流入突然停止时，这些经济体的经济金融层面会受到严重的冲击。

（一）金融冲击对金融层面的影响

基于金融渠道的危机传导会通过影响银行体系、金融市场以及资产负债表而对其他国家的金融层面产生冲击。

第一，基于金融渠道的危机传导会通过影响银行体系而对其他国家的金融层面产生冲击。无论是由于直接的金融联系，还是由于共同债权人效应，如果危机导致一国银行体系的资本流入减少，那么，危机就会影响该国银行体系的信贷供给以及稳定性。以欧洲转轨国家为例，随着转轨进程和金融自由化的深化，国内的银行体系被外资银行所垄断，2006 年斯洛伐克、克罗地亚、爱沙尼亚和捷克的外资银行资产占银行体系总资产的比重达到 90％以上，拉脱维亚、立陶宛、匈牙利、波兰和罗马尼亚该比重也达到 60％以上①，而且，国内外资银行的资金主要来源于其母银行提供的国际贷款。因此，当 2007 年次贷

---

① http://www.rgemonitor.com/ Economonitor－monitor /252488/.

危机发生时，受到冲击的母银行收缩资产业务，减少对其他国家子银行的贷款，从而导致上述欧洲转轨国家国内贷款的减少，甚至出现了信贷紧缩的情况。

第二，基于金融渠道的危机传导会通过影响金融市场而对其他国家的金融层面产生冲击。无论是由于国际游资的撤离，还是由于危机爆发导致投资者预期的变化，危机既会导致危机国金融市场市值缩水，也会导致其他国家金融市场的市值缩水以及规模缩小。以股票市场为例，当金融危机发生后，非危机国家的股票市场通常会对危机作出反应，从而出现股价下跌以及交易量下降的情况，但受到冲击的程度取决于该国的资本账户开放程度、与危机国金融和贸易的相关性以及投资者的预期等因素。

第三，基于金融渠道的危机传导会通过影响国家资产负债表而对其他国家的金融层面产生冲击。金融危机爆发后，估值效应导致其他国家对外净资产头寸发生变化，进而影响这些国家的资产负债表。在存在货币错配的条件下，即对外资产和对外负债的计价货币不同且数额不同时，危机国汇率贬值导致其持有的投资国以外币标价的本币资产价值下降，从而导致该国净值和信用等级的下降以及国家风险升水的上升。

总之，在通过金融渠道传导至其他国家之后，危机会对其他国家的金融层面产生影响。通过减少银行体系的资金流入而增加银行体系的脆弱性，通过减少资本流入和强化不利预期而导致金融市场市值缩水，通过恶化国家资产负债表而导致其国家风险升水的上升。

(二)金融冲击对经济层面的影响

基于金融渠道的危机传导主要通过影响国内货币供给、强化债务—通货紧缩机制、影响金融市场价格水平而对其他国家的经济层面产生冲击。

第一，基于金融渠道的危机传导通过影响国内货币供给而对其他国家的经济层面产生冲击。如果一国受到危机冲击进而导致国际资本流入的减少或者突然停止，那么，这会导致货币供给的减少以及国内贷款额度的下降。在企业存在外源融资约束的条件下，货币供给的减少导致企业外源融资升水的上升，通过金融加速器效应导致初始的危机传导被强化，从而导致该国总需求和总产出下降。

第二，基于金融渠道的危机传导通过强化债务—通货紧缩机制而对其他国家的经济层面产生冲击。在存在担保约束的条件下，危机导致一国国际资本流入减少或者资本流入突然停止，从而导致进行杠杆操作的投资者收到追加保证金的要求，进而导致其为了满足既定的准备金要求而出售金融资产，致使金融资产价格下降。根据托宾 q 理论，金融资产价格下降导致实物投资缺乏吸引力，从而导致投资、需求和产出的下降。

第三，基于金融渠道的危机传导通过影响金融市场价格水平而对其他国家的经济层面产生冲击。金融全球化和一体化意味着不同国家之间金融市场的联动效应更加明显，当金融危机爆发时，不仅危机国的金融市场价格下降，而且，其他国家金融市场价格也会出现下降。一方面，通过托宾 q 机制影响企业投资进而影响产出；另一方面，通过财富效应影响居民消费进而影响总需求，这两方面都会对实体经济产生冲击。

第三节　基于预期渠道的金融危机传导

从上文的分析可以看出，在经济体之间存在直接或者间接金融联系的条件下，金融危机通过净国际头寸变化和国际资本流动进行传导。那么，当经济体之间基本上不存在金融联系时，金融危机发生也会导致国际资本异常流动吗？答案是肯定的，这就是基于市场参与者预期变化的金融危机传导。

李小牧(2000)认为，投资者对其他类似国家心理预期变化和投资者信心危机造成的投资者情绪改变是基于预期渠道的危机传导的主要机制，本书强调信息在基于预期渠道的金融危机传导中的重要作用，并将这种信息分为真实信息和虚假信息两类，分别阐述不同类型信息对市场参与者预期以及金融危机传导的影响。

在真实信息的条件下，金融危机的爆发导致市场参与者认识到其他国家已经存在的某些问题，重新评估该国资产的风险和收益，从而引起国际资本流动和危机传导，这是实现帕累托改进的过程。在这一过程中，市场参与者发现了其他国家与危机发生国的某些相似性，或者同样实行了扩张性的经济政策，或者同样存在巨额的经常账户赤字和财政赤字，或者同样拥有大量短期外债，或者具有相似的文化气质，等等。这些因素导致市场参与者预期这类国家有可能也会发生危机，因此，其最优选择就是在危机发生之前快速转移资本，当大量市场参与者的观点一致时，自我实现的危机就形成了。真实信息下危机传导的关键在于投资者非常清楚其他国家也存在导致金融危机发生的经济金融因素，因为了解这些经济金融因素，所以，投资者作出其他国家也会发生危机的判断，从而导致其对资本的转移。

在信息不完全条件下，市场参与者无法准确地掌握有关信息，或者信息搜集成本高昂使市场参与者没有完全掌握有关信息，致使其根据虚假信息或者"认为正确的信息"形成预期，进行决策，这种调整不是帕累托改进的过程，是信息扭曲的结果，是在信息完全条件下本不会发生的、却在信息不完全条件下发生的危机传导。它包括以下几种情况。

第一，如果市场参与者错误地估计了危机国与另一个国家经济金融相互依赖的程度，或者将危机国发生危机的特定原因错误地认为是一些国家容易发生危机的共同原因，那么，投资者由于无法准确了解危机国与其他国家之间的联系而导致其负面预期，进而形成预期变化导致的金融危机传导。例如，在信息不完全的条件下，市场参与者错误地估计了危机输入国资产的风险和收益情况，假设危机输入国资产质量恶化，并且据此重新调整投资份额，这会导致国际资本的流动。

第二，如果其他市场参与者将某个市场参与者由于自身原因（内部政策调整、市场投资策略变化等）而导致的资本转移看成是由于得知某些特定信息而导致的资本转移，或者市场参与者无法区分其他市场参与者的资本转移行为是基于真实信息的选择还是基于虚假信息的选择，或者市场参与者无法了解其他市场参与者撤资之后的真实结果，那么，强大的从众心理会导致羊群效应的产生，致使大量资本发生转移，从而导致资本流出国发生危机。如果某个市场参与者出于内部政策调整而召回一国的投资，那么，投资的召回并不意味着它发现了新的信息。但是，由于信息不完全，所以，其他投资者可能会将资金召回行为看成是出现了新的与危机相关的信息，这会导致其他投资者召回对该国的投资。

第三，金融危机发生导致市场参与者对一国金融市场（机构）或者国际金融市场（机构）的恐慌，形成精神传染。受到危机刺激的市场参与者通常表现出一种动物情绪（Animal Spirit），在排队取款和先到先得的前提下，太阳黑子因素导致市场参与者形成危机预期，从而导致"危机均衡"发生。例如，瑞德利特和萨克斯（Radelet & Sachs，1998）认为货币危机的发生与短期外债和外汇储备的比率有着显著关系，危机发生国不是长期上无力偿还外债，而是短期流动性不足。当人们认为债权人不会提供新的贷款时，短期流动性不足就会发生，自我实现的恐慌心理使资金撤离该地区，从而导致该地区资产价格下降以及货币贬值。弗曼和斯蒂格利茨（Furman & Stiglitz，1998）指出，东南亚危机是由自我实现的金融恐慌造成的。

105

值得说明的是，基于真实信息的预期和基于虚假信息的预期往往会发生转化。例如，某个实力雄厚的投资者依据虚假信息预期另一国的经济金融情况发生变化，从而导致其对该国的撤资；这种撤资行为会恶化另一国真实经济金融情况，从而导致其他投资者根据经济金融情况恶化后的真实信息作出撤资的决策，进而引起资本流出另一个国家。这样，在基于虚假信息预期和基于真实信息预期的共同作用下，与经济基础变量无关的预期渠道传导发生了。

另外，其他因素也会导致市场参与者预期变化进而形成危机传导。例如，危机发生导致市场参与者修正其信息搜集技术的准确性，如果投资者没有预期到危机的发生，那么，他会怀疑其信息搜集技术的准确性并且进行调整，增加在类似情况下危机发生的概率，进而导致危机传导；金融危机的爆发以及蔓延往往会引起市场参与者对政府救助预期的改变，如果投资者发现政府救助的力度小于投资者预期的力度，那么，投资者往往会根据新的预期转移资本，形成资本大量流出；如果危机发生降低了再次爆发危机的政治成本，基于预期变化的金融危机传导也会发生，欧洲汇率制度危机就是这样一个例子。

此外，基于预期渠道的危机传导往往不会单独发生，而是与基于金融渠道的危机传导密切联系，相互作用。一方面，在危机发生国与危机输入国存在金融联系的条件下，金融渠道的存在导致危机传导的发生，而预期渠道的存在往往导致危机传导的加深和恶化；另一方面，在危机发生国与危机输入国不存在金融联系的条件下，基于预期渠道的金融危机传导对危机输入国产生严重冲击，这又会影响与危机输入国存在金融联系的其他国家，形成基于金融渠道的危机传导。

综上所述，在开放经济条件下，金融危机通过贸易渠道、金融渠道和预期渠道进行传导。其中，在贸易渠道传导中，由于收入、汇率、贸易融资、资产负债表、支付方式等因素造成的贸易量变化是金融危机传导的重要内容；在金融渠道传导中，由于直接和间接金融联系而导致的国际资本流动是金融危机传导的关键变量；在预期渠道传导中，信息因素导致市场参与者预期的变化是金融危机传导的重要机制。

第五章
早期预警体系与金融危机传导

在金融危机自由传导的基础上，人为设定的制度约束也会对危机传导产生影响，早期预警体系就是这种制度约束之一。早期预警体系（Early Warning Systems）是以一国或地区金融危机的形成原因为基础，对将来特定时期内发生金融危机的可能性进行警示和预防的体系，包括理论预警模型、指标体系和相应的制度安排和机构安排等内容。本章将分析早期预警体系有效性和预警信息可得性对金融危机传导的影响。

第一节　早期预警体系有效性与金融危机传导

在对早期预警体系的研究中，学者们构建了多种理论预警模型和指标体系。无论是理论预警模型，还是指标体系，都是为了能够准确有效地预测金融危机的发生和传导，并利用相应的制度安排和机构安排防范和化解金融危机，这就涉及早期预警体系有效性的问题。

一、早期预警体系有效性

早期预警体系有效性是指早期预警体系在金融危机爆发之前能够准确地发出预警信号，或者在金融危机爆发之后能够准确地预测传导路径和冲击程度，并且能够利用政策、手段或者工具预防和化解金融危机。早期预警体系有效性涉及预警时间性、预警准确性、预警全面性、政策有效性等内容。

第一，早期预警体系在金融危机爆发之前或者受到危机冲击之前发出预警信号。早期预警体系建立的目的是为了早期预测而不是事后解释，因此，早期预警体系的信号传递需要具有时效性，既不能距离危机爆发的时间过长，这会造成预警准确性的降低，也不能距离危机爆发的时间过短，这会减少政策操作的时间。同时，早期预警体系存在的意义不仅仅是预测金融危机的发生，也在于预测金融危机将会对哪些机构、市场、经济主体产生冲击，以便及时设立防火墙，因此，早期预警体系的"早期"预测也包括危机传导"早期"预测的内容。戈登斯坦、卡明斯基和雷哈特（Goldstein, Kaminsky & Reinhart，2000）将货币危机预警的"早期"定义为危机发生前的 1 至 24 个月，将银行危机预警的"早期"定义为危机发生之前的 1 至 12 个月或者在危机发生之后的 12 个月。

第二，早期预警体系能够准确地发出预警信号。对金融危机的预测往往是一个概率问题，即在多大概率的条件下金融危机会发生或者传导到哪些地区，概率越高说明危机发生的可能性越大，准确的早期预警体系便于人们以此为依据制定和实施相应的政策措施。正确的预警信号使人们在危机之前有所准备，给予人类防范危机的时间和空间；错误的预警信号造成没有必要的恐慌和资源浪费。因此，一些学者认为，为了准确发出早期预警信号，早期预警体系的设立不应该以最近一次大危机（或者一系列危机）为样本，而应该以时间范围和地域范围更广的金融危机为样本；不应该局限于一部分经济金融先行指标，而应该选择较为广泛、信息更多、与预警体系设立目的密切相关的早期预警指标集合。

第三，早期预警体系能够对不同类型的金融危机准确地发出预警信号。根据本书的设定，金融危机具有多种类型，包括金融市场危机、金融机构危机、国际债务危机等内容。有效的早期预警体系不应该仅仅对某种单一类型金融危机（例如货币危机、银行危机）的发生作出准确预测，而是应该对所有类型金融危机的发生作出准确预测，或者是早期预警体系下的不同子系统能够分别对不同类型金融危机的发生作出准确预测①。此外，在当代经济金融环境下，不同类型的金融危机不仅会对经济和金融产生严重影响，并且他们之间还会互相传导，形成系统性、综合性的金融危机，这要求早期预警体系能够对不同类型金

① 在现有的研究中，货币危机的早期预警研究占据了金融危机早期预警研究的主要地位，而对新兴市场和发展中经济体影响更大的银行危机早期预警研究较少。

融危机的传导和综合性金融危机的形成准确地发出预警信号[①]。

第四，早期预警体系能够准确地估计金融危机的严重程度。早期预警体系不仅能够对危机发生的概率进行预测，也可以对危机传染的概率、危机持续的时间和危机的严重程度进行估计。通常情况下，对危机的估计主要有两种方法：一种方法是回归法，利用 Probit 模型或者 Logit 模型进行估计；另一种方法是非参数信号法，当某指标偏离其正常值时就发出信号，如果一个先行指标发出了信号，并且之后发生了金融危机，那么，就认为它是一个好的信号，反之，则为"噪音"[②]。只有早期预警体系能够对危机的严重程度进行估计，预防和化解危机措施的规模、范围和程度才会更加准确和有效，才有可能在较低成本下实施防范危机发生和传导的措施和手段，才能尽量保持原有经济政策的持续性。

第五，早期预警体系能够作出正确有效的政策安排。在能够得知金融危机即将到来、获得危机预警信号的条件下，如果人类没有有效的措施和手段进行预防和化解金融危机，那么，这将是最令人悲观和绝望的事。只有能够采取有效措施预防和化解金融危机，或者降低金融危机的冲击程度，才是设立早期预警体系的最终目的。此外，预防和化解危机的政策选择涉及各个方面的问题，例如，一种危机的预防措施是否会演变成另一种危机的发生根源；危机的防范措施是否与长期经济发展政策相冲突，等等。

如果早期预警体系能够及时、准确地对不同类型的金融危机发出预警信号，对金融危机的严重程度和波及范围进行准确的估计，并能够作出防范和弱化金融危机冲击的政策安排和制度安排，那么，早期预警体系是有效的。

二、早期预警模型与危机传导预警的有效性

金融危机的频繁爆发导致危机发生国和其他国家的经济金融层面受到巨大的冲击，而简单观察货币风险以及违约风险的传统市场指标往往不能获得多少关于即将发生危机的预警信号，因此，需要建立早期预警模型以在金融危机即将到来时发出预警信号。

---

① A. K. Rose & M. M. Spiegel："Cross-Country Causes and Consequences of the 2008 Crisis：Early Warn-ing," http：//www.frbsf.org/publications/ economics/papers/2009/wp09—17bk.pdf, 2009a(7).

② 亚洲开发银行：《金融危机早期预警系统及其在东亚地区的运用》，28 页，北京，中国金融出版社，2006。

(一)早期预警模型的理论回顾

早期预警模型以及指标体系是金融危机早期预警体系的理论基础,早期预警模型侧重于对危机发生概率的估计,而指标体系侧重于分析金融危机的原因。根据早期预警体系的预警范围不同,可以分为货币危机早期预警模型、银行危机早期预警模型以及综合性金融危机早期预警模型。

1. 货币危机早期预警模型

货币危机早期预警体系的研究可以追溯到第一代货币危机模型,克鲁格曼(Krugman,1979)从货币危机的形成原因出发对危机的早期预警进行了阐述。之后,众多学者对该问题进行了探讨,形成了 FR 概率模型、STV 模型、KLR 信号模型、DCSD 模型以及基于滞后变量的 Logit 模型,等等。

FR 概率模型是由弗兰克尔(Frankel)和罗斯(Rose)于 1996 年提出的,以 1971—1992 年 100 个发展中国家的货币危机为样本建立的货币危机预警概率模型,利用引发货币危机因素的联合概率分布来衡量货币危机发生的概率。他们认为,引发货币危机的因素多种多样,包括国内生产总值增长率、外国利率变动、国内信贷增长率、政府预算赤字占国内生产总值的比率、实际汇率高估程度、经常项目占国内生产总值的比率、外债总额等。

STV 模型是由萨克斯(Sachs)、托内尔(Tornell)和维拉斯科(Velasco)于 1996 年提出的。他们利用该模型分析了 1994 年墨西哥货币危机对 20 个新兴市场国家的影响,认为引发货币危机的因素包括实际汇率、贷款增长率、外汇储备占广义货币供给量的比率和弱势的经济基本面。该模型在一定程度上克服了 FR 模型的缺陷,考虑了同一时期不同国家发生货币危机的可能性,解释了哪些国家最有可能发生货币危机。

KLR 信号分析模型是由凯宾斯基(Kaminsky)、利松多(Lizondo)和雷哈特(Reinhart)于 1997 年提出的,通过监控选取的月度数据指标,考察这些指标是否超出临界值范围来预测货币危机是否发生。在对 1970—1995 年包括 15 个发展中国家和 5 个发达国家的货币危机进行分析的基础上,他们认为,预测货币危机的有效指标包括出口、实际汇率对一般趋势的偏离、广义货币占外汇储备的比率、产出和股票价格,而国内外实际存款利率的差别、借款利率和贷款利率的差别、进口、银行存款等指标不是预测货币危机有效的先行指标。

DCSD 模型由国际货币基金组织发展中国家研究组的安德鲁(Andrew)和帕蒂略(Pattillo)于 1999 年在对 FR 模型和 KLR 模型改进的基础上提出。该模型选择 KLR 模型中使用月度数据进行预测的方法和 FR 模型中引发货币危机的多种因素，认为不同货币危机的先行指标在解释危机发生的概率上存在差异。

基于滞后变量的 Logit 模型是由库马尔（Kumar）、穆尔第（Moorthy）和佩洛丹（Perraudin）于 2003 年提出的，针对利率调整引发未预期到的货币贬值和货币贬值水平超过以往水平两种情况的货币危机预警模型。他们利用该模型对 1985 年 1 月至 1999 年 10 月包括 32 个发展中国家在内的货币危机进行验证，得到了令人满意的结果。

2. 银行危机早期预警模型

银行危机的早期预警模型实际上是将多个反映银行资本与业绩的经济指标转换为风险估计值的统计模型，旨在探测出可能将银行置于不利状况的风险，以便在银行陷入困境或破产之前采取有效措施防止其发生①。主要的银行危机早期预警包括银行等级评估模型、银行破产预警模型、预期损失模型等。

银行等级评估模型是美国联邦储备委员会和美国联邦存款保险公司使用的用以估计金融机构的可能等级或者降级概率的模型。它的最初形态是金融机构监控系统（Financial Institutions Monitoring System，FIMS），后来，由美国联邦储备委员会发展成为现场评级系统（System For Estimating Examination Ratings，SEER）模型。它首先估计出未来各金融机构对应 CAMELS 评级中 5 个等级的概率，然后计算出以概率为权重的 5 个等级的加权平均值，该加权平均值即为 SEER 等级。此外，美国联邦存款保险公司于 1995 年开发了场外评级系统（Statistical Camels Off-Site Rating，SCOR），运用 CAMELS 等级的有序对数模型来估计当前评级为 1 或者 2 的金融机构在未来降级的可能性。

银行破产预警模型是以银行部门的财务状况为依据的银行危机预警模型。因为该模型认为银行在经历破产或者财务困境之前会表现出一定的征兆，所以，探讨银行的财务比率、经济比率与银行破产和银行困境之间的相关关系。此外，美联储在 FIMS 的基础上开发出 SEER 风险等级模型，利用最新财务报表中银行财务状况的信息估计出风险等级，利用风险等级来描述银行破产，并以此估计出银行破产的概率。

预期损失模型是针对从未发生银行破产或者仅仅发生过几次银行破产而无法建立统计关系的国家建立的银行危机预警模型。在这种模型中，或者对银行

①　刘莉亚：《银行危机早期预警模型的比较分析》，载《当代经济管理》，2005（5），143～146 页。

破产的定义进行修正，或者通过估计银行部门未来的潜在损失以预测银行危机的可能性，意大利的银行早期预警体系和法国的银行分析支持系统（Support System for Banking Analysis，SSBA）都属于这种类型。

与货币危机的早期预警模型相比，银行危机的早期预警模型比较贫乏，政府和学者更加关注于银行的内部控制以及监管部门对银行的监管，侧重于利用监管部门的监管指标衡量银行业的风险，系统的、全面的银行危机早期预警模型较为缺乏。

3. 综合性金融危机早期预警模型

在当代经济金融背景下，不同金融机构、金融市场之间的联系日益密切，这导致金融危机往往具有多种表现形式，出现货币危机和银行危机同时爆发的"孪生危机"以及综合性金融危机。

戈尔茨坦、凯宾斯基和雷哈特在 KLR 信号模型的基础上提出了货币危机和银行危机的早期预警模型。该模型中将货币危机和银行危机同等对待，采取非参数的信号法对危机进行预测。此外，该模型涉及了在货币危机和银行危机的理论和实践中有突出作用的 24 个指数，其中 15 个为卡明斯基和雷哈特（Kaminsky & Reinhart，1999）的早期预警指数，包括国际储备、进口、出口、贸易条件、实际汇率趋势的偏离、国外和国内实际存款利率之差、"过多的"M1余额等；引入 8 个新的指数，包括经常项目差额、短期资本流入、外商直接投资、预算赤字、政府总消费、中央银行对公共领域的信贷、中央银行对公共领域的净贷款、经常项目差额对投资的比率。

此外，一些学者认为金融危机的早期预警模型虽然能够提供金融危机发生的概率，但是，不能说明引发危机的宏观经济和金融领域的问题以及危机的严重程度，这不利于金融危机的防范，因此，他们构建了金融危机早期预警的指标体系。

金融稳健性指标体系（FSIs），即宏观审慎性分析。针对 20 世纪 90 年代发生的大量金融危机，国际货币基金组织为了检测金融机构、金融市场以及作为其交易对手方的公司和家庭部门的健康及稳健程度而推出的金融业稳健性衡量标准。金融稳健性指标由两部分组成：核心指标集和鼓励指标集。核心指标集包括银行业指标，关注银行业，遵从银行监管的 CAMELS 框架，反映银行业的主要风险；鼓励指标集包括银行业的其他指标以及与金融稳定评估有关的其他机构和市场的数据，如公司部门、房地产市场和非银行金融机构及市场的情况。

　　李小牧(2000)认为与一国基本经济基础密切相关的引发金融危机的因素有两类：一类是反映外部不平衡的因素；另一类是反映内部经济基础弱化的因素。而构成金融危机预警体系的有效指标包括实际汇率升值幅度，外债总额/国内生产总值，短期外债/外债总额，外债总额/国际储备，外债总额/出口总额，国际证券投资/国际直接投资，经常项目逆差/国内生产总值，贸易逆差/经常项目逆差，相对通货膨胀率，国内信贷增长量/国内生产总值，国际国内利率差，资本充足率，不良资产比重，M2/外汇储备。

　　黄益绍和林都(2004)从金融危机的含义出发，认为判断金融危机的标准是国内货币币值稳定、汇率和国际资产流动稳定、金融资产价格稳定和信用体系稳定的破坏程度，而维系上述四种稳定机制的均衡分别是货币供求均衡、国际收支均衡、资本市场均衡和资金借贷均衡，因此，利用对四种均衡的影响力度建立层次结构模型来衡量预警指标的预测功能。

(二)早期预警模型预测危机的有效性分析

　　上述早期预警模型以及指标体系选择不同的指标和方法对金融危机进行预测，具有不同的优势，但是，在预测的准确性和及时性方面也存在着缺点和不足。

　　第一，危机预警模型在模型设定方面存在缺点，从而影响危机预警的准确性。例如，预测货币危机的 FR 模型要求样本选择满足"大数定律"的假定，也没有考虑不同国家和地区的特定因素；STV 模型采取简单线性回归的形式，这会影响到模型的现实性以及预测危机的能力。

　　第二，危机预警模型在样本选择方面存在不足，从而影响危机预警的准确性。以金融危机发生根源为依据的早期预警体系不能局限于最近一次大危机(或者一系列危机)，而是要研究包括时间范围和地域范围更广的金融危机样本。否则，无法区分在早期预警体系中的重要先行指标和次要先行指标，早期预警模型的结果也无法经得起更多的实践检验。但是，由于在时间、资源、条件等方面的限制，所以，已有危机预警模型选择的危机样本较少。

　　第三，危机预警模型在先行指标选择方面存在差异，从而影响危机预警的准确性。一般而言，先行指标的选择应该尽量比较广泛，容纳较多的信息，从而能够涵盖包括较多信息的金融危机风险源。而且，先行指标的选择与预警体系建立的目的密切相关。如果为了反映流动性错配和货币错配对金融危机爆发的影响，那么，应该考虑反映流动性错配和货币错配的变量；如果为了从汇率失衡的角度解释货币危机的爆发，那么，应该考虑与实际汇率偏离均衡汇率幅度有关的变量；如果为了从货币危机模型角度解释货币危机的爆发，那么，应该考虑不同时期货币危机模型的构成因素；如果为了反映金融自由化对金融危机爆发的影响，那么，应该考虑利率自由化、资本流动等变量。然而，现有的危机预警模型在先行指标选择方面存在不足，例如，预警货币危机的 STV 模型包含的危机因素较少，这影响了该模型的预测能力。另外，即使危机预警模型涵盖了大量的指标，例如，金融稳健性指标体系以及戈尔茨坦、凯宾斯基和雷哈特的危机预警模型，也需要判断不同指标的预警能力，需要明确是全部指标异常变动意味着危机即将到来，还是部分指标异常变动意味着危机即将到来。

第四，危机预警模型的事后解释能力较强，事前预测能力较弱，从而影响危机预警的准确性。早期预警模型建立的目的是为了事前预测而不是事后解释，因此，模型通常会采用样本外检验来判断先行指标的有效性，如果预警模型不仅能在样本内部表现良好，而且能在样本外部通过检验，那么，该模型是有效的金融危机预警模型。例如，基于滞后变量的 Logit 模型不仅在样本内得到了令人满意的结果，也在样本之外表现出了较强的预测能力。

第五，危机预警模型在危机发生时间的预测方面存在不足，从而影响危机预警的及时性。危机预警模型能够在适当时间准确地作出危机预测是早期预警体系有效性的基础。如果危机预警模型发出预警信号的时间较早，那么，大量的资源被用于防范金融危机，危机防范成本较高，甚至还会导致投资者和政府部门对是否会发生危机产生质疑；如果危机预警模型发出预警信号的时间较晚，那么，政府部门采取措施以防范危机的时间较短，甚至没有充足的时间进行政策实施和调整，这必然会影响危机防范的效果。无论由于模型选择的问题，还是由于指标频率选择的问题，现有的危机预警模型以及指标体系在危机发生时间的预测方面亟须完善。

第六，危机预警模型对危机传导的预测和估计程度不足，从而影响危机预警的准确性。危机预警模型不仅能够对危机发生的概率进行预测，也可以对危机传染的概率、危机持续的时间和危机的严重程度进行估计。根据有关的金融危机传导理论，金融危机不仅对危机国的经济金融领域产生严重冲击，也会通过贸易渠道、金融渠道和预期渠道传导至其他国家，甚至导致其他国家发生金融危机乃至经济危机。可是，在早期预警模型的研究以及早期预警体系的构建方面，对外部冲击形成的金融危机的预警研究较少，从而导致对该类金融危机的防范缺乏理论指导。

总之，由于模型设定、指标选择、应用范围等方面的原因，目前的早期预警模型无法对不同类型金融危机的爆发作出准确、及时的预测，也无法对金融危机的深度和广度作出准确的估计，仅仅能够在一定程度上对金融危机的传导渠道和波及范围进行预测。

三、早期预警体系有效性对金融危机传导的影响

早期预警体系有效性（见表 5-1）包括信号传递有效性和政策安排有效性。只有准确地传递危机预警信号、正确地作出政策安排的早期预警体系才会减少危机冲击的力量，缩短金融危机的传导长度，弱化金融危机的冲击程度。

表 5-1　早期预警体系信号传递的有效性

类别		现实情况	
		危机确实发生	危机没有发生
信号显示	显示危机即将发生	第一种情况	第二种情况
	显示危机不会发生	第三种情况	第四种情况

（一）有效早期预警体系对金融危机传导的影响

根据上面的分析和表 5-1，有效的早期预警体系包括第一种情况、第四种情况以及在特定条件下的第二种情况。在第四种情况下，有效的早期预警体系显示金融危机不会发生，那么，政府、货币当局和经济主体则不会采取任何政策措施和行为调整，不会爆发金融危机，也谈不上对金融危机传导的影响。在第一种情况下和特定条件的第二种情况下，早期预警体系显示危机即将发生，人们采取防范措施，如果防范完全成功，那么，危机没有发生；如果一定程度防范成功，那么，危机冲击将减弱；如果防范没有成功，那么，危机依旧发生，这都会对金融危机传导产生影响。

当早期预警体系的信号传递显示危机即将发生并且一国政府、货币当局和经济主体相信预警体系显示的信息时，政府部门和市场参与者会根据这一信息来调整自己的行为。以货币危机为例，一国政府和货币当局会采取提高本国利率、向其他国家提前签订外汇借款协议等措施，增加本国的国际清偿力，扩大外汇市场上的外币供给，从而提高对本国汇率投机的成本，而投资主体会从个

人利益最大化角度出发持有大量的外币敞口，并按照货币危机发生后的预期汇率安排生产和经营①，出口商在危机爆发之前选择以外币标价的合同，这会增加对外币需求、减少对本币需求。以银行危机为例，一国政府和货币当局会对问题银行提前采取资产剥离、债务保证等预防措施以避免银行挤兑的发生，采取增加获得流动性渠道和规模的措施以避免信贷紧缩等，而存款者则会试图在危机到来之前提取自己的存款或者将资金转移到相对安全的金融机构和金融市场。因此，当早期预警体系显示危机即将到来时，政府和货币当局的预防行为通常有助于缓解危机到来的压力，投资主体的行为却往往推动了危机的爆发，最终结果取决于两方面力量的对比。如果政府和货币当局的力量大于投资主体的力量，那么，危机爆发的压力将会被弱化；反过来，如果政府和货币当局的力量小于投资主体的力量，那么，这意味着政府和货币当局防范危机的政策措施无效，投资者对政府和货币当局的能力产生质疑，可能会增加危机爆发的压力。

如果危机在合理区间内发生，意味着政府和货币当局的力量小于国内外投资主体的力量，那么，这会导致国内外投资主体对政府和货币当局能力的质疑以及对政府预防措施安排信心的丧失，从而产生更大的危机爆发压力。在这种情况下，金融危机爆发的冲击很大，意味着金融危机传导源头的初始压力也相应很大，并且，金融危机的传导是在经济主体预期到金融危机会发生条件下的传导，在危机发生之前投资者的行为就已经发生变化，而不是危机发生导致投资者行为改变进而导致金融危机传导②。此外，这种预期到的金融危机导致投资者相信其早期预警体系的有效性，相信其信息收集技术的准确性，导致危机不会通过"不确定性"渠道向其他地区传导。

同时，如果政府和货币当局的力量大于国内外投资主体的力量，那么，意味着金融危机没有发生。在这种情况下，虽然没有明确意义上的金融危机传导，但会存在经济主体的行为调整。以货币危机为例，经济主体为了避免本国货币贬值而持有大量的外币，但货币危机没有发生导致其重新调整资产组合，出售外币，买入本币，这进一步弱化了本国货币贬值的压力，而出口商的出口数量没有发生预期的增加，从而导致其生产规模高于出口规模，有可能造成现金流的压力。以银行危机为例，进行资金转移的存款者，特别是将其资金转移

---

① 当然，投资主体的行为也会受到政策可信度的影响，本书将在救助政策与金融危机传导中进行分析。

② 指初始变化，危机发生也会导致投资者行为的进一步变化。

到国外的存款者，或者保持现有的资金配置情况不变，或者将其资金重新转移到国内，这增加了国内金融机构和金融市场的资金来源，危机爆发的压力消失。在这种情况下，政府和货币当局的力量大于国内外投资主体的力量，政府和货币当局充当了领头羊的角色，国内外投资主体的行为不是抗拒而是跟随政府和货币当局的行为，从而导致羊群效应的产生，危机预防的整体力量远远超过政府和货币当局自身的力量。

值得注意的是，早期预警体系的作用不仅仅是预测金融危机，也在于预测金融危机发生对其他领域、其他国家的影响，即预测金融危机传导的广度和深度，因此，有效的早期预警体系——有效的信号传递和有效的政策安排——不仅对金融危机的防范而且为金融危机的救助提供了依据。正如罗森博格（Rosenberger，2010）所指出的，如果说 2007 年次贷危机导致的全球金融危机教会了我们什么，那就是我们需要一个对政策制定者发出预警信号并促使其应对金融危机的全球金融早期预警体系。

（二）无效早期预警体系对金融危机传导的影响

无效的早期预警体系包括两方面内容：无效的信号传递和无效的政策安排。无效的信号传递是指早期预警体系发出了错误的信息显示，即当金融危机不会发生时显示金融危机即将发生，或者当金融危机即将发生时显示金融危机不会发生；无效的政策安排是指政府当局没有政策措施应对危机发生或者政策措施没有起到预防和化解金融危机的作用。值得注意的是，对早期预警体系无效的认知往往是一种事后行为，在早期预警体系发出信号之时，政府、中央银行和经济主体仍然相信早期预警体系是有效的，其发出的信号是正确的，仍然会依据早期预警体系提供的信息调整其行为，因此，本书在上述假定下进行分析。

当早期预警体系显示危机即将发生时，微观主体会按照危机发生的预期调整其行为。以银行危机为例，如果早期预警体系显示危机即将发生，那么，存款人将对银行进行挤兑，政府和货币当局会对危机银行进行支持。在这种情况下，早期预警体系显示的信息成为一种"自我实现的预言"。如果微观主体的力量大于政府政策的力量，那么，预警信号导致的行为变化会对以信用为基础的金融体系产生强烈冲击，致使原本不会产生危机的银行处于危机的困境，从而导致真正银行危机的发生。从表象上看，这种情况与第一种情况类似，都是早期预警体系显示金融危机即将发生并且金融危机确实发生。但从本质上看，这种情况与第一种情况完全不同，第一种情况是真实信息的反应，早期预警体系显示的信息是金融体系确实存在的会引起金融危机的信息，而这种情况是虚假信息的反应，原本金融体系不存在危机发生的可能，是早期预警体系提供的信息影响了微观主体的行为，形成了"自我实现的金融危机"。相反，如果政府预防政策的力量大于微观主体的力量，那么，银行危机将不会发生，这会导致微观主体无谓的恐慌以及资源浪费，甚至会导致原有经济政策的转变。

当早期预警体系显示危机不会发生而金融危机却发生时，将会产生两方面影响。一方面，这会造成微观主体对早期预警体系有效性的质疑，导致投资者怀疑其信息收集技术的准确性并对相似的情况赋予更高的危机概率，从而导致危机通过"不确定性"渠道进行传导；另一方面，这意味着微观主体根据未预期到的金融危机进行行为调整，引起封闭经济条件下和开放经济条件下的金融危机传导，传导机制和过程与之前的分析相一致。而且，由于早期预警体系没有能够对危机的爆发发出准确的预警信号，所以，政府、货币当局和投资者都会对早期预警体系的有效性产生怀疑，即使早期预警体系能够在危机爆发之后对危机传导作出准确的预测和估计，人们也可能不会相信其有效性，将早期预警体系传递的信息视为无效信息。

但是，在实际中，早期预警体系对危机爆发预警的无效并不意味着在危机爆发之后对危机传导预警的无效。如果早期预警体系既不能有效地发出危机爆发预警信号，也不能有效地发出危机传导预警信号，那么，这会导致政府、中央银行和经济主体对早期预警体系的信号传递完全不信任，进而导致不确定性增加；如果早期预警体系能够在危机爆发之后对危机传导进行准确地预测，并且，政府和货币当局相信其预测的有效性，那么，早期预警体系的信号传递就成为政府对危机救助的基础，有助于阻断危机的传导。

此外，即使信号传递有效但政策安排无效也意味着早期预警体系无效。政策安排的有效性涉及危机前的经济金融情况、政策工具选择、政府调控能力等内容，而且，政府政策的可信性往往会影响其他微观主体的预期进而影响政策安排的有效性。如果在危机之前一国的宏观经济处于不利情况，那么，政府可以选择应对危机的政策工具较少，政策选择的目标往往不是"最大收益"而是"最小损失"。因此，在不能完全化解金融危机的条件下，当选择预防危机的某种措施时，政府也在选择危机爆发的领域以及危机传导的渠道。例如，当一国的经济主体拥有大量以外币标价的债务敞口时，在信号显示该国即将发生货币危机的情况下，如果该国选择本国货币提前一次性贬值以削减贬值预期，那么，本币贬值会导致该国未保值外币债务的本币价值增加，产生"资产负债表效应"，从而可能会导致该国投资、产出的下降，甚至出现经济衰退；如果该国选择坚守现有汇率水平，那么，维持汇率水平需要该国不断地抛售外币、买入本币，这会导致该国外汇储备的枯竭以及信贷供给量的减少，也有可能引发银行危机和经济衰退。可见，如果政府面临的问题多于可以选择的工具，那么，防范政策的选择就决定了危机传导的路径和渠道。从上面的例子可以看出，当政府选择货币贬值时，政府也选择了危机传导的资本负债表效应，当政府选择维持当前汇率水平时，政府也选择了外汇储备的枯竭以及信贷供给量的减少。

第二节　早期预警信号可得性与金融危机传导

在早期预警体系有效的前提下，由于早期预警体系的预警信号存在价值，会使获得该信号的市场参与者获得额外收益，所以，并非所有市场参与者都会得到这种信号，这就涉及不同市场参与者信号获取程度不同对危机传导影响的问题，即早期预警信息可得性与金融危机传导的问题。

一、早期预警信号可得性

早期预警信号可得性是指，由于预警体系的设立目的、预警资源的人为控制等原因，不是所有的微观主体都可以获得早期预警体系发出的预警信号，存在一部分微观主体获得预警信号而另一部分微观主体无法获得预警信号的情况。

根据政府部门和所有市场参与者是否能够获得早期预警体系的预警信号，可以分为以下四种情况（见表5-2）：第一种情况，政府部门和市场参与者均能获得早期预警信号；第二种情况，政府部门能够获得危机预警信号，市场参与者不能获得预警信号；第三种情况，政府部门不能获得危机预警信号，市场参与者能够获得预警信号；第四种情况，政府部门和市场参与者均不能获得早期预警信号。可见，对于第一种情况而言，本书在早期预警体系有效性对金融危机传导影响的论述中已经进行了详细分析；对于第四种情况而言，这意味着早期预警体系没有设立或者早期预警体系的信号传递受阻，也不是信息差别的内容，因此，本书重点分析在第二种情况和第三种情况下信息差别对金融危机传导的影响。

表 5-2 政府部门和市场参与者的信息差别

预警信号	市场参与者	
政府部门	情况 1：（获得，获得）	情况 2：（获得，无法获得）
	情况 3：（无法获得，获得）	情况 4：（无法获得，无法获得）

注：括号中第一部分为政府部门的情况。

另外，根据市场参与者获得早期预警体系的信息不同，也可以进行详细区分（见表 5-3）：在政府部门能够获得预警信号的条件下，一部分市场参与者能够获得预警信号，一部分市场参与者不能获得预警信号；在政府部门不能获得预警信号的条件下，一部分市场参与者能够获得预警信号，一部分市场参与者不能获得预警信号。这样，政府部门和不同类型的市场参与者会通过不同的行为影响金融危机传导。

表 5-3 不同市场参与者的信息差别

预警信号	市场参与者
政府部门	政府部门获得，A 类市场参与者获得，B 类市场参与者无法获得
	政府部门无法获得，A 类市场参与者获得，B 类市场参与者无法获得

在微观主体获得早期预警信号存在差别的条件下，拥有不同信息微观主体的行为存在差异，这会对金融危机传导产生不同的影响，本书将在下面分析早期预警信号可得性对金融危机传导的影响。

二、早期预警信号可得性对金融危机传导的影响

根据上述分类，我们将依次分析在政府部门和市场参与者存在信息差别的情况下，即不能同时获得早期预警信号的条件下，政府部门和市场参与者的行为对金融危机传导的影响。

（一）政府部门和市场参与者存在信息差别

政府部门和市场参与者存在信息差别属于上述分析中的第二种情况和第三种情况，即政府可以获得早期预警体系传递的信息而市场参与者不能获得早期预警体系传递的信息，以及政府无法获得早期预警体系传递的信息而市场参与者能够获得早期预警体系传递的信息。

在政府部门可以独享早期预警信号的条件下，金融危机早期预警体系只服

务于政府部门(或者货币当局)。当早期预警体系预测金融危机即将发生时,政府或者货币当局相信预警体系的有效性而进行政策调整,其他市场参与者或者微观主体只能通过对政府或者货币当局行为的预测调整自己的行为,政府部门的行动在前,其他市场参与者的行动在后;并且,假设政府预防危机的能力较小①,因此,政府部门的力量通常小于其他市场参与者的力量。在政府获得危机预警信号的条件下,如果政府选择坐以待毙不进行政策调整,那么,金融危机的爆发对于政府和其他市场参与者而言都是不利的,处于双亏的状况,政府和其他市场参与者的收益分别是(-2,-2),金融危机按照原始的路径传导。如果政府选择政策调整以防范金融危机,那么,其他投资者将根据政府政策的调整进行估计,若其他市场参与者认为政府的政策调整与金融危机即将来临有关,那么,他们会在金融危机来临的预期下调整其资产组合和生产经营活动,通常产生与政府防范措施相反的力量,如果政府进行防范但是危机依然发生,那么,政府由于进行调整而承担了更大的危机成本,因此,政府和其他投资者的收益分别是(-3,-1),金融危机按照政府干预和预期到的金融危机的路径传导;若其他市场参与者认为政府的政策调整与金融危机即将来临无关,那么,其他投资者将不会进行资产和行为的调整,政府部门面对的危机压力较小,金融危机有可能由于政府提前的政策调整而避免,因此,政府和其他市场参与者的收益分别是(-1,0)②,金融危机按照政府干预后的路径传导(见图5-1)。

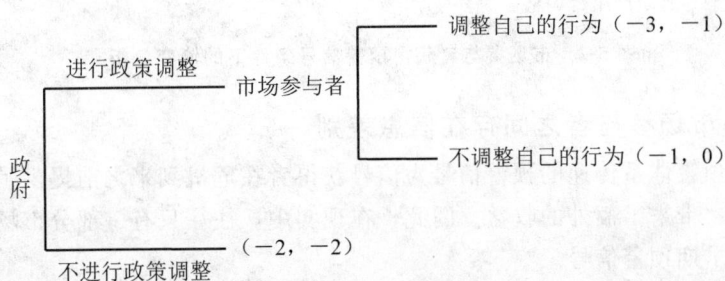

图 5-1 政府获得预警信号条件下的博弈分析

在政府无法获得早期预警信号的条件下,金融危机早期预警体系只服务于国内外的市场参与者,那么,政府只能根据观察到的市场参与者的情况进行政策调整,市场参与者的行动在前,政府部门的行动在后。当获得危机预警信号

① 对政府防范措施效果的预期会影响到市场参与者的行为。
② 本书认为金融危机预防的成本低于金融危机救助的成本。

的条件下，如果不进行资产组合调整，那么，政府部门无法获知金融危机即将来临，不会采取应对的措施，则金融危机按照原始的路径爆发和传导，市场参与者和政府的收益为(−2，−2)；如果市场参与者进行资产组合调整，若政府将这种调整视为金融危机即将来临的信号，则会采取货币政策、财政政策等相关政策防范金融危机爆发，缓解金融危机的压力，如果预防成功，金融危机没有爆发，那么，市场参与者和政府的收益为(0，−1)①，如果金融危机依然爆发，那么政府部门将承担危机爆发的成本和预防危机的成本，市场参与者和政府的收益为(−1，−3)②，金融危机将按照政府干预和预期到的路径传导；若政府部门没有将市场参与者资产组合的调整视为金融危机来临的信号，或者政府的其他政策目标阻碍政策调整的时间和力度，那么，金融危机有可能提前到来，市场参与者和政府的收益为(−1，−2)，金融危机按照无干预条件下的预期到的路径爆发和传导(见图5-2)。

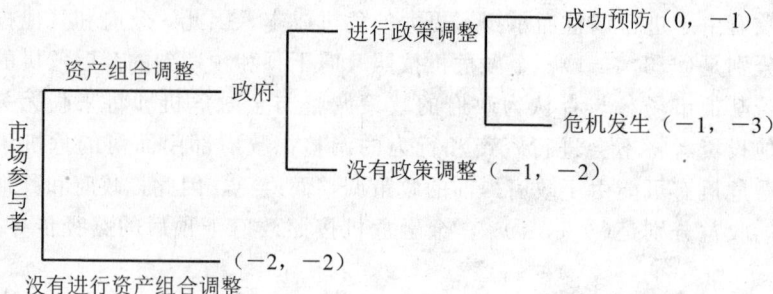

图 5-2 市场参与者获得预警信号条件下的博弈分析

(二)市场参与者之间存在信息差别

早期预警体系传递的预警信号为信号获得者在危机到来之前提供了资产调整的时间，带来了额外的收益。因此，在现实中，往往只有一部分市场参与者能够获得早期预警信号。

在政府部门能够获得预警信号的条件下，一部分市场参与者能够获得预警信号；一部分市场参与者不能获得预警信号，这意味着政府部门面临的对抗力量较小，容易对金融危机防范成功。获得危机信号的市场参与者可以在获得预警信号后调整其资产情况，可能会获得超额收益，但是，政府部门的政策措施

---

① 没有考虑投资者重复调整资产组合的成本。

② 在特定条件下，市场参与者由于提前获得危机爆发的信号而进行调整，有可能产生正向的收益。

也许会增加其调整的成本。无法获得危机信号的市场参与者虽然能够通过观察其他市场参与者的行为而间接获得信号，但是，获得信号的时间较晚，通常会承担危机发生的成本以及由于获得信号的市场参与者行为调整而产生的成本。以银行危机为例，获得银行危机信号的存款者会提前将资金转移至安全的地方，存款者的资金转移会造成银行危机的加速发生；政府部门则会通过实施相应的政策措施避免危机爆发，隔离危机银行，防止危机传染；如果危机发生，没有获得预警信号的存款者或者面临挤兑银行的困境，或者面临担心资产损失的情况，需要承担银行危机的成本。

在政府部门不能获得预警信号的条件下，一部分市场参与者能够获得预警信号；一部分市场参与者不能获得预警信号，这意味着获得危机信号的市场参与者往往利用独占的信息进行资产调整，获得额外利润。以股票市场危机为例，当政府部门和货币当局没有洞察到危机即将发生时，如果一部分市场参与者获得危机预警信号，那么，他们将会提前出售股票，将资金转移到其他部门以避免损失；而无法获得预警信号的市场参与者通常成为上述市场参与者风险的转嫁对象，承担股票市场危机的成本。因此，在这种情况下，能够获得预警信号的市场参与者根据自己的利益在危机爆发之前行动，调整其资产配置情况，最大可能地降低其资产损失。政府在危机爆发之后采取应对措施，应对危机的压力由于一部分市场参与者的提前调整而增强，阻止危机传导的难度增加。不能获得预警信号的市场参与者需要承受金融危机的冲击，受到冲击的程度取决于政府所采取危机应对措施的有效性。如果政府所采取的政策措施可以有效地控制危机传导，那么，这一部分市场参与者受到的冲击较小；反之，如果政府的政策由于应对危机的难度增加而效果不显著，那么，这一部分市场参与者受到的冲击较大。

综上所述，早期预警体系有效性和预警信号可得性对金融危机传导产生影响。有效的早期预警体系可以通过准确地预测和预防金融危机而减少危机传导的初始力量，通过准确地预测金融危机的波及范围和提前设立防火墙而缩小危机传导的领域、减轻危机冲击的程度，从而对金融危机传导产生影响；预警信号的可得性会通过影响政府部门（或者货币当局）和其他市场参与者的信息集合而改变微观主体的行为，进而影响金融危机传导的初始压力和波及主体。此外，从上文的分析中可以看出，早期预警体系不仅能够预测金融危机的爆发，也能够预测金融危机的传导，因此，早期预警体系在金融危机传导中的信号传递功能通常成为危机救助政策实施的依据。

第六章
救助政策与金融危机传导

除了早期预警体系之外，救助政策也是金融危机自由传导的制度约束之一。金融危机救助是指在金融危机发生后或金融危机的爆发已不可避免的时候，由政府、国际金融机构等公共部门提供的，以政策咨询和资金融通为主要内容，以减缓危机冲击力、控制危机蔓延、降低危机对经济体破坏力的行为。在上一章中，本书已经分析了在金融危机爆发之前（金融危机的爆发已不可避免的时候）早期预警体系对金融危机传导的影响，本章将重点分析在金融危机爆发之后救助政策与金融危机传导的问题①。

第一节　救助政策与金融危机传导的关系

金融危机救助政策与金融危机传导之间相互作用、相互影响，存在密切关系。金融危机传导或者金融危机的传染性是金融危机救助之所以存在的理由之一，金融危机国际传染性的高低为救助政策增添了新的内容；而金融危机救助政策会对金融危机传导产生影响，适当时机、适当内容、适当规模的救助政策会弱化金融危机的传导力度，减小金融危机的波及范围。本节将从救助政策必要性与金融危机传导、救助政策有效性与金融危机传导两方面分析救助政策与

---

① 早期预警体系的防范措施和救助政策的内容存在交叉之处。在危机爆发之前，根据早期预警体系传递的信息实施的措施属于危机的防范；在危机爆发之后，根据早期预警信息和危机冲击后果实施的措施属于危机的救助。但是，由于面临的经济金融情况不同，相似的措施会产生不同的效果，一般情况下，防范的成本低于救助的成本。

金融危机传导之间的关系。

一、救助政策必要性与金融危机传导

在 20 世纪 30 年代"大萧条"时期，面对着空前的产品过剩和失业率的大幅上升，当时经济学领域居于主导地位的古典学派虽然强调市场机制自动调节作用，但也同意采取货币调节措施以缓和危机造成的冲击。之后，凯恩斯学派更是强烈主张政府对经济的干预，并且，以"大萧条"为契机将这一主张付诸实践，取得了显著的成效。其实，政府在危机时期实施的救助政策是政府应对市场失灵的措施之一。在通常情况下，市场经济可以通过"看不见的手"自发地实现市场均衡并且保持市场高效运行。但是，在金融危机时期，市场出现严重失灵，需要政府部门通过"看得见的手"帮助经济回归到原有的运行轨迹以减少市场失灵的损害、缩短市场失灵的时间。

在封闭经济条件下，金融危机传导不仅会对国内金融机构和金融市场产生严重冲击，而且，也会对消费、投资、就业等实际变量产生不利影响。如果能够实行某种政策、采取某种手段以减少危机冲击、降低危机影响，对经济和金融的稳定无疑是有利的，金融危机的救助政策正是为了发挥上述作用而存在的，是政府对经济进行宏观管理的特殊表现形式①。此外，从封闭经济条件下金融危机传导的论述中可以发现，无论是金融市场危机，还是金融机构危机，甚至国际债务危机，救助政策从危机爆发开始就伴随危机传导过程，并且危机传导的轨迹往往也是救助政策实施的轨迹。以货币危机为例，当政府为了缓解外汇市场压力而进行干预时，如果采取提高利率的措施，那么，会导致银行脆弱性的增加、融资成本的上升，从而影响银行的稳定性以及投资、产出水平；如果采取抛售外汇储备的措施，那么，在没有采取其他冲销措施的条件下，货币供给量将下降，也会导致危机对实体经济的传导。

在开放经济条件下，金融危机传导不仅局限于危机发生国内部，也会波及其他国家和地区，这丰富了金融危机救助的方式和手段，增加了金融危机救助的实施主体，为传统的金融危机救助增加了新的内容。

首先，开放经济条件下的危机传导改变了其他国家在危机救助中的地位和作用。如果危机传导只局限于危机发生国内部，那么，其他国家往往采取"隔岸观火"的态度，不会参与到危机救助中来；而危机的国际传染性使其他国家

125

---

① 政府对经济的宏观管理当然也包括在非危机时期调节经济的内容。

卷入危机的漩涡，从自身利益出发不得不采取适当的救助措施，或者帮助危机发生国渡过难关，或者在本国设立危机防火墙。

其次，金融危机跨国传染性的高低成为赢得其他国家援助的重要砝码。一般情况下，如果金融危机的传染性越强，那么，赢得其他国家援助的规模越大，时间越短；相反，如果金融危机的传染性越弱，或者危机发生国与其他国家经济金融联系较少，那么，危机发生国往往无法获得所需的国际援助。

最后，金融危机的国际传染性使危机救助或者国际援助作为一种制度确立下来。金融危机的巨大冲击力和国际传染性使危机发生国自身难以抵抗危机的力量，以国际货币基金组织为代表的国际机构在金融危机救助中发挥重要作用。一方面，国际货币基金组织本身在危机发生后充当最后贷款人，对危机发生国提供紧急贷款；另一方面，国际货币基金组织成为国际援助的牵头人和推动者，利用其在国际经济金融领域的特殊地位组织更多的救助参与者，吸纳更多的援助资金，设计更加积极的危机救助方案。但是，金融危机国际传染性只能凝聚更多的危机救助主体，却不能解决危机救助主体之间的博弈问题，"救不救，谁先救，先救谁"的博弈往往影响国际援助实施的时间、规模和效果。

可见，救助政策是金融危机时期解决市场失灵的产物，而金融危机传导不仅决定着救助政策的轨迹和内容，为救助政策提供理论基础，也决定着救助政策的规模和参与主体，为救助政策提供事实依据。从某种角度说，正是由于金融危机传导的存在才导致了金融危机救助政策的存在。

二、救助政策有效性与金融危机传导

金融危机传导为救助政策的存在提供了依据，危机救助政策也会对金融危机传导产生影响。值得注意的是，只有有效的救助政策才会对金融危机传导发挥预定的作用，阻止金融危机的进一步恶化，本书将分析救助政策有效性与金融危机传导的问题。

救助政策有效性是指救助政策的实施能够实现既定的政策目标，即能够阻挡金融危机传导，减少金融危机波及范围，恢复市场秩序，减轻危机对金融体系和实体经济的损害，促进经济快速复苏。一般意义上讲，有效的救助政策能够对金融危机传导起到阻断作用，无效的救助政策不能对金融危机传导起到阻断作用，甚至会恶化金融危机传导，扩大金融危机的波及范围。

救助政策的有效性取决于多种因素，包括救助政策的时机选择、力度大小、政策内容、政策可信性与持续性等。

第一，救助政策本身就是影响金融危机传导的重要因素之一。在对金融危机传导文献进行梳理的过程中，我们发现，是否救助以及救助规模的大小是对金融危机传导产生影响的重要因素。一方面，救助政策是金融危机传导和恶化的对抗力量，在游资冲击导致的金融危机中，救助政策会影响投资者的资金流动，从而影响基于金融渠道和预期渠道的金融危机传导；另一方面，实际救助政策和预期救助政策的差别是金融危机传导的重要原因，如果投资者预期的救助规模低于投资损失的规模，换句话说，与资金撤离危机国的损失相比，救助之后的投资损失更大，那么，投资者在危机爆发后往往会将资金撤离危机国，从而恶化和传导金融危机。

第二，救助政策内容是影响金融危机传导的重要因素之一。为了实现救助目标，需要运用多种多样的手段和措施，包括货币政策、财政政策、法律与法规的变化、整顿金融机构、创新型政策工具、国际资金援助等。其中，货币政策和财政政策是金融危机救助的核心手段和措施。正确的救助政策会阻挡金融危机的传导，减轻金融危机的危害；错误的救助政策会恶化金融危机的传导，加深金融危机的危害。例如，古典学派认为不适当的货币政策（紧缩的货币政策）是"大萧条"开始时货币政策无效的主要原因，弗里德曼和施瓦茨（2008）也强调正是由于错误的政策措施导致了银行体系的崩溃以及 20 世纪 30 年代经济的"大萧条"。古典学派虽然没有完全否认财政政策对经济调控的可行性，但认为其负向作用大于正向作用，而凯恩斯学派则认为流动性陷阱的存在使财政政策在金融危机时期更有效。兰姆弗莱斯（2002）认为在亚洲金融危机时期国际货币基金组织开出的正确药方使泰国和韩国的货币价值稳定下来，而救助政策中对财政状况的要求也导致亚洲危机国家陷入紧缩的困境。此外，斯蒂格利茨对危机救助过程中财政政策和货币政策的有效性提出了自己的主张。他认为，货币政策调整总需求具有重要作用，可是，当利率已处于很低水平时，由于"流动性陷阱"的存在，受到传导机制的制约，尤其是在扭转经济衰退时，货币政策可能无效。财政政策受传导机制的约束较小，并且，相对于货币政策时滞较短，当经济处于收缩阶段时，扩张性财政政策具有更好的效果，一是通过增加支出，能直接地扩大社会总需求；二是可根据具体情况采取有效的具体措施，具有较好的针对性和灵活性；三是财政政策能更有效地调整经济结构，这方面比货币政策更有效；四是有利于扩大市场需求，利用过剩的生产能力消化存量；五是财政刺激政策与货币政策的有效配合，可以有效地启动货币发行机制，抑制实际利率继续向上攀升，放大货币政策效应①。

第三，救助政策的时机选择是影响金融危机传导的重要因素之一。救助政策推出的时机是影响政策效果的关键，有效的救助政策要求在适当时机采取适当措施，在错误时机实施的救助政策可能会取得相反的效果②，并且，危机传导的速度决定危机救助必须迅速、果断，否则会付出更大的代价。一方面，救助政策时机选择依赖于对金融危机传导的提前判断。在救助过程中，政策措施之一就是在危机波及的区域和没有波及的区域之间建立防火墙，阻止危机的进一步蔓延，如果政府部门、中央银行和国际金融组织反应迅速，在危机还没有进一步传导到其他机构、市场以及经济体时实行有效的措施，那么，危机传导的区域就较小。而且，在一般情况下，救助政策的作用和效果需要在一段时间后才能发挥出来，因此，救助政策的时机选择也要考虑时滞因素。另一方面，救助政策时机选择也要考虑到其他的经济金融条件。"时机选择"，顾名思义，不仅包含时间选择，也包含机会或者条件的选择，即在何种条件下采取何种措施。在当代经济金融背景下，经济金融关系错综复杂，为了达到某种目的的救助政策可能对其他机构和市场产生影响，正如前文所论述的，救助政策是影响金融危机传导的重要因素，在某种情况下，选择何种救助政策就选择了何种金融危机传导路径。因此，救助政策实施的条件往往需要从全局角度考虑。

第四，救助措施规模的大小是影响金融危机传导的重要因素之一。在救助政策力量和金融危机力量的博弈过程中，救助措施规模的大小是影响这场博弈结果的关键。在救助政策时机选择适当的前提下，如果救助措施的力量大于危机冲击的力量，那么，金融危机传导的链条就会中断，救助政策是有效的。反之，如果救助措施的力量小于危机冲击的力量，那么，救助政策无法阻挡金融危机的传导，甚至还会通过改变微观主体对救助政策的预期而恶化金融危机，加强金融危机传导的力量，扩大金融危机传导的广度和深度。虽然规模巨大的救助措施对金融危机传导产生强大的阻碍效应，有利于化解金融危机的冲击，但是，规模过大的救助措施也会产生资源的浪费，带来高昂的经济成本和社会成本。一方面，金融危机救助耗费了大量可用于经济发展的资金和资源，在20世纪90年代，许多国家用于治理金融危机的资金成本超过国民生产总值的

---

① 郑春梅：《中国宏观经济调控的有效实现》，66～68页，上海，立信会计出版社，2006。

② 时机选择的基础是早期预警体系发出准确的信息。

5％，有的甚至达到 20％①，这构成了金融危机救助的直接成本；另一方面，金融危机救助改变了原有的经济政策和资源分配，导致原有的经济政策停止，危机前政府支持项目被搁置或者无法实现既定的目标和效果，这构成了金融危机救助的间接成本。

第五，救助方式的选择是影响救助政策有效性的重要因素之一。在经济、政治全球化的背景下，金融危机的跨国传染性逐步增强，不同国家之间宏观经济政策的溢出效应日益明显，危机国独自应对金融危机不仅无法取得令人满意的危机救助效果，也可能与其他国家的政策相矛盾、相抵消，因此，金融危机国际联合救助的必要性和可行性逐步提高。而且，在救助过程中，国际联合救助的方式也是多种多样，既可以采取相机性国际联合救助，也可以采取规则性国际联合救助；既可以采取单方面的国际救助，也可以采取双方面的政策协调；既可以采取国际货币基金组织等国际组织发起联合救助，也可以采取区域组织发起的联合救助以及其他国家发起的联合救助；既可以采取多对多方式的联合救助，也可以采取多对一方式的联合救助；既可以采取危机救助的政策协调，也可以采取金融监管的国际协调。

第六，微观主体的预期是影响救助政策有效性以及金融危机传导的重要因素之一。一方面，救助政策特别是救助政策的规模会影响到微观主体的预期。大规模的救助政策不仅增加了进行反向操作市场参与者的成本，而且稳定了金融市场的信心，避免了由于"羊群效应"导致的金融危机传导的恶化；另一方面，微观主体的预期变化会影响到救助政策的有效性。如果微观主体或者利益相关者预期到某种救助政策的实施，那么，他们就会根据这种预期在救助政策真正实施之前进行资产、行为等方面的调整，从而导致救助政策效果的弱化，甚至导致在救助政策实施之前改变金融危机传导的路径和范围。弗雷德曼、库莫夫和拉克斯顿（Freedman，Kumhof & Laxton，2009）在利用国际货币基金组织构造的全球一体化货币和财政模型分析财政刺激的短期效应和长期效应时发现，与预期到的财政政策相比，未预期到的财政政策更有效。

从上面的分析可以看出，救助政策的内容、时机、规模、方式以及微观主体的预期都会影响到救助政策的有效性，并最终影响到救助政策的目标（见图6-1）。除此之外，救助过程中产生的道德风险以及由此产生的救助政策目标选

---

① 白钦先：《面向 21 世纪知识经济时代的新金融观——论金融可持续发展》，见《白钦先经济金融文集（第二版）》，北京，中国金融出版社，1999。

择问题也是救助政策影响金融危机传导的因素之一。

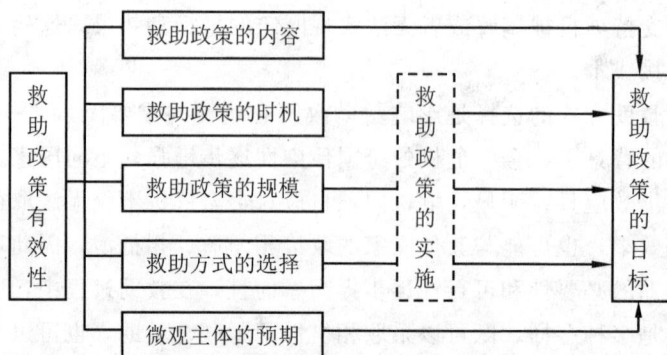

图 6-1　救助政策有效性与救助政策的目标

如果金融危机还将发生，那么，这次危机的救助政策必将对下一次金融危机产生影响，其中，道德风险是救助政策提供者最不愿面对的问题。无论是危机发生国的政府部门和货币当局，还是充当"国际最后贷款人"的国际货币基金组织，都不希望应对本次危机的救助政策改变市场参与者的预期，产生道德风险，成为下一次危机发生和恶化的原因，从而增加下一次危机救助的难度。如果道德风险产生，那么，这将意味着本次危机的救助为下一次危机的爆发埋下了种子，有恃无恐的投资者和市场参与者会更加疯狂地进行和从事有可能导致危机的业务和交易，并利用对金融危机救助的预期进行获利，从而导致下一次金融危机传导的初始压力增强，金融危机传导的速度增加，政府部门应对危机的难度增大。

由于金融危机救助存在道德风险，所以，救助政策的目标选择出现了完全相反的两种观点。一种观点强调金融危机的市场惩戒作用，认为国际货币基金组织的融资操作使得投资者可以在不付出任何代价的条件下逃脱金融危机的处罚，这事实上是对他们不顾及风险的借贷行为的鼓励，因此，道德风险的存在意味着国际货币基金组织应该对危机国提供更少的援助，在危机发生时，私人部门不应被"救出"（Bail Out），而应该被"拖下水"（Bail In）。例如，当政府对可能引发系统性风险的金融机构进行救助以维持社会稳定和金融稳定时，"大而不倒"的救助理念不仅会导致对中小金融机构的不公平待遇，而且会催化大银行道德风险的产生，一方面，这会导致银行业集中和垄断程度的加剧，不利于金融业的竞争和效率提高；另一方面，这会导致大银行忽视对风险的管理和控制，它们甚至会为了谋取自身的利益而故意从事高风险的经营活动，而让政府和整个社会承担高风险经营造成的成本。另一种观点强调金融危机的传染性和负外部性，认为在金融危机时期国际货币基金组织恢复信心的行动对金融危机的传导是非常关键的，有限的资金不仅会发出对危机国信心不足的信号，也会增加金融恐慌，因此，政府和国际组织应该采取大规模的措施对金融危机进行救助。

那么，是否存在将上述两种观点相结合的救助政策目标呢？既要使制造危机的市场主体受到相应惩罚，又要控制金融危机传导、避免市场的过度惩罚，这种美好的愿望在实际操作中存在困难。巴杰特（Bagehot）规则曾经阐述了危机时期提供贷款的标准：如果借款者面临流动性问题，并且有能力偿还所借资金，那么，应该以惩罚性利息为条件对其进行贷款；如果借款者不是面临流动性问题，而是面临清偿性问题，那么，不应该对其进行贷款①。这种观点无疑是从贷款者利益和可持续性的角度出发，判断是否发放贷款的标准是"能否偿还贷款"，这是否背离了"政府提供的金融危机救助是一种公共产品"的性质呢？流动性问题和清偿性问题如何区分呢？是否流动性问题不会转换成清偿性问题呢？如果借款者面临清偿性问题，但危机具有高度传染性，那么，是否应该提供金融救助呢？可见，现实中的金融危机救助很难达到理想的目标，因此，救助政策的提供者也往往在避免道德风险和控制危机传染两个目标间摇摆不定，造成救助政策在时机、规模等方面的不确定。同时，在国际救助中，救助参与者往往不是自发地而是被迫地提供救助资金，而且救助资金的来源存在成本，因此，国际救助的规模往往会受到救助进程的影响，从而导致救助政策对抗金融危机传导的作用弱化。从表 6-1 可以看出，在 20 世纪 90 年代国际货币基金组织支持的危机救援行动中，无论是所有机构和国家提供的融资，还是国际货币基金组织提供的融资，实际支付的融资额度都小于原本承诺的融资额度，并且，国际货币基金组织之外的其他救助参与者履行融资承诺的比率更低，这说明国际救助规模的易变性。

---

① X. Freixas, C. Giannini & G. Hoggarth etal.："Lender of Last Resort：What Have We Learned Since Bagehot?"*Journal of Financial Services Research*，2000，18(1)：63-84.

表 6-1　20 世纪 90 年代国际货币基金组织支持的危机救援行动

单位：%

项目 国家	方案批准日期	融资承诺		实际支付		国际货币基金组织 救援行动中 未收回的贷款	1999 年未收回 贷款总额
		总计	国际货 币基金 组织	总计	国际货 币基金 组织		
墨西哥	1995 年 2 月	18.3	6.3	9.1	4.6	0.9	1.4
泰国	1997 年 8 月	11.5	2.7	9.6	2.3	2.1	2.1
印度尼西亚	1997 年 11 月	19.6	5.2	9.3	4.8	4.3	4.3
韩国	1997 年 12 月	12.3	4.4	6.5	4.1	1.2	1.2
巴西	1998 年 12 月	5.4	2.3	3.3	1.4	1.1	1.1

注：a. 该表显示国际货币基金组织总的融资贷款和未付贷款占初始国内生产总值的百分比；

b. 初始国内生产总值为第一年大规模救援行动开始时的国内生产总值（印度尼西亚、韩国和泰国为 1997 年，墨西哥为 1995 年，巴西为 1998 年）；

c. 国际货币基金组织救援行动中未收回的贷款为国际货币基金组织的支出减去到 1999 年年末与救援行动相关的重新购买，并用国际货币基金组织的费率贴现到救援行动的第一年；

d. 1999 年年末收回贷款总额用国际货币基金组织的费率贴现到救援行动的第一年。

资料来源：O. Jeanne & J. Zettelmeyer ："International Bailouts，Moral Hazard，and Conditionality，"*CEPR Economic Policy*，2001，16(33)：407-432.

第二节　救助政策效应与金融危机传导

在上文的分析中，本书阐述了救助政策必要性与金融危机传导的关系，分析了救助政策有效性对金融危机传导的影响。那么，救助政策是如何发挥作用而对金融危机传导产生影响的呢？

一、救助政策的阻断效应和加速效应

通常情况下，不同时机、不同规模、不同内容的救助政策会对金融危机传导产生不同的影响，主要包括阻断效应和加速效应两方面。阻断效应是指救助政策在金融危机传导过程中发挥阻断器的作用，缩小金融危机的波及范围；加

速效应是指救助政策在金融危机传导过程中发挥加速器的作用，增强金融危机传导的力度。

（一）阻断效应对危机传导的影响

适当时机、适当规模和适当内容的救助政策会通过弱化危机的形成原因或者斩断危机的传导链条对金融危机传导产生阻断效应，在某种程度上缓解金融危机传导压力，减少金融危机波及范围。

1. 不同类型金融危机下救助政策的阻断效应

救助政策对金融市场危机、金融机构危机、国际债务危机的阻断效应存在差异，本书以危机类型为视角分析救助政策的阻断效应。

首先，分析救助政策对金融市场危机的阻断效应。金融市场危机通常以流动性短缺和资产价格暴跌为主要表现形式，针对金融市场危机的救助往往以提供流动性为主要特征。以货币危机为例，救助的主要措施一般通过在外汇市场上抛售外币、买入本币以增加外币供给和本币需求，或者（和）提高利率以避免资本大量流出，从而在一定程度上缓解本币贬值压力，弱化货币危机爆发的直接原因。以货币市场和资本市场危机为例，救助的主要措施一般通过向金融市场注入流动性以缓解市场压力，利用政府和中央银行提供的流动性替代私人投资者提供的流动性，这意味着在流动性干涸时无法获得资金的需求者在救助政策实施之后可以获得资金，从而不会受到金融市场危机在其资金获得方面的影响，进而导致金融市场危机下一轮冲击的动力消失，危机传导链条被斩断。

其次，分析救助政策对金融机构危机的阻断效应。金融机构危机通常以挤兑、违约和破产为主要表现形式，针对金融机构危机的救助通常以政府介入和增加货币供给为主要特征。以银行危机为例，救助的主要措施一般是在政府部门或者货币当局的介入下对危机银行进行贷款、重组和收购，对其他受到危机波及的银行进行债务担保和保证。同时，鉴于银行在经济和金融领域的重要作用，救助政策的实施者一般采取扩张性货币政策（如降低利率、增加信贷规模、防止信贷紧缩）以减少银行危机对经济和金融领域的影响。这意味着救助政策一方面减少了危机的初始冲击，即减少了危机传导的初始力量；另一方面在即将受到危机冲击的主体前设立盾牌，在一定程度上阻断金融危机传导，弱化危机传导的力量，减少危机对其他领域的冲击。

最后，分析救助政策对国际债务危机的阻断效应。国际债务危机通常以大范围、大规模债务本金和利息的延期支付为主要表现形式，针对国际债务危机的救助通常以债务重组为主要特征。在救助过程中，为了防止危机扩散，一般采取提供短期贷款以缓解流动性压力、重组债务结构和规模以减轻偿债压力等措施。一方面，救助政策导致危机国保证承担其应偿还的债务本金和利息，避免发生由于债务违约而导致的金融恐慌，使脆弱的债务链条复合连接；另一方面，救助政策导致债权国的贷款可以利用展期的方式体现出来，避免由于立刻信贷违约和资产损失而导致资本金减少、风险增加以及银行体系的动荡，从而使危机局限于债务国内部。

可见，根据金融危机的类型不同，救助政策的阻断效应存在差异。但是，救助政策基本上在弱化危机的传导力量、在即将受到冲击的领域设立防火墙等方面避免了危机的进一步传导，使救助政策的阻断效应得以实现。

此外，阻断效应的发挥通常依赖于救助政策实施对市场参与者预期的作用。危机救助的过程是政府部门和市场参与者进行博弈的过程，当大规模的救助政策使市场参与者对救助政策的作用效果充满信心时，政府往往发挥领头羊的作用，市场参与者将成为救助政策的推动者和促进者。以货币市场和资本市场危机为例，危机发生导致流动性干涸，资金供给者消失，资金需求者增加，当政府对市场流动性的注入导致金融市场逐步平稳，风险降低，私人资金供给者也会逐渐增多，从而使市场恢复平稳。

2. 救助政策对危机传导的阻断机制分析

救助政策主要通过资产重新配置效应、产出结构调整效应、利率效应、信号传递效应对危机传导发挥阻断器的作用。

首先，救助政策通过资产重新配置效应阻断金融危机传导。以利润最大化为经营目标的金融机构会根据外部经济情况和自身的资产负债表情况发放贷款，当危机导致金融机构陷入困境时，资产价值的减少、流动性资金来源的减少、资本的减少以及监管要求都会导致其降低贷款的发放，但是，当中央银行或货币当局采取注入资本、注入流动性的方式向其提供资金时，金融机构的资金来源从市场向政府转变，政府或中央银行资金替代了市场资金，缓解了信贷紧缩的局面，从而导致金融机构继续向企业和居民发放贷款。而且，救助政策不仅能够恢复银行等金融机构贷款的发放，也会恢复金融机构的资产投资活动。如果这类金融机构是金融市场的重要参与者，并投资于金融市场上股票、债券、基金等金融资产，那么，对金融机构流动性的注入有利于增加上述金融资产的需求，从而对缓解金融市场压力、避免危机向金融市场传导发挥重要作用。一方面，金融机构稳定的流动性来源避免了其为了获取流动性或者满足监管要求而低价抛售资产；另一方面，对金融机构流动性的注入有利于其对股票、债券、基金等金融资产的继续持有或购买，从而避免出现金融机构在资产配置方面压缩弹性强的金融资产投资、维持弹性弱的中长期信贷的情况。

其次，救助政策通过产出结构调整效应阻断危机传导。一国的收入水平和产出水平由国内消费、投资、政府购买和净出口决定，当金融危机导致国内消费、投资和出口下降时，政府通常充当了经济复苏的引擎。其一，政府购买的增加可以直接增加一国的国民收入，并且，政府支出乘数的作用会导致国民收入数倍地增加，用政府支出的增加替代私人投资的减少。其二，政府转移支付的增加会缓解居民受到危机冲击的严重程度，平稳居民可支配收入的波动幅度。通过财政的自动稳定器作用、补贴的发放以及税收的减免，居民财富受到的冲击被弱化，从而缓解了由于财富效应导致的消费减少，进而缓解了由于消费减少而导致的企业投资、产出的减少以及国民收入的下降。其三，税收减免和利率下降会刺激居民消费和企业投资，并推动金融资产价格的上升。

再次，救助政策通过利率效应阻断金融危机传导。利率效应对金融危机传导的阻断作用包括两个方面。一方面，高利率通过增加资金收益而阻止资金外流，从而阻止货币贬值。在应对货币危机时，一国通常采取高利率的救助政策。在不考虑风险的条件下，国际资本流动依赖于不同经济体之间的投资收益率。在其他国家利率不变的条件下，危机国的高利率政策导致该国与其他经济体之间收益率之差增大，这会增加资本外流的成本和资本内流的收益，通过调整国际资本流动而阻止货币贬值。另一方面，低利率通过降低投资和消费成本而增加国内需求，从而促进经济复苏。在应对经济萧条时，一国通常采取低利率的救助政策。在外源融资的条件下，利率是企业融资的成本，低利率意味着筹资的成本较低，有利于企业投资的恢复。而且，一国的国内消费需求也受到利率的影响。金融危机对居民财富的冲击以及危机导致的高利率既收缩了居民的收入约束也增加了居民采取信用方式消费的成本，因此，利率的降低也有利于消费的增加。此外，当中央银行承诺在一个较长的时间内保证实施低利率政策时，短期利率的降低会导致长期利率的降低，这不仅能够减少未来由于债务利息支付而导致的财政支出，也能够达到提高资产价格的目的。

最后，救助政策通过信号传递效应阻断金融危机传导。政府、货币当局以及国际组织是否对金融危机进行救助是影响金融危机传导的重要因素。如果对危机进行救助，并且，救助的规模高于市场参与者预期的规模，那么，这会改变市场参与者的预期，救助政策不仅自身阻止危机传导，而且发挥领头羊的作用，将大量的市场参与者纳入羊群中，带动了更强大的危机救助力量。此外，在危机救助的过程中，扩张性货币政策的实施以及资金投放的增加会导致市场参与者产生通货膨胀预期，这会降低实际利率，从而促进投资和消费。

(二)加速效应对危机传导的影响

在救助政策对金融危机传导产生阻断效应的同时，不当时机和不当内容的救助政策也有可能恶化金融危机传导，增强金融危机传导的力度，从而对金融危机传导产生加速效应。

首先，在信息不完全的条件下，危机救助提供者自身的局限性导致其对危机形成原因的错误判断以及对危机传导机制的错误估计，进而采取不适当的政策措施，这会导致金融危机传导的加深和恶化。例如，在"大萧条"时期，金本位制度本身会导致通货紧缩，因此，一些坚持金本位制度的国家(例如法国)受到危机的影响较为严重；另一些允许汇率自由浮动的国家则避免了经济紧缩和物价下降。例如，乔杜里和科钦(Choudhri & Kochin，1980)指出，西班牙没有恢复金本位制度并且允许其汇率自由浮动，这使其不会形成影响其他欧洲国家价格和产出下降的机制，他们也证明了在 1931 年与英国一起放弃金本位制度的斯堪的纳维亚国家比继续坚持金本位制的其他欧洲小国在"大萧条"中经济得到更快的恢复。

其次，金融危机传导的复杂化和多样性导致救助政策可能会在阻断某一方面金融危机传导的同时恶化另一方面金融危机的传导。例如，在存在以外币标价净外币债务的条件下，当一国发生货币危机时，如果采取货币贬值的政策，那么，货币贬值虽然可以通过增加本国的出口竞争力而增加出口，进而产生扩张性效应，但是，也会通过增加本国以外币标价净外币债务的本币价值而减少存在货币错配部门的净值，进而产生紧缩性效应。如果采取高利率的政策，那么，高利率虽然可以通过增加投资收益率而增加国际资本流入的吸引力，但是，也会导致危机国债务负担加重以及未来财政支出的增加。

最后，救助政策既会对金融危机传导产生实质性影响，也会通过信号传递影响市场参与者的预期，因此，救助政策的及时性至关重要。如果救助政策没有及时实施，那么，不仅意味着政府部门面临更加严重的局面，而且导致市场参与者对政府部门和国际组织救援态度的怀疑，在信息不完全的条件下引发由于救助迟缓而造成的恐慌。例如，一些学者将 1997 年泰国金融危机迅速转变为东南亚金融危机的责任部分归因于救助的不及时，认为如果泰国金融危机时期能够获得像墨西哥金融危机时期一样及时的救助，结果可能会是另一番局面。

(三)救助政策退出对危机传导的影响

救助政策的实施是为了阻止金融危机传导、促进经济复苏,但是,救助政策退出不当也会对宏观经济状况造成不利影响,甚至会引起另一场危机的发生,从而形成由于救助政策的退出不当而引发的危机传导。

首先,救助政策的退出不当会导致经济从危机状态向稳定状态再向危机状态转变。从货币政策的退出看,一方面,扩张性货币政策退出会减少商业银行的信贷供给,造成经济实体外源融资成本的增加,而且,政策扩张时期形成的资产隐患有可能在政策退出后显现出来,威胁金融体系的稳定;另一方面,以中央银行出售国债为手段的政策退出会对财政部门造成压力,这会导致现存的国债市场出现大量供给,在国债需求不变的条件下,导致国债价格的下跌,引发市场波动性和不确定性增强,从而导致国债以及其他债券到期收益率的上升,进而导致未来政府融资成本的提高。从财政政策退出方面看,如果退出的原因是迫于财政赤字的压力,而不是基于经济自发恢复情况的主动退出,那么,危机力量可能会再次战胜救助力量,从而导致经济的二次探底。

其次,救助政策退出的时机不当可能会导致救助的力度不够,甚至形成另一轮危机的根源。从理论上看,危机救助政策退出存在一个最佳的时机。这一最佳的政策退出时机是在对通货膨胀、财政赤字恶化、公共债务攀升等方面的预判和经济复苏程度两方面进行权衡,而通常从现实经济增长率与潜在经济增长率的接近程度、居民消费价格水平的上涨程度是否明显且持续好转来判断经济复苏程度[①],或者对金融压力指标、信贷市场变化等进行观察。但是,从历史上看,在实践中判断救助政策在什么时期退出确实存在一定难度。对经济形势判断的不准确和失误,会使前期的救助效果大打折扣,甚至带来更严重的衰退。普特格尔(Portugal,2010)也认为,救助政策退出过早不利于经济的继续复苏,退出过晚会增加财政当局的压力,进而导致经济过热和资产泡沫的出现,并且有可能改变微观主体的预期,使其微观主体将应对危机的临时性政策措施视为长期性政策措施。

再次,救助政策退出的顺序会影响救助效果。救助政策退出的顺序和节奏会对救助效果产生影响。正确的退出顺序和节奏有利于维持宏观经济的稳定;错误的退出顺序和节奏成为经济不稳定的根源。在理想状态下,救助政策的实

---

① 郭庆旺、赵志耘、贾俊雪、吕冰洋:《积极财政政策效果及淡出策略研究》,219~221 页,北京,中国人民大学出版社,2007。

施促使经济能够依靠自身的力量进行恢复，失业率逐步下降，金融机构较为健康，通货膨胀压力较小，可以选择财政政策提前退出，货币政策之后逐步退出。但是，在现实情况下，面临的情况往往更为严峻，可能出现经济复苏乏力、通货膨胀日益显现、财政赤字压力过大等不利因素共存的情况。在这种情况下，救助政策退出顺序的选择依赖于宏观管理当局对其面临的主要矛盾的判断。如果通货膨胀的压力较大，那么，为了避免从经济萧条向通货膨胀转变，扩张性货币政策应该首先退出；如果财政赤字的压力较大，那么，为了避免从经济萧条向债务危机转化，扩张性财政政策应该首先退出。此外，救助政策退出应该采取谨慎而灵活的方式。实际上，救助政策的实施和退出是与危机传导力量博弈的过程。在经济金融形势依旧严峻、复苏不太明朗之时，可以采取试探性的、政策方向灵活多变的退出政策，与经济复苏情况、金融稳定情况相结合，保证在有效阻止危机传导的前提下平稳退出。

最后，救助政策退出的协调也会影响救助政策阻止危机传导的效果。从信息交流方面看，财政政策的退出策略应该清晰、全面、经过有效沟通，不仅要对政府债务的减少、非常规政策的实施设定明确的时间表，而且要保证政策意图的透明化，加强与其他市场参与者对未来经济走势和风险情况估计的交流，避免由于政策退出引发投资者负向预期的变化而导致危机重新袭来。从政策配合方面看，对选择扩张性货币政策首先退出的经济体而言，应该利用持续的扩张性财政政策缓解货币政策趋紧对经济复苏的影响；对选择扩张性财政政策首先退出的经济体而言，应该选择财政收入和支出的结构调整，或者持续的扩张性货币政策以缓解财政政策退出对经济复苏的影响。

在次贷危机导致的全球金融危机之后，欧洲发达国家出现了主权债务危机，新兴市场国家出现了通货膨胀并迅速演变为全球通货膨胀，这与在全球金融危机中救助政策的退出不当存在密切关系。

二、救助政策的溢出效应

在开放经济条件下，金融危机会打破地域对其他国家和地区产生影响，而救助政策的作用效果也不会局限于一国内部，而是对其他国家产生影响，形成溢出效应，包括正向溢出效应和负向溢出效应两个方面。需要说明的是，开放经济条件下救助政策的溢出效应是危机发生国从本国利益出发、为了化解金融危机而实行救助政策的跨国效应。其中，正向溢出效应或者阻断了危机国对其他国家的危机传导，或者对其他国家的经济产生正向影响；负向溢出效应或者将危机转嫁到其他国家，加速了金融危机的传导，或者对其他国家的经济产生负向影响。

（一）正向溢出效应对危机传导的影响

以开放经济条件下的蒙代尔—弗莱明模型为基础分析救助政策对金融危机自由传导产生的影响。在这一过程中，收入机制和相对价格机制发挥作用。收入机制是指由于边际进口倾向的存在，一国国民收入的变动导致该国进口（另一国出口）发生变动，通过乘数效应带来另一国国民收入的变动；相对价格机制是指一国国内价格水平或者名义汇率变动导致实际汇率变动，进而导致两国商品竞争力发生变化，从而对另一国经济产生影响。此外，在金融危机的背景下，影响国际资本流动的因素侧重于风险，而不是收益，因此，利率机制部分发挥作用，即危机国利率水平相对下降会加速资金外流，危机国利率水平小幅上升不会导致资金回流，大幅度的利率上升才会引起资金回流。而且，上述机制的发挥满足下列条件：第一，危机国的救助政策时滞较短，会对该国的收入产生影响，并且边际进口倾向大于零；第二，与危机国相对应的其他国家符合马歇尔—勒纳条件。

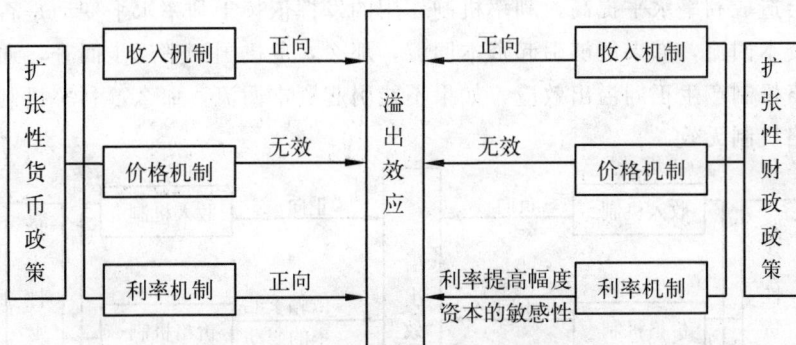

图 6-2　固定汇率制度下的正向溢出效应

在固定汇率制下，扩张性货币政策和扩张性财政政策通常会对其他经济体产生正向溢出效应（见图 6-2）。当危机国实行扩张性货币政策时，危机国收入的增加通过该国进口的上升造成其他国家产出的增加，这会减轻危机导致的进口减少对其他国家产出的影响；同时，在两国对维护固定汇率具有同等义务的条件下，危机国利率降低通过资金流动导致本国货币供给部分减少，在一定程度上抵消了扩张性货币政策的作用，也导致外国货币供给增加、利率下降，进而造成其他国家产出的增加。当危机发生国实行扩张性财政政策时，危机国国民收入的增加通过该国进口增加造成其他国家出口以及产出的增加，而扩张性财政政策引起的利率水平上升是否能够引起资本流入则依赖于利率上升的幅度以及资本对利率变动的敏感性，如果利率上升能够引起资本流入，那么，危机国会增加货币供给，引起进一步产出的恢复和对其他国家进口的增加；如果利率上升不足以引起资本流入，那么，利率机制无效。

在浮动汇率制下，紧缩性货币政策和扩张性财政政策通常会对其他经济体产生正向溢出效应（见图6-3）。当危机国实行紧缩性货币政策时，危机国收入的下降造成其他国家出口的减少，进一步通过收入机制扩大对其他国家出口的冲击；但是，由于危机时期风险成为影响国际资本流动的重要因素，所以，危机国利率水平的上升通常不会通过资本流入进而引起该国货币升值，利率机制和相对价格机制无效。但是，当利率水平上升幅度较大时，利率上升的幅度足以弥补危机带来的风险，那么，利率上升会导致国际资本回流，进而导致本国货币价值回升，相对价格机制发挥正向溢出效应。当危机国实行扩张性财政政策时，危机国收入的增加会通过该国进口的上升造成其他国家出口和产出的增加，通过收入机制弱化对其他国家的出口冲击；同样，危机国实行扩张性财政政策会造成利率水平提高，利率机制作用的发挥依赖于利率水平变动是否能够引起资本回流，如果能够引起资本回流，那么，危机国汇率逐步回升，通过相对价格机制产生正向溢出效应，如果不能引起资本回流，那么，利率机制和相对价格机制无效。

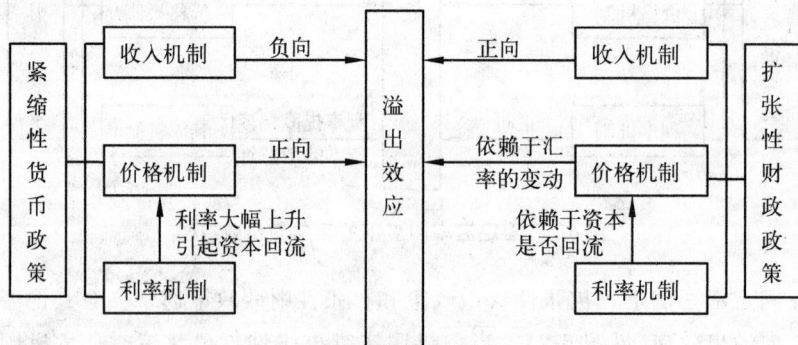

图6-3　浮动汇率制度下的正向溢出效应

（二）负向溢出效应对危机传导的影响

在固定汇率制下，当危机国实行紧缩性货币政策和紧缩性财政政策时，通常会对其他经济体产生负向溢出效应（见图6-4）。在实行紧缩性货币政策的条件下，危机国收入下降导致其进口和其他国家出口减少，对其他国家的出口造成进一步冲击；而危机国利率上升的幅度和资本对利率的敏感性决定资本是否回流，如果国际资本回流到危机发生国，那么，这会导致其他国家资本供给的下降，从而产生负向溢出效应，如果由于高风险的存在使资本没有回流，那么，利率机制无效。在实行紧缩性财政政策的条件下，也会通过危机国收入下降导致其进口和其他国家出口减少，对其他国家的出口造成进一步冲击。同时，危机发生国的利率下降导致资本进一步流出危机国，从而增加了其他国家的货币供给，产生正向溢出效应。

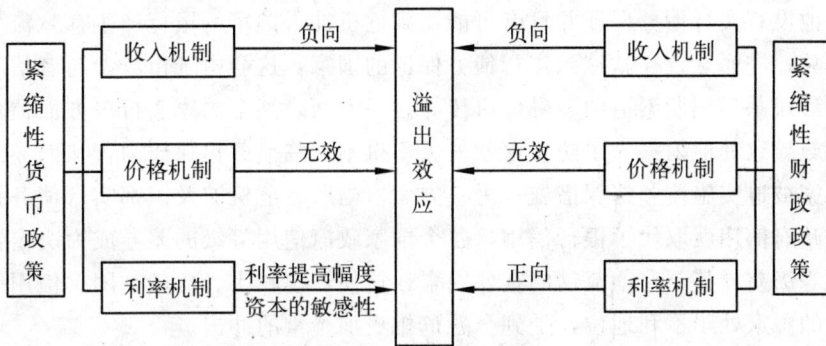

图 6-4　固定汇率制度下的负向溢出效应

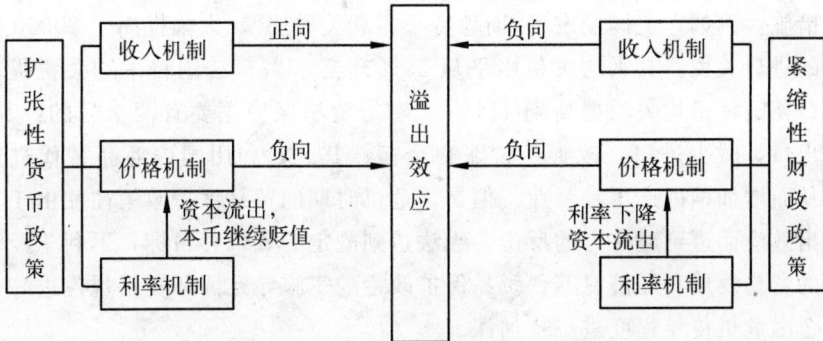

图 6-5　浮动汇率制度下的负向溢出效应

在浮动汇率制下，当危机国实行扩张性货币政策和紧缩性财政政策时一般会产生负向溢出效应（见图 6-5）。在实行扩张性货币政策的条件下，危机国收入的增加通过该国进口的上升造成其他国家产出的增加，这会减轻危机发生导致进口减少对其他国家产出的影响；但是，利率下降产生资本大量流出，进一步导致危机国货币贬值，增加危机国的出口竞争力，对其他国家产生负向溢出效应。在实行紧缩性财政政策的条件下，危机国收入下降导致该国进口和其他国家出口减少，对其他国家的出口造成进一步冲击；利率下降导致资本大量流出引起危机国货币贬值，通过价格机制对其他国家的出口产生进一步冲击，从而恶化了金融危机传导。在财政政策和货币政策之外，危机国应对危机的其他政策也有可能产生负向溢出效应，比较明显的例子是债务保证政策和贸易保护政策。

如果危机国采取债务保证政策对微观主体的存款进行担保，那么，这会导致其他没有实行债务保证并且有可能受到危机冲击国家的银行产生存款流失或者挤兑，进而导致存款流到实行债务保证的国家，这会由于市场参与者信心变化而形成基于预期渠道的金融危机传导。一方面，某个国家实行单方面债务担保措施导致其他国家为了防止存款外流不得不面临债务担保压力，从而导致其他国家被迫实施债务担保措施；另一方面，当所有危机波及国都实行债务担保时，政府信用就取代了银行信用，各个国家政府信用等级的差异成为决定银行信用等级差异甚至存款流动的重要因素，这使规模较小、比较贫困、信用等级较低的国家处于不利地位，受到金融危机更加严重的冲击。

贸易保护政策是金融危机发生后为促进出口而采取的措施，具有悠久的历史。早在 20 世纪 30 年代"大萧条"时期，危机国就通过提高进口关税采取贸易保护措施。例如，美国制定了"斯穆特—霍利关税法"，大幅提高了 20000 多种产品的进口关税，其平均关税水平从 25％升至 50％；法国将平均关税提高到 38％；德国将平均关税提高到 41％[1]。实行贸易保护主要有两个目的：其一，促进出口，减少进口，改善经常账户余额；其二，利用国内商品替代进口商品，从而增加国内产出和就业。但是，危机时期的贸易保护政策往往由于其负向溢出效应而遭到对手方的反击，无法达到既定的效果和目标，不利于经济体之间的贸易发展和经济复苏。贸易保护政策的实施导致国际贸易规模进一步萎缩，金融危机传导程度进一步加深。

（三）国际联合救助对溢出效应的影响

在经济金融全球化的背景下，金融危机的国际传导以及救助政策的溢出效应需要不同国家采取协调一致的救助政策，即实行国际联合救助，这会增强救

---

① 霍影、孙凤武、孙辉：《自由贸易与贸易保护主义的双层博弈——后金融危机时代的多赢性共识》，载《金融与经济》，2009(9)，8～10 页。

助政策的正向溢出效应，减少救助政策的负向溢出效应。

第一，国际联合救助会强化正向溢出效应。当多个国家共同采取救助政策时，结果取决于不同政策之间的力量对比，或者抵消某种政策的溢出效应，或者加强某种政策的溢出效应。国际联合救助可以通过信息交流、政策协调、一致行动等方式避免不同国家之间的政策效果抵消或者冲突，进而强化救助政策的正向溢出效应。例如，国际货币基金组织对 21 世纪初全球金融危机时期欧元区的扩张性财政政策进行分析，结果表明，如果只有欧元区某一大型经济体单独采取扩张性财政政策，那么，依据财政刺激措施的构成不同，财政政策对产出的累积效果在 0.1% 与 1.4% 之间，对消费的累积效果在 0.3% 与 1.1% 之间；如果所有欧元区经济体都实行扩张性财政政策，那么，财政政策对产出的累积效果在 0.2% 与 1.8% 之间，对消费的累积效果在 0.5% 与 1.2% 之间，显著高于只有欧元区某一大型经济体单独采取扩张性财政政策的累积效果（见表6-2）。可见，财政政策的正向溢出效应不仅在欧元区经济体之间存在，而且多个经济体之间的财政政策协调会产生更大的效果。

表 6-2　欧元区经济体财政政策的累积效果

单位：%

	第一年	第二年	第三年
产出			
单独刺激效果	0.1～1.1	0.2～1.2	0.2～1.4
合作刺激效果	0.2～1.5	0.3～1.6	0.3～1.8
消费			
单独刺激效果	0.3～0.7	0.3～0.9	0.4～1.1
合作刺激效果	0.5～0.9	0.5～1.0	0.6～1.2

注：利用国际货币基金组织的全球综合货币财政模型进行模拟的结果。

资料来源：国际货币基金组织：《区域经济概览：欧洲》(2009 年 5 月)，www.imf.org。

第二，国际联合救助会弱化负向溢出效应。在金融危机时期，不同国家实行的以本国利益最大化的宏观经济政策可能会产生负向溢出效应，对其他国家产生冲击，甚至导致其他国家的反击与报复，因此，无论从个体还是整体的角度都是不利的。国际联合救助可以从全球经济金融全局出发，通过不同国家之间的协商和交流，保证国际联合救助计划的实施，促使救助结果从"单独救助劣势均衡"向"联合救助优势均衡"转变。例如，在 21 世纪初全球金融危机时期，一些欧盟成员国在没有与其他成员国协商的条件下单方面实行某些危机管理措施，特别是对存款和其他形式的银行债务采取担保措施，对其他欧盟成员国造成了负向压力。例如，当德国宣布为所有个人银行账户提供担保时，这一举措立即使奥地利、英国、丹麦、法国、葡萄牙、西班牙和瑞典等其他国家效仿。为了应对上述情况，欧盟委员会宣布欧盟区内各国银行的存款担保下限统一调高至 10 万欧元，从而避免了资金出于安全性考虑而在欧盟成员国内部的异常流动。

第三，救助政策退出的国际协调也有利于避免一国政策退出对其他国家造成负向冲击，从而保护危机救助政策的成果，降低救助政策退出的难度。在经济全球化的背景下，危机救助政策的实施会带来国际溢出效应，危机救助政策的退出也会带来国际溢出效应。没有国际协调的政策退出或者导致政策目的无法实现，或者对其他经济体造成负面冲击。以货币政策退出为例，在不考虑风险因素的情况下，因为影响国际资本异常流动的主要因素是收益率的差异，所以，如果不同经济体采取联合升息的方式以实现宽松货币政策的退出，那么，既实现了货币政策退出的既定目标，也没有影响收益率的差异，便不会造成资本的异常流动。

综上所述，救助政策作为一种制度约束对金融危机传导产生影响。适当时机、适当内容的救助政策对金融危机传导产生阻断效应，不当时机、不当内容的救助政策可能对金融危机传导产生加速效应。在开放经济条件下，救助政策的作用不仅局限于危机发生国内部，也会对其他国家产生溢出效应，国际联合救助的实施可以有效地强化救助政策的正向溢出效应，弱化救助政策的负向溢出效应。

144

第七章
金融危机传导的实际考察与实证检验

在开放经济条件下，金融危机基于贸易渠道、金融渠道和预期渠道进行传导；而早期预警体系和救助政策构成了危机自由传导的制度约束。在本章中，我们将利用案例分析的方式，对三次不同时期、不同类型的金融危机传导进行实际考察，然后，对金融危机传导的存在性和传导机制进行实证检验。

第一节　金融危机传导的实际考察

20 世纪 80 年代拉美债务危机、1997 年亚洲金融危机和 21 世纪初美国次贷危机导致的全球金融危机不仅波及广泛、影响深远，而且包含了金融市场危机、金融机构危机和国际债务危机三种不同类型。本书将以此三次危机为例对制度约束下的金融危机传导进行实际考察。

一、20 世纪 80 年代拉美债务危机

1982 年夏，拉美债务危机首先在墨西哥爆发，之后迅速蔓延，对拉丁美洲各国造成了深远的影响。这场危机的波及范围十分广泛，包括所有拉丁美洲国家在内的 25 个国家推迟偿还债务，发生债务危机。

(一)对拉美债务危机时期贸易量的考察

从进口增长率和出口增长率两方面分析拉美债务危机时期贸易量的变化。根据国际货币基金组织的 DOT 数据库的资料表明，危机波及国进口增长率的表现存在差异，墨西哥、巴西、阿根廷、乌拉圭、玻利维亚进口下降幅度较

大，其中，玻利维亚进口量的下降幅度最大，下降了 46％，阿根廷对发达经济体的进口量下降幅度最大，下降了 50％，智利对新兴市场和发展中经济体的下降幅度最大，下降了 54％（见图 7-1）。此外，债务危机对危机波及国的影响并不仅局限于 1982 年，例如，墨西哥在 1983 年的进口增长率为－40.2％，阿根廷在 1985 年的进口增长率为－16.8％，体现了债务危机对进口影响的长期性。

单位:％

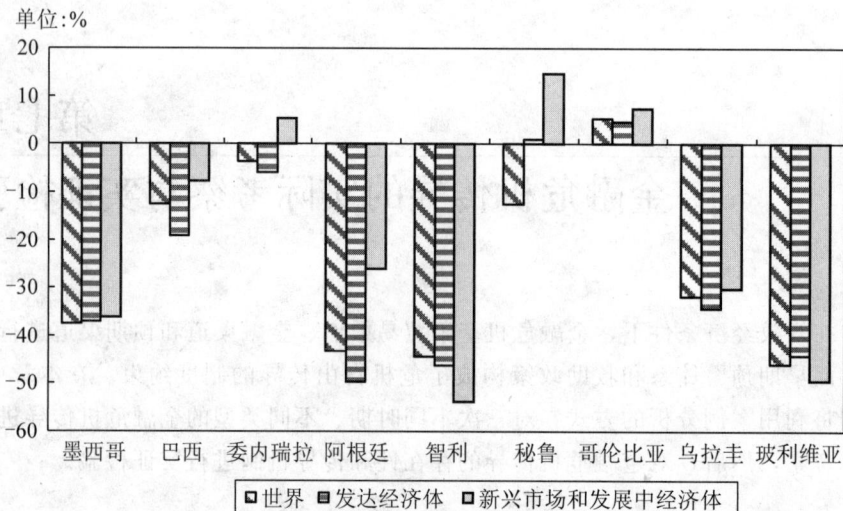

图 7-1　1982 年拉美国家进口增长率
资料来源：根据 DOT 数据库的数据作者自行计算。**www. imf. org.**

　　从出口增长率看，危机波及国出口增长率的表现也存在差异。根据国际货币基金组织的 DOT 数据库的资料表明，巴西、委内瑞拉、阿根廷、智利和哥伦比亚出口总额下降幅度较大，委内瑞拉、乌拉圭和玻利维亚对发达经济体的出口下降幅度较大，巴西、委内瑞拉、阿根廷和智利对新兴市场和发展中经济体出口下降幅度较大（见图 7-2）。此外，债务危机对危机波及国的影响也不仅局限于 1982 年，例如，墨西哥和委内瑞拉在 1986 年的出口增长率分别为－27.1％和－40.7％，阿根廷在 1986 年的出口增长率也达到－18.4％，体现了债务危机对出口影响的长期性。

　　在拉美债务危机时期，收入机制的解释力较强。从表 7-1 可以看出，在债务危机爆发之后，拉美国家经历了不同程度的经济衰退，其中，阿根廷、墨西哥、智利、乌拉圭等国国内生产总值增长率大幅降低，其中，阿根廷 1981 年和 1982 年的国内生产总值增长率分别为－5.69％和－4.96％；墨西哥 1982 年和 1983 年的国内生产总值增长率分别为－0.63％和－4.20％；智利 1982 年和 1983 年的国内生产总值增长率分别为－10.32％和－3.79％；乌拉圭的国内生

单位:%

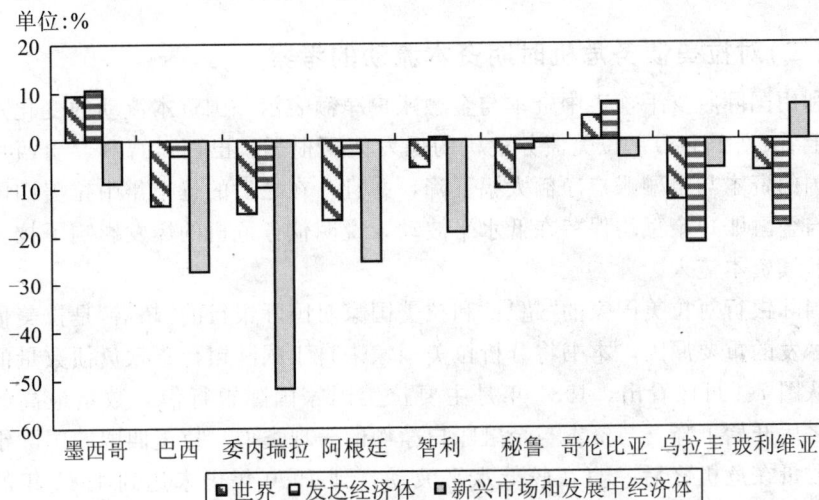

图 7-2 1982 年拉美国家的出口增长率

资料来源：根据 DOT 数据库的数据作者自行计算。www. imf. org.

产总值出现了三年连续下降，1982 年、1983 年、1984 年的国内生产总值增长率分别为—9.76％、—10.27％和—1.14％。拉美国家国内生产总值增长率的降低可以解释拉美国家由于收入下降而导致进口下降。但是，价格机制的解释力较弱，尽管阿根廷、巴西、墨西哥等国经历了不同程度的货币贬值，进口下降和资本流入减少似乎更加能够解释出口增长率的变化。

表 7-1 拉美国家国内生产总值增长率

单位:%

时间 国家	1980 年	1981 年	1982 年	1983 年	1984 年	1985 年	1986 年
阿根廷	4.15	—5.69	—4.96	3.88	2.21	—7.59	7.88
玻利维亚	—1.37	0.28	—3.94	—4.04	—0.20	—1.68	—2.57
巴西	9.11	—4.39	0.58	—3.41	5.27	7.95	7.99
智利	8.15	4.74	—10.32	—3.79	7.97	7.12	5.60
哥伦比亚	4.10	2.26	0.95	1.58	3.36	3.09	5.84
墨西哥	9.23	8.77	—0.63	—4.20	3.61	2.59	—3.75
秘鲁	3.08	7.18	—0.60	—11.80	5.20	2.80	10.00
乌拉圭	5.84	1.56	—9.76	—10.27	—1.14	1.47	8.81
委内瑞拉	—4.42	—0.36	—2.07	—3.76	1.44	0.19	6.51

资料来源：世界银行：世界发展指标（WDI）数据库，www. worldbank. org.

147

（二）对拉美债务危机时期资本流动的考察

利用国际收支平衡表中资本与金融账户净额表示一国资本流动的变化。从总体上看（见图 7-3），拉美债务危机的爆发使阿根廷、巴西、智利、墨西哥拉美四国的资本与金融账户净额大幅下降，并且，在之后的近十年中拉美四国的资本与金融账户余额均保持在低水平波动，说明债务危机的爆发影响了拉美四国的后续资本流入。

国际银行对拉美国家的"超贷"和拉美国家对国际银行的"超借"是拉美债务危机爆发的重要原因，本书将分析拉美国家来自于国际银行贷款负债数量的变化。从图 7-4 可以看出，1981 年是主要拉美国家国际银行借款数量最高的时期，之后开始下降。与资本与金融账户净额的表现类似，拉美四国的国际银行借款数量在危机之后一直在较低水平波动，到 1990 年仍未达到 1981 年的水平，阿根廷、巴西、智利和墨西哥以国际银行信贷为表现形式的国际资本流入大幅下降。当"国家不会破产"的神话破灭，西方国家的商业银行开始重新审视拉美国家的主权风险，重新调整其贷款份额。

单位：百万美元

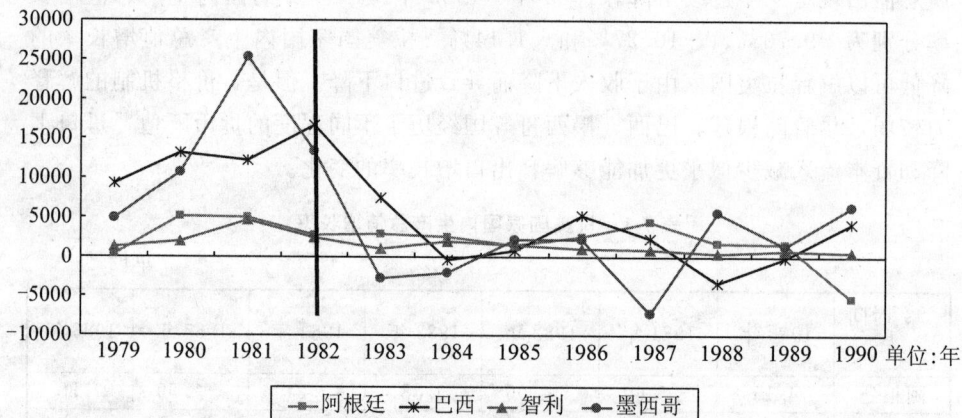

图 7-3　1979—1990 年拉美四国资本与金融账户净额的变化

资料来源：国际货币基金组织，BOP 数据库，www.imf.org。

在拉美债务危机中，国际商业银行在危机传导中扮演了重要角色。但是，从墨西哥债务危机爆发到近 25 个拉美国家推迟偿还债务，共同冲击和预期因素发挥了重要的作用。从共同冲击来看，在 1982 年拉美国家存在巨额外部债务，并且一年以内到期的短期银行债务在总银行债务中所占比重较高，因此，存在同时爆发债务危机的可能性。从预期因素看，墨西哥债务危机的爆发导致

单位:百万美元

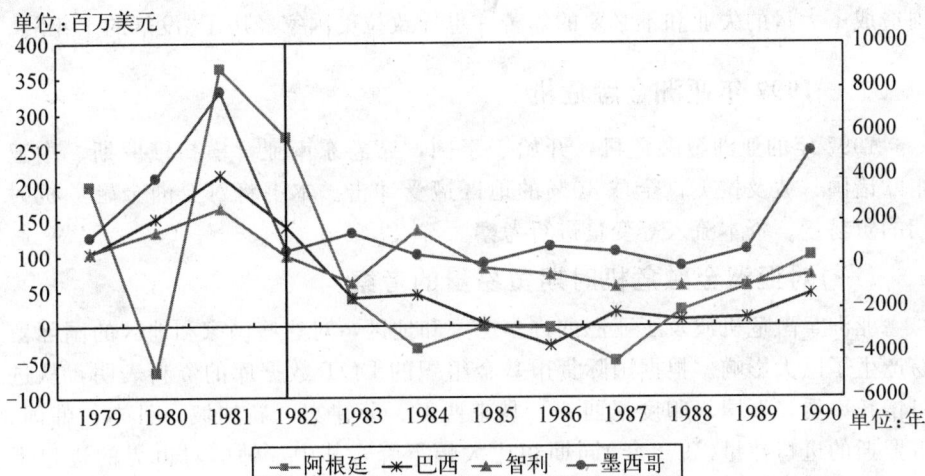

图 7-4　拉美国家国际银行贷款负债的变化

注:阿根廷由左侧坐标轴表示;巴西、智利和墨西哥由右侧坐标轴表示。

资料来源:国际货币基金组织:BOP 数据库,www.imf.org。

同样面临外债负担拉美国家的债务违约政治成本下降,"集体犯错受到惩罚更轻"的观念导致发生债务危机的国家数量增加。

(三)对拉美债务危机时期制度约束的考察

在拉美债务危机爆发之后,拉美国家单方面停止本金和利息支付或者延期履行偿债义务严重威胁到西方发达经济体银行体系的稳定性,因此,西方发达经济体和国际组织快速、高效地制定并执行了应对危机的措施。首先,美国、国际清算银行(BIS)及其成员国向拉美国家的中央银行提供紧急信贷;其次,国际货币基金组织向危机国迅速拨付了大笔信贷份额:墨西哥得到了 38 亿美元,阿根廷得到了 22 亿美元,巴西得到了 54 亿美元;最后,对拉美国家的国际债务进行债务豁免和偿债期限的调整。

在危机之前,市场主体本应该能够预测到危机的发生并进行有效的风险防范,可是"国家不会破产"的神话使西方商业银行大量"超贷",拉美国家大量"超借";最终危机没有避免。但是,在拉美金融危机时期,及时有效的救助政策使西方发达经济体银行体系的稳定性没有受到严重影响,从而使拉美债务危机没有演变成为一场无法预测真正后果的席卷全球的国际金融危机。从这个意义上讲,救助政策导致危机国际传导的链条被剪断,危机救助是成功的。但是,在拉美债务危机时期,国际货币基金组织迫使债务国大规模向外转移实际资源,并通过削减支出而不是支出替代来达到目的,这种债务管理战略给债务国造成了大量的失业和不必要的痛苦，也导致拉美国家经历了"没落的十年"。

二、1997 年亚洲金融危机

1997 年的亚洲金融危机，开始于泰国，席卷东南亚，横扫俄罗斯、中亚东欧诸国、波及拉美，全球 40％的地区遭受冲击。本书将对亚洲金融危机时期的贸易量、资本流入等变量进行考察。

(一)对亚洲金融危机时期贸易量的考察

亚洲金融危机波及了亚洲的许多国家和地区，对这些国家和地区的国际贸易产生了巨大影响。根据国际货币基金组织的 DOT 数据库的资料表明，从进口增长率看，泰国、印度尼西亚、马来西亚、菲律宾、新加坡、日本、韩国、俄罗斯的进口数量(1998 年)同期相比大幅下降，其中，韩国对世界的进口下降幅度最大，下降了 35.4％；印度尼西亚对发达经济体的进口下降幅度最大，下降了 35.1％(见图 7-5)。从出口增长率看，泰国、印度尼西亚、马来西亚和韩国出口增长率的变化趋于一致，在危机时期出现普遍下降的局面，而菲律宾出口增长率的变化则呈独立的态势(见图 7-6)。

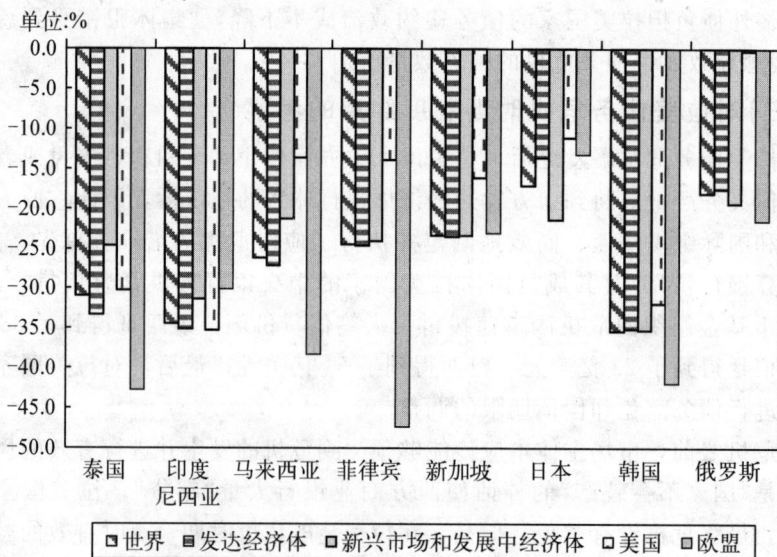

图 7-5　1998 年亚洲金融危机时期进口增长率

资料来源：IMF：根据 DOT 数据库的数据作者自行计算，www.imf.org。

从收入机制看，金融危机爆发导致东亚国家的经济增长率放缓。从表 7-2

单位:%

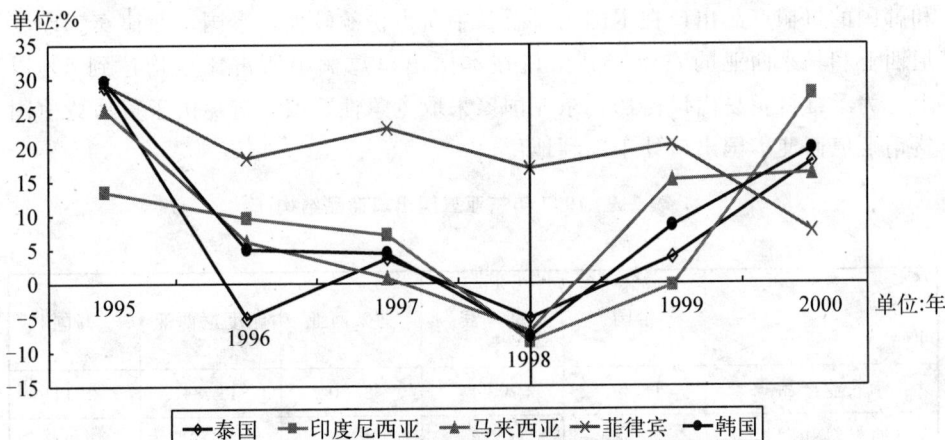

图 7-6　东亚危机五国出口增长率的变化

资料来源：IMF："World Economic Outlook Database,"www.imf.org, 2009(10).

可以看出，1997 年和 1998 年经济增长率出现明显下降，特别是在 1998 年，印度尼西亚、马来西亚、泰国和韩国的国内生产总值增长率分别为—13.13％、—7.36％、—10.51％和—6.85％，这表示上述国家在亚洲金融危机后出现了严重的经济衰退，经济衰退会减少包括进口需求在内的总需求。经济增长率的下降以及汇率的大幅贬值直接导致了亚洲金融危机波及国进口额的大幅下降。

表 7-2　东亚五国国内生产总值增长率的变化

单位:%

时间 国家	1996 年	1997 年	1998 年	1999 年
印度尼西亚	7.64	4.70	—13.13	0.79
马来西亚	10.00	7.32	—7.36	6.14
菲律宾	5.85	5.19	—0.58	3.40
泰国	5.90	—1.37	—10.51	4.45
韩国	7.00	4.65	—6.85	9.49

资料来源：世界银行：世界发展指标(WDI)数据库，www.worldbank.org。

从价格机制看，东亚国家在出口结构上十分相似性，存在第三方市场的竞争，存在竞争性贬值的压力①。从表 7-3 可以看出，泰国、菲律宾、马来西亚

---

①　孙晶晶：《金融危机的国际传染性研究》，硕士学位论文，青岛大学，2007。

151

和韩国的机械产品出口在本国出口总额中所占份额较大,泰国、菲律宾、印度尼西亚和马来西亚的农业产品出口在本国出口总额中所占比重均达到8%以上。为了维持贸易出口份额,东亚国家采取竞争性贬值,避免由于贸易竞争国货币贬值而使本国出口处于不利地位。

表 7-3　1997 年东亚五国出口商品结构

单位:%

商品 \ 国家	泰国	菲律宾	马来西亚	印度尼西亚	韩国
农业产品	18.50	8.24	8.60	11.34	2.11
原材料和燃料	4.51	1.86	4.57	8.16	1.31
矿物燃料	2.17	1.21	8.33	24.62	3.93
化学产品	3.70	1.52	3.55	3.51	7.83
机械产品	38.24	29.36	55.98	8.65	50.02
其他产品	28.77	14.07	17.72	31.15	30.21
未分类的再出口产品	4.10	43.25	1.24	12.57	4.59

资料来源:"Recent Trends and Prospects of Major Asian Economies, East Asian Economic Perspective," Vol.10. ICSEAD, 1999.

同时,"资产负债表"效应也在东亚金融危机中发挥重要作用。从表 7-4 可以看出,泰国、印度尼西亚、菲律宾和韩国存在严重的货币错配,以外币标价的债务占总债务的比重较高,其中,印度尼西亚 1997 年修正后的 AECM 达到 -30.92,泰国 1998 年修正后的 AECM 也达到 -20.31。这意味着本币贬值不仅通过相对价格变动、出口竞争力提高而产生扩张效应,也会通过外币债务的本币价值增加、资产负债表恶化而产生紧缩效应。对受到危机冲击的国家而言,原本货币贬值会通过增加本国的出口竞争力而导致出口增加,从而出口带动经济逐步复苏。但是,货币错配的存在导致货币贬值后经济主体以外币标价的债务负担沉重,净值减少。企业净值下降会通过金融加速器效应导致产出的下降,不利于经济复苏。而且,货币错配的存在导致危机国政府的金融危机救助陷入两难的困境,在危机初期,政府有动机利用外汇储备维持原来的汇率水平。

表 7-4　东亚国家实际货币错配总额(AECM)

国　家	泰　国		马来西亚		印度尼西亚		菲律宾		韩　国	
时间	1997 年	1998 年	1997 年	1998 年	1997 年	1998 年	1997 年	1998 年	1997 年	1998 年
外币债务比重	35.2	23.3	19.8	17.7	46.7	42.9	25.3	26.1	31.5	19.3
原始 AECM	−16.24	−6.29	−0.96	2.34	−21.57	−16.80	−7.68	−6.95	−11.09	−2.93
修正 AECM	−20.31	−8.95	−0.98	2.39	−30.92	−25.31	−7.68	−6.95	−12.36	−3.50

注：外币债务比重为外币债务占总债务的比重；原始 AECM 为假设国内债务中外币债务比重为零时的估计数；修正 AECM 为假设国内债务中外币债务比重不为零时的估计数，对于 AECM 的计算方式详见资料来源。

资料来源：[美]莫里斯·戈登斯坦：《货币错配：新兴市场国家的困境与对策》，北京，社会科学文献出版社，2005。

此外，在东亚金融危机时期，贸易融资和支付方式也发生了变化。例如，亚洲金融危机时韩国和印度尼西亚的银行贸易融资分别下降了 50% 和 80%；由于对印度尼西亚银行体系稳定性的担心，国际银行拒绝承兑由印度尼西亚银行开出的信用证[1]，对危机波及国的国际贸易产生了不利影响。

(二)对亚洲金融危机时期资本流动的考察

在亚洲金融危机时期，国际游资的大规模流出是危机爆发和传导的主要原因。从总体上看，1998 年亚洲金融危机五国经历了大幅度的资本流出，其中，韩国的下降幅度最大，并且，到 2005 年资本流入都没有回归到 1997 年或者之前的水平(见图 7-7)。但是，不同表现形式的资本有着不同的运动态势。

首先，从直接投资看，印度尼西亚、韩国、马来西亚、菲律宾和泰国的表现各不相同。印度尼西亚的外国直接投资下降幅度最大，在 1998 年由正转负，并且负值持续增加，在 1998—2001 年中，国际收支平衡表中外国直接投资数额分别为 −2.41 亿美元、−18.66 亿美元、−45.5 亿美元和 −29.77 亿美元，说明外国直接投资存量出现持续下降，国际投资者逐步将资金撤出印度尼西亚；马来西亚的外国直接投资在 1998 年出现下降，与 1997 年相比，下降了 58%，在 1999 年后逐步回升；菲律宾的外国直接投资在 1999 年出现下降，同比下降了 45%；泰国的外国直接投资在 1999 年和 2000 年出现两年连续的下

---

[1]　M. Auboin & M. Meier—Ewert："Improving the Availability of Trade Finance during Finance Crises,"www. wto. org/english/res＿e/ booksp＿e/discussion＿papers2＿e. pdf, 2003.

降，与 1998 年相比，2000 年的外国直接投资下降了 54%（见表 7-5）。

单位:百万美元

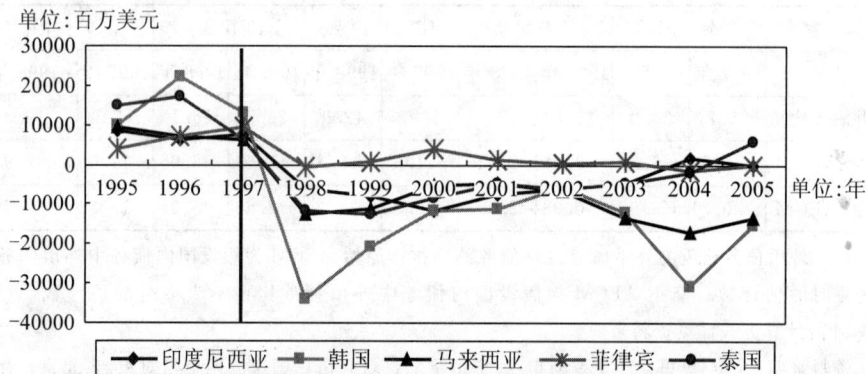

图 7-7 亚洲金融危机五国资本与金融账户净额的变化

资料来源：国际货币基金组织：BOP 数据库，www.imf.org。

表 7-5 亚洲金融危机国家外国对本国直接投资

单位：百万美元

时间 国家	1996 年	1997 年	1998 年	1999 年	2000 年	2001 年	2002 年
印度尼西亚	6194	4677	−241	−1866	−4550	−2977	145
韩国	2325	2844	5412	9333	9283	3528	2392
马来西亚	5078	5137	2163	3895	3788	554	3203
菲律宾	1517	1222	2287	1247	2240	195	1542
泰国	2336	3895	7315	6103	3366	5067	3342

资料来源：国际货币基金组织：IFS 数据库，www.imf.org。

其次，从证券投资看，本书主要考虑了亚洲金融危机五国证券投资负债变动的情况。与直接投资不同，外国对亚洲国家的证券投资在 1997 年，即金融危机爆发时就存在大幅度的减少，其中，印度尼西亚减少幅度最大，下降了153%（见图 7-8）。这种现象说明，与直接投资不同，证券投资负债流动性较强，对金融危机的反应更加灵敏，在存在二级市场的条件下，外国投资者可以通过抛售证券资产将资金转移。金融危机爆发导致的证券抛售和资本流出恶化了亚洲国家的金融环境，从而导致国际资本进一步外流。

最后，从国际银行信贷看，泰国和韩国在 1997 年经历了短期银行信贷的

单位：百万美元

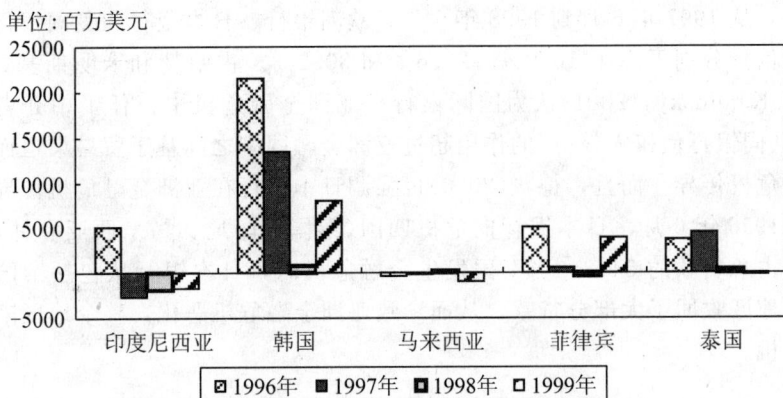

图 7-8　亚洲金融危机五国证券投资负债的变化

资料来源：国际货币基金组织：BOP 数据库，www.imf.org。

单位：%

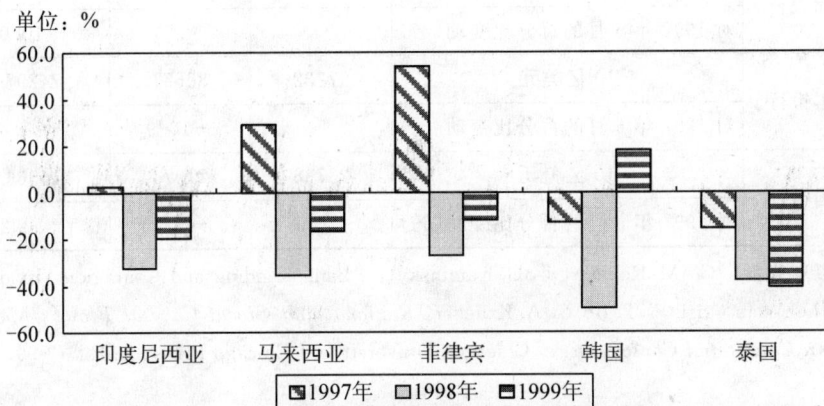

图 7-9　亚洲金融危机五国短期国际贷款年度增长率

注：年度增长率作者自行计算。

资料来源：国际结算银行：银行统计数据库（一年以内国际贷款存量数据），www.bis.org。

下降，对亚洲金融危机的爆发起到促进作用。泰国、马来西亚、印度尼西亚、菲律宾在 1998 年均经历了短期银行资本的大幅下降，其中，韩国下降幅度最大，下降了 49.5%；泰国短期银行资本的下降持续到 1999 年，其年度增长率为 −40.8%，这意味着 1996 年年末至 1999 年年末泰国短期银行信贷减少了近 315 亿美元，是 1996 年年末短期银行信贷存量的 69%（见图 7-9）。

国际银行信贷的显著下降可以用"共同债权人效应"加以解释。从表 7-6 可以看出，从 1997 年 6 月到 1998 年 6 月，欧洲银行、日本银行和美国银行的国际银行信贷分别下降了 10.0％、23.6％和 30.2％。雷哈特和卡明斯基（Reinhart & Kaminsky，2001）认为国际银行在亚洲金融危机中担任了中介者的角色，"共同银行债权人效应"的作用超过亚洲金融国家之间基于贸易渠道而产生的金融危机传导。而且，德赛（2006）也强调日本银行在亚洲金融危机传导中的作用，1996 年 6 月，日本银行向危机四国（泰国、印尼、马来西亚和韩国）贷款份额占总贷款的 54％，当泰国发生金融危机时，日本银行从包括泰国在内的东亚地区收回了大部分贷款，从而导致亚洲金融危机恶化，整个地区陷入流动性危机。

表 7-6　亚洲金融危机时期银行信贷的变化

共同债权人	单　　位	1997 年 6 月	1997 年 12 月	1998 年 6 月
欧洲银行	10 亿美元	85338	87846	76820
	对 1997 年 6 月的百分比变动（％）	—	2.9	−10.0
日本银行	10 亿美元	97232	86651	74297
	对 1997 年 6 月的百分比变动（％）	—	−10.9	−23.6
美国银行	10 亿美元	23738	21974	16566
	对 1997 年 6 月的百分比变动（％）	—	−7.4	−30.2

资料来源：C. M. Reinhart & G. Kaminsky："Bank Lending and Contagion：Evidence from the Asian Crisis," T. Ito & A. Krueger：*Regional and Global Capital Flows：Macroeconomic Causes and Consequences*，Chicago：University Of Chicago Press，2001：73-99.

（三）对亚洲金融危机时期制度约束的考察

在亚洲金融危机时期，国际组织对泰国、印度尼西亚和韩国提供了大规模的官方援助，其中，国际货币基金组织提供的融资承诺总额为 350 亿美元，世界银行为 164 美元，亚洲开发银行为 97 亿美元。此外，双边性的承诺也增加到 561 亿美元，全部援助达到了 1172 亿美元[①]，在一定程度上缓解了金融市场的压力。

但是，国际货币基金组织救助的迟缓以及贷款的条件性也恶化了金融危机传导，从而导致国际货币基金组织成为受到批判的对象。首先，国际货币基金组织救助的行动十分迟缓。以国际货币基金组织为首的国际组织提供的国际救

---

① ［比］兰姆弗赖斯：《新兴经济体的金融危机》，30 页，成都，西南财经大学出版社，2002。

助由于延误时机基本上没有起到阻止危机"传染"的作用。亚洲金融危机最先开始于泰国，以1997年7月2日泰国放弃固定汇率制度为标志。在开始的几个星期，危机并没有引起国际货币基金组织和国际社会的重视，国际货币基金组织只是向泰国派遣了两个专家小组，协助泰国中央银行处理泰铢浮动等技术问题，国际社会也只是将泰国货币危机作为一个危机案例加以研究和关注。1997年8月11日，当泰国货币危机演变为东南亚货币危机以后，由国际货币基金组织主持的关于援助泰国的国际会议才在日本东京举行，本次会议确定对泰国提供大约160亿美元的援助。但是，援助的资金来源说明了国际货币基金组织并没有对危机给予足够的重视，而是倾向于依靠亚洲自身的力量解决危机。之后，国际货币基金组织虽然表示对东南亚货币危机进行调查，并且，对印度尼西亚提供了280亿美元的紧急贷款，但是，对这场危机影响的重视程度仍然不够。1997年11月，韩国、日本受到东南亚货币危机的冲击，当东南亚货币危机向东北亚发展并有可能对世界经济产生严重影响时，国际货币基金组织才开始对已经演变成的东亚金融危机给予应有的重视，不断调整贷款援助的数额。可见，在亚洲金融危机中，国际货币基金组织的行动是迟缓的，国际援助也没有起到危机"阻断器"的作用。其次，国际货币基金组织提供的国际救助一般要求这些国家实行紧缩的国内政策，即国际货币基金组织贷款的条件性。在亚洲金融危机时期，泰国、印度尼西亚和韩国为了得到国际货币基金组织援助，基本上都采取了紧缩的货币政策和财政政策（见表7-7）。这些紧缩性的政策措施使危机国国内企业不得不承受由于国内利率上升而产生的额外利息负担，使危机国政府不得不紧缩财政以满足国际货币基金组织所要求的财政盈余，从而导致已经出现衰退的实体经济更加雪上加霜，加深了金融危机的冲击。

表7-7　东亚金融危机时期的国内救助政策

	货币政策	财政政策
泰国	控制货币发行，降低银行的呆账备付金，向金融业提供117亿泰铢的贷款，对金融机构及其资金提出债务担保等一揽子管理方案	实行紧缩性财政政策，削减当年财政预算1000亿泰铢；大幅度提高进口税和营业税；其他紧缩财政开支的政策
印度尼西亚	采取了紧缩银根政策，1997年8月19日，把1个月和3个月的定期存款利率分别提高到30%和28%	实行紧缩财政政策，压缩财政开支，减少对外举债，缓建一些政府和国有企业的工程项目

续表

	货币政策	财政政策
韩国	实施紧缩的货币政策，将短期贷款年利率由 14％ 上升到 40％	增加政府支出，帮助金融业结构调整；推进公共部门改革，调整政府机构，改变政府职能

资料来源：何秉孟、刘溶沧、刘树成：《亚洲金融危机：分析与对策》，北京：社会科学文献出版社，2007；张宝仁、韩笑：《金融危机后韩国经济政策调整》，http://www.lw23.com/paper_66662611/，2000-08-06。

此外，亚洲金融危机被预期到了么？似乎没有，至少一些亚洲金融危机的波及国在危机之前还沉浸在"东亚奇迹"的喜悦之中，这也造成了市场参与者在危机爆发时的心理恐慌和手足无措，从而加速了金融危机的传导。在亚洲金融危机之后，市场参与者，特别是外国投资者风险意识逐步增强，偏好于对中国等风险较低新兴市场经济体的投资，因此，在 2001 年阿根廷金融危机爆发之时，国际社会能够对危机形成准确的预期，进行资产组合调整，使危机波及范围受到遏制。

（四）对亚洲金融危机波及俄罗斯和巴西的解释

收入下降、竞争性贬值以及共同债权人效应能够较好地解释东亚金融危机的地域性特征，即为何泰国、马来西亚、印度尼西亚、菲律宾和韩国成为重灾区，但是，无法较好地解释为何东亚金融危机会波及俄罗斯和巴西。

从国际贸易上看，俄罗斯对泰国、印度尼西亚、马来西亚和韩国的出口低于总出口的 1％，巴西向东亚的出口低于总出口的 4％，向俄罗斯的出口低于总出口的 1％[①]，因此，东亚金融危机不是通过贸易渠道蔓延到俄罗斯和巴西的。从"共同银行债权人效应"看，日本银行的信贷收缩不足以解释俄罗斯金融危机的爆发，而美国和欧洲银行国际信贷的收缩也不足以解释危机蔓延到拉丁美洲的巴西，本书试图从共同基金和预期因素进行解释。

从共同基金角度看，它是除国际银行之外的重要共同债权人之一。在 1997 年 6 月 30 日，发达经济体共同基金在新兴市场的投资中，泰国占 2.68％，印度尼西亚占 4.35％，马来西亚占 5.88％，韩国占 6.16％，巴西占据 13％。金融危机的发生导致共同基金进行资产组合调整，资金逃离危机发

---

① ［美］德赛：《金融危机，蔓延与遏制——从亚洲到阿根廷》，213～214 页，北京：中国人民大学出版社，2006。

生地区或者可能发生危机的地区，致使危机传导到俄罗斯和巴西，这可以从泰国、马来西亚、印度尼西亚、韩国、俄罗斯和巴西的货币市场利率、汇率和股票市场指数的同步运动中找到证据。

那么，是什么因素导致共同基金的资本撤出这些地区呢？一方面，东亚金融危机爆发导致新兴市场风险加大，理性的投资者减少了新兴市场的投资份额；另一方面，投资者在俄罗斯和巴西发现了与东亚危机国相似的问题或者察觉了存在诱发危机的因素，例如，俄罗斯的巨额外债，巴西的经济过热等，从而提高了新兴经济体危机发生的概率，导致资金撤离高风险地区。在这一过程中，资本流出产生的信心危机以及市场恐慌发挥了重要作用，引起了规模更大的资本流出和资本外逃，形成了基于预期渠道的金融危机传导。

三、21 世纪初全球金融危机

2007 年 3 月，美国第二大次级抵押贷款机构——新世纪金融公司因濒临破产被纽约证券交易所停牌，次贷危机正式爆发。白钦先(2009)对这场危机的实质进行了阐述，认为这场危机是美国的国家信用、国家道德危机，是全球性的信用和信心危机，是美国的极端消费主义文化危机，是过度虚拟、过度衍生的金融资源危机，是全球性的实体经济与虚拟经济以及国际金融结构严重性失衡的危机，是经济学、金融学的人文价值观认同危机，是现存的人类思维方式、生产方式和生活方式不可持续发展危机。本书将利用金融危机传导理论解释次贷危机是如何演变成为金融危机、经济衰退乃至全球金融危机。

(一)从次贷危机到金融危机乃至经济衰退

2008 年 10 月国际货币基金组织《全球金融稳定报告》的热能图(Heat Map)表明，在 2007 年年初，危机主要集中在次级抵押贷款领域，在 2007 年中期，危机波及金融机构和金融市场，在 2007 年年底，危机波及公司信贷和优质房地产抵押证券市场(Prime RMBS)，在 2008 年 9 月后，危机波及新兴市场。可见，次贷危机形成、发展、演变、扩散的过程是渐进的，而传导机制和传导路径是复杂的、多样的。

1. 从次贷危机到金融危机的传导机制

在次贷危机爆发之前，高风险的金融结构性产品被创造出来，金融机构的杠杆比率和表外资产大量增加，这些都预示着金融风险的增加。次贷危机主要通过以下机制和路径演变成为金融危机。

第一，危机沿着次贷衍生产品链条进行传导，波及链条上的不同机构和参与者。从图 7-10 可以看出，金融创新以及金融产品的证券化导致原有住房抵押贷款的运作、收益、风险发生显著的变化。在资产证券化（ABS）之前，银行以住房为抵押向合格居民发放住房抵押贷款，居民根据贷款合约向银行按期偿还贷款及利息。在资产证券化（ABS）之后，银行将其贷款出售给一家特殊目的的机构（Special Purpose Vehicle，SPV），或者由 SPV 主动购买可证券化的银行资产。然后，SPV 将这些资产汇集成资产池，再以资产池所产生的现金流为支撑，发行具有不同风险和收益的分档债务，从而将银行贷款证券化。之后，投资银行将这些证券化的资产与一些高收益债券、新兴市场公司债、国家债券等相结合，创设了分档担保债务凭证（Collateralized Debt Obligation，CDO），并创建 CDS，从而使 CDO 的投资者可以将债务风险出售或者进行投资。同时，由银行等金融机构设立的结构投资载体（Structured Investment Vehicle，SIV）以各种应收账款、分期付款、证券化资产为基础发行短期的资产抵押商业票据（ABCP）。其中，风险较小、层级较高的 ABS、CDO、ABCP 被冒险程度较低的投资者购买，而风险较大、层级较低的 ABS、CDO、ABCP 被冒险程度较高的投资者购买。此外，保险公司向 ABS、CDO、ABCP 提供信用保险，从而增加了上述结构性产品的吸引力。从上面的分析可以看出，通过将资产出售给 SPV，银行将流动性差的长期资产转换成流动性强的证券化资产，也将风险转移给证券化产品的投资者，并通过向 SIV 提供信用额度增加了 ABCP 的发行规模。因此，当房地产价格下降、利率水平上升时，证券化的基础性资产——住房抵押贷款的抵押品价值下降、违约风险上升，证券化的链条出现断裂，证券化链条上所有的参与机构和投资者均受到冲击。

第二，银行破产是次贷危机传导的强化机制之一。当通货膨胀压力增加时，美联储逐步提高利率，至 2006 年 7 月，联邦基金利率由 1% 上升至 5.25%，并持续到 2007 年 9 月。利率上升导致大量次级抵押贷款借款者的利息负担加重，使其无法按时偿还贷款，致使银行贷款的现金流中断，贷款违约率增加。在负债价值不变的条件下，违约率增加导致银行预期损失增加以及资产波动性上升，这导致资产与负债的差额——资本价值下降，从而导致银行清偿性风险增加以及受到挤兑的可能性增加。然而，存款保险制度的存在以及银行等金融机构资金来源的变化使挤兑的形式发生了变化。一方面，存款保险制度保证了储户在银行破产时的资金安全，从而导致储户对银行挤兑的可能性降低；另一方面，银行等金融机构的资金来源不再局限于储户的存款，而是在货币市场上通过批发性融资获得资金转变。当危机爆发时，银行等金融机构在金

向CDS、ABS以及一些SIVs提供信用档保险

保险公司

CDOs向银行支付相当于ABS担保品市值的款项

CDOs
购买欲抵押贷款相关的ABS以及构建在此种ABS基础上的CDS并发行分档债务

优先债务档

债务档与股权

冒险程度较高的、包括对冲基金在内的投资者

贷款收益

贷款方

贷款现金流

SPV向其支付相当于ABS担保品市值的款项

ABS
SPV购买包括次级抵押贷款在内的各种贷款并发行分档债务

优先债务档

冒险程度较低的投资者

贷款收益

贷款现金流

服务商

银行

汇集的贷款现金流

贷款现金流

借款方

中介工具SIVs向银行支付相当于ABS担保品市值的款项

银行向中介工具/SIVs提供信用额度

ABCP中介工具/SIVs购买ABS并发行包括短期票据在内的债券

短期票据和SIV债务档

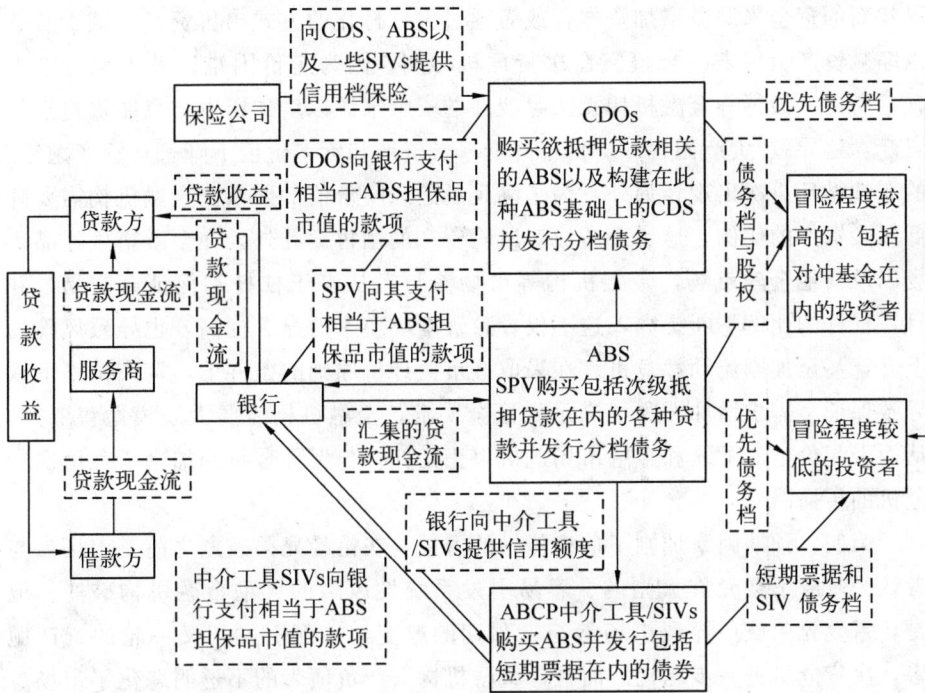

图 7-10　次贷证券化链条

资料来源：国际货币基金组织：《全球金融稳定报告》（2007 年 10 月），www.imf.org。

融市场上主动获取资金的来源消失。因此，现代意义上的挤兑已经不是传统意义上的挤兑，是银行等金融机构在金融市场上受到的挤兑。当无法在金融市场获得资金时，银行等金融机构开始出售资产。由于金融市场上出现了大量的资金需求者，而资产供给者却少之又少，所以，这些资产往往以低于正常水平的价格（Fire Sale Price）出售，并且，大规模出售再次降低了资产价格。这不仅意味着抛售相似资产的金融机构以较低的价格出售资产，也意味着持有相似资产金融机构的资金价值降低，从而导致其资本减少，违约风险增大，需要继续出售资产，形成"资产抛售——价格降低——资产和资本价值下降——资产抛售"的恶性循环。此外，银行资本减少增加了银行违约的可能性，从而导致对手方风险的增加，银行等机构在金融市场上获得融资的成本增加、难度上升。

　　第三，资本充足率、既定风险价值（VaR）、杠杆比率等要求是次贷危机传导的强化机制之一。在次贷危机爆发之后，资产价值的减少导致银行等金融机构的资本减少。为了满足监管当局对资本充足率的监管要求，银行或者从外部

寻找新的资金来源以增加资本，或者通过去杠杆化的方式出售资产、减少贷款以缩减资产负债表的规模。在次贷危机时期，因为定价困难以及不确定性上升，所以，银行等金融机构无法寻找新的资金来源以增加资本，只能被迫出售资产，这导致"资产抛售——价格降低——资产和资本价值下降——资产抛售"的恶性循环再次出现。另外，为了满足既定风险价值的要求，金融机构需要降低风险资产的比例，这也会造成对风险资产的抛售。此外，在金融衍生产品市场以及其他金融市场，金融机构等市场参与者从事于杠杆和保证金交易，并且，杠杆的比例不断提高，这不仅导致资本收益率的显著提高，也导致风险的上升，甚至加剧流动性危机。在采取按市值计价原则的条件下，资产价格下跌导致保证金需求增加，为了满足保证金要求，金融机构需要大规模抛售资产，从而引起价格的下跌和金融市场危机。正是杠杆与保证金机制加剧了美国次贷危机的传播①。

第四，预期因素加剧了危机传导的力量。在雷曼兄弟破产之前，市场参与者认为政府不会允许大型的、容易引发系统性风险的大型金融机构破产。但是，雷曼兄弟破产导致市场参与者预期的改变，从而引发了又一轮的资产抛售，次贷危机进一步恶化。而且，金融机构资产负债表的不透明恶化了市场参与者对危机的预期。金融监管漏洞导致银行为了减少资本约束而通过结构性投资工具（Structured Investment Vehicles，SIVs）将资产从资产负债表内移到资产负债表外。例如，在 2006 年，花旗集团的表外资产价值为 2.1 万亿美元，超过了表内资产 1.8 万亿美元，这增加了信息的不透明，加剧了对次贷损失进行估计的难度。此外，评级机构对机构、债券评级的降低也是改变市场参与者预期的重要因素。外部评级机构的信用评级具有顺周期特征，在经济繁荣时期，评级机构通过调高股票、债券、证券化资产等金融产品的评级促进其规模增加；在经济萧条或者危机时期，评级机构也会相应地调低上述金融产品的评级。评级下调会导致资产价格下降、新发行债券的成本增加以及二级市场流动性的恶化。例如，在评级降低之前，美国国际集团（AIG）在金融衍生品交易过程中几乎不需要保证金，仅仅凭借自身的信用就可以进行交易，但是，当评级公司降低其评级之后，AIG 需要补充高达数百亿的保证金，这导致其出现了流动性危机。而且，金融合约中经常使用"评级扳机"条款，即当评级下调到一

---

① 彭兴韵、吴洁：《从次贷危机到全球金融危机的演变与扩散》，载《经济学动态》，2009(2)，52～60 页。

定级别时，其交易对手方有权利要求受到评级下调的一方追加担保品或者赎回已经发行的债券，这意味着评级下调是资产抛售的重要原因之一。

2. 从金融危机到经济衰退的传导机制

次贷危机不仅在金融层面进行传导，对金融机构和金融市场造成严重冲击，也传导至经济层面，恶化了居民和企业的消费和储蓄。

第一，银行的去杠杆化导致信贷紧缩的出现。为了满足监管当局对资本充足率的要求，银行采取减少贷款的方式去杠杆化，这会直接导致企业和居民贷款规模减少和成本上升。贷款减少导致受到外源融资约束的企业无法筹集所需要的资金，从而导致其投资和产出的下降；贷款减少导致居民的消费贷款也随之减少，从而导致消费需求的降低。

第二，评级下调导致企业外源融资成本上升。银行对借款者的内部信用评级也具有顺周期的特征。当经济繁荣时期，借款者的违约风险较小，评级较高；当经济萧条时期，借款者的违约风险较大，评级较低。次贷危机恶化了企业的生产经营环境，增加了企业的违约风险，从而导致银行对其评级下调，这也会增加企业的借款成本。

第三，房地产价格下降导致居民消费需求下降。在次贷危机之前，居民从房地产价格上升中获得了巨大利益，不仅实现了提前拥有住房的愿望，也通过将房地产进行抵押而获得大量贷款以支持其消费支出，房地产价格越高，抵押品价值越大，获得的贷款越多，消费支出越大。次贷危机的爆发导致上述机制不再发挥作用，居民消费的预算约束缩小，从而引起消费需求的降低，即出现以房地产作为抵押品的"金融加速器效应"。

第四，股票价值下降导致需求和产出大幅下降。在次贷危机初期，受到金融机构股票价值下跌的影响，股票市场的下跌幅度有限，但是，雷曼兄弟破产之后，市场参与者对危机的预期越来越悲观，担心危机越来越严重，甚至可能再次出现"大萧条"，这种预期导致股票市场价格的大幅下降。股票市场价格的大幅下降不仅使企业更偏好于采取在股票市场收购的方式进行投资，减少实物投资的动机，也通过财富效应降低居民的消费需求。由于美国、英国等发达国家居民的大部分财富直接或间接地（通过投资于证券投资基金）投资于股票，所以，股票价值的大幅度缩水对其消费需求造成严重冲击。

（二）从美国金融危机到全球金融危机

贸易、投资、分工以及资产配置的全球化导致国内外金融机构之间、不同国家投资者之间的联系日益密切，金融危机的跨国传染性不断增强，次贷危机通过贸易渠道、金融渠道和预期渠道传导至其他国家和地区。

1. 对 21 世纪初全球金融危机时期贸易量的考察

由美国次贷危机引发的全球金融危机对发达经济体、发展中经济体以及欠发达经济体都产生了严重冲击。国际贸易量的萎缩就是金融危机冲击的表现形式之一。根据国际货币基金组织的 DOT 数据库的资料表明，发达经济体、新兴市场和发展中经济体的出口量在 2008 年 8 月左右逐步下降，在 2009 年 2 月触底反弹；美国、欧洲和日本对世界出口的绝对值也表现出相同的态势；亚洲发展中经济体对世界出口的下降幅度最大，下滑速度和反弹速度也最快。

为了剔除季节性差异对出口量的影响，本书选择月度同比增长率分析出口增长率的变化。根据国际货币基金组织的 DOT 数据库的数据分析表明，无论是全球出口总量、发达经济体以及新兴市场和发展中经济体的出口增长率，还是美国、欧洲、日本以及亚洲发展中经济体的出口增长率均出现相同变动态势，2008 年 8 月左右开始下降，2009 年 4 月左右触底反弹。其中，欧洲出口增长率下降幅度较大，并且反弹较慢。

在这次危机中，经济衰退引起的进口减少是导致贸易量变动的重要因素。美国是全球经济增长的引擎，美国和欧元区等发达经济体是新兴经济体产品出口的最终目的地和主要消费者。次贷危机的爆发导致美国、欧元区等发达经济体金融机构面临危机，居民消费信贷减少，收入下降，从而导致其贸易对手国的出口下降。同时，贸易对手国的出口下降又会通过收入下降、进口需求下降导致其对应的出口国出口下降。而且，伴随着金融全球化和贸易全球化的发展，贸易融资在国际贸易中的作用不断增强。据统计，2008 年全球 80％ 的贸易流量与贸易融资有关，大约价值 15 兆亿美元[1]。国际贸易与贸易融资的密切联系导致在危机发生时贸易融资的下降对国际贸易产生严重冲击。根据世界银行统计，在次贷危机引发的全球金融危机中，全球贸易量大幅萎缩，其中，有 10％～15％ 归因于贸易融资供给的下降[2]。

此外，在全球金融危机时期，违约风险上升使贸易企业选择以银行信用为支持的信用等级更高的支付方式，由信用等级较低的支付工具向信用等级较高的支付工具转变。根据国际商会（International Chambers of Commerce，ICC）的报告显示，在 21 世纪初的全球金融危机时期，对信用证、保函等支付方式

---

[1] M. Auboin："Trade Finance：G20 and Follow-up，" http：//www. voxeu. org/ in-dex. php? q＝node/3635，2009-06-05.

[2] http：//www. voxeu. org/index. php? q＝node/3635.

的需求显著增加，而且，商业信用证、保函等间接支付方式的费率显著增加①。

2. 对 21 世纪初全球金融危机时期资本流动的考察

在 21 世纪初的全球金融危机时期，对次贷相关资产投资的损失、金融机构破产导致的恐慌等因素都会导致全球资本流动出现异常变化。本书从资本流入方面对直接投资、证券投资和其他投资进行分析。

从直接投资看，2007 年爆发的金融危机对 2008 年直接投资的影响低于 2000 年美国股市崩溃之后的影响②。根据国际货币基金组织的 BOP 数据库的资料分析表明，2001 年所有国家和发达经济体以直接投资形式表现的资本流入均大幅下降，分别降低了 47.2％和 54.0％；而 2008 年所有国家和发达经济体以直接投资形式表现的资本流入分别下降了 21.3％和 32.5％（见图 7-11）。值得注意的是，美国股市的崩溃在 2000 年 3 月就已经开始，而次贷危机虽然开始于 2007 年 3 月但在 2008 年 9 月形成严重的金融危机并且向全球蔓延，因此，全球金融危机对直接投资的影响在 2009 年表现得更加明显。

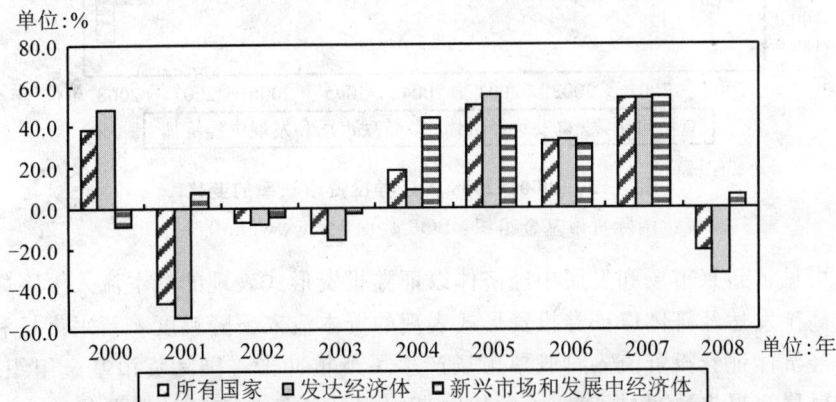

图 7-11　2000—2008 年外国对本国直接投资增长率

资料来源：国际货币基金组织：BOP 数据库，www.imf.org。

---

① *Intelligence Report Rethinking Trade Finance* 2009：*An ICC Global Survey*，2009-03-31.

② 自 2000 年 3 月美国纳斯达克一举冲到 5000 多点的高位后，美国的科技股市场就一路下跌，整个科技股市场在一年内跌了超过 3000 点，跌幅超过 70％，是历史上最厉害的一次股灾。

从证券投资看，2008 年证券投资的增长率由正转负，以证券投资形式表示的资本流入大幅下滑。根据国际货币基金组织的 BOP 数据库的资料分析表明，从所有国家看，2007 年的证券投资增长率为 3.8％，低于 2006 年的 9.1％，在 2008 年达到－62.9％，比 2007 年下降了 66.7％；从发达经济体看，2007 年的证券投资增长率为 1.5％，低于 2006 年的 8.7％，在 2008 年达到－69.5％，比 2007 年下降了 71％；从新兴市场和发展中经济体看，2007 年的证券投资增长率为 32.2％，低于 2006 年的 37.0％，在 2008 年达到－135.6％，比 2007 年下降了 167.8％（见图 7-12）。

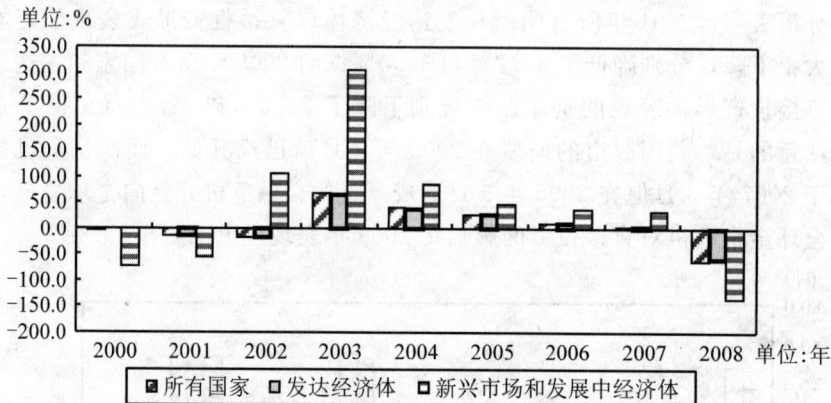

图 7-12　2000—2008 年证券投资增长率的变化
资料来源：国际货币基金组织：BOP 数据库，www. imf. org。

可见，新兴市场和发展中经济体以证券投资形式表现的资本流入下降幅度大大高于发达经济体以证券投资形式表现的资本流入下降幅度。新兴市场和发展中经济体证券投资流入对股票市场产生了严重冲击，国际货币基金组织《全球金融稳定报告》的数据表明，危机时期阿根廷等新兴市场的股票指数大幅下降，阿根廷、智利、墨西哥、匈牙利、波兰和俄罗斯分别下降了 66％、43％、54％、84％、82％和 74％①。

从其他投资看，根据国际货币基金组织的 BOP 数据库的资料分析表明，2007 年的增长率仍然有所上升，所有国家、发达经济体、新兴市场和发展中

---

①　数值为股票指数最高点和最低点的下降幅度，其中，阿根廷、匈牙利、波兰股票指数的最高点出现在 2007 年第 3 季度，智利、墨西哥和俄罗斯股票指数的最高点出现在 2008 年第 1 季度；智利和俄罗斯的股票指数最低点出现在 2008 年第 4 季度，阿根廷、墨西哥、匈牙利和波兰股票指数的最低点出现在 2009 年第 1 季度。

经济体分别上升了42.4％、52.9％和151.5％；2008年以其他投资为表现形式的资本流入由正转负，增长率大幅下降，所有国家、发达经济体、新兴市场和发展中经济体的增长率分别下降了190.0％、194.2％和291.7％。新兴市场和发展中经济体其他投资负债的下降幅度大大高于发达经济体的下降幅度。

次贷危机导致以直接投资、证券投资、其他投资为表现形式的国际资本流动出现异常波动，这主要基于以下机制和渠道而产生的。

第一，其他国家金融机构受到次贷危机的直接冲击。在次级抵押贷款及其结构性产品的构造和交易过程中，不仅美国的金融机构和投资者参与其中，证券化产品的全球化也导致英国、德国、法国等欧洲发达国家的金融机构深深参与其中。因此，当次贷危机爆发时，持有大量与次贷相关结构性产品的其他国家的金融机构受到直接冲击。根据国际货币基金组织的《全球金融稳定报告》（2008年10月）估计，次贷相关损失达到14000亿美元。危机的爆发不仅导致次贷及其相关产品价值的减少，次贷链条上信贷违约的发生，债务链条的中断，而且导致美国、英国、德国等发达经济体金融机构资产价值缩水，资本减少。为了满足监管当局的要求，金融机构实行了去杠杆化，在负债方面，多方面筹集期限较长的新资本；在资产方面，避免非流动性资产或风险资产的大量暴露，对非核心资产进行处理，对风险暴露采取对冲策略。

第二，发达经济体的去杠杆化使国际资本流动发生了显著的变化。发达经济体受到危机冲击，自顾不暇，资金短缺，资本输出下降。从直接投资看，新增直接投资大幅下降，原有在建工程被搁置；从证券投资看，资本从高风险市场向低风险市场、从高风险产品向低风险产品转移；从国际银行贷款看，发达经济体大幅度削减对新兴市场国家的贷款，其中，欧洲商业银行对欧洲新兴经济体的国际信贷下降幅度较大；从汇款流动看，国际汇款不再发挥"自动稳定器"的作用，汇款流出国经济衰退使汇款流出数量大量下降，从而使危机波及依赖于汇款流入的欠发达经济体。国际资本流入的减少不仅会导致新兴市场国家货币供给的下降以及信贷紧缩的出现，也导致这些国家的汇率面临巨大的贬值压力。如果外汇储备充足，或者可以从其他国家的中央银行、国际货币基金组织以及其他途径获得额外的信贷来源，那么，新兴市场国家可以控制其贬值幅度。但是，如果上述条件不具备，那么，这些国家需要承受由于资本流出而导致的汇率大幅贬值。在存在大量净外币债务的条件下，汇率贬值会增加居民、企业、金融机构等债务人的债务负担，减少其资本和净值。

第三，不利预期强化了金融危机的国际传导。评级机构对债券、机构的评级下调导致国际资本对评级下调债券和机构的投资下降，从而引起国际资本流动；雷曼兄弟破产不仅导致市场参与者的预期改变，投资者持有的"政府对其进行救助"的希望破灭，致使投资者信心崩溃，而且导致与雷曼兄弟相关的境外投资者受到直接冲击。未预期到的金融危机加深使全球处于金融恐慌之中，资金需求者不断增加，资金供给者突然消失，国际金融市场流动性干涸，这导致依赖国际金融市场融资的经济体陷入危机之中。

（三）对 21 世纪初全球金融危机时期制度约束的考察

制度约束会对危机传导产生影响，本书将考虑早期预警体系和救助政策如何对次贷危机以及全球金融危机产生影响。

1. 对早期预警体系的考察

次贷危机或者由次贷危机导致的全球金融危机被预测到了吗？我们从国际金融组织和经济学家在危机之前对全球经济金融形势的判断中寻找答案。

国际货币基金组织在 2006 年 9 月的《全球金融稳定报告》中指出，全球面临的主要风险有三类：第一，一些新兴经济体通货膨胀导致的风险；第二，石油价格上升导致的风险；第三，美国房价大幅下降而导致其经济衰退的风险。可以看出，国际货币基金组织预测到了美国房地产价格下降可能会导致美国经济衰退，但是，没有预测到危机的程度如此之深，波及范围如此之广，没有预期到次贷危机会演变成为全球金融危机。

雷哈特（Reinhart）和罗杰夫（Rogoff）认为，次贷危机具有与以往金融危机不同的特征，因此，现存的预警体系无法准确地发出预警信号[①]。但是，罗森博格（Rosenberger，2010）却利用雷哈特和罗杰夫提出的"信号法"在亚太经济信息（Asia Pacific Economic Update，2007）中预测和预警了次贷危机的发生。但是，他没能够对危机传导进行有效预测。

客观上讲，人类预测到了房价大幅下降会对美国经济产生负向影响，但是，没有预测到影响如此严重以致发生次贷危机甚至全球金融危机。对危机预测的不准确造成了对危机防范的不重视以及开始阶段危机救助的规模和力度较小，从而导致救助政策的阻断效应不强。

2. 对救助政策的考察

本次金融危机是以新的经济金融环境为特点的，对危机传导发挥"阻断器"

---

① L. Rosenberger："Early Warning System for Financial Crises Needed," http：//www. tampabay. com/opinion/columns/early－warning－system－for－financial－crises－needed /1074240，2010-02-19.

作用的救助政策也不断创新，形成了至今最大规模的救助以及理念和工具不断创新的救助。

从危机救助的时机选择看，政府的救市决策对形势判断有误，救助措施缺乏及时性，没有能够把握最佳的救助时机。在 2006 年年底，美国房地产以及次级抵押贷款市场已经显示出风险，各国政府并未在意，也未发出危机预警。2007 年 2 月，汇丰银行为次级房贷计提拨备，花旗银行发出风险预警；2007 年 3 月，美国新世纪金融公司宣布濒临破产，引爆危机。但是，直到 8 月份美联储、欧洲中央银行才开始采取救市举措，对次级抵押贷款导致的整体风险缺乏正确判断，行动明显滞后[①]。而且，国际货币基金组织等国际组织在危机初期基本上没有采取任何行动，直至次贷危机演变成为全球金融危机才实施了一定程度的国际救助。最佳救助时机的丧失扩大了危机的波及范围，增加了金融危机救助的成本。

从危机救助的政策选择看，对于不同政策的效果，不同学者的观点存在差异。一些学者反对政府选择的救助政策，并认为救助政策无效或者恶化了金融危机传导。例如，泰勒（Taylor，2009）对美联储推出的定期拍卖机制的有效性进行研究研究，认为定期拍卖机制是无效的，它的推出并没有有效缓解金融市场压力，反而使得危机进一步加深；克鲁格曼（Krugman，2008）指出本次金融危机的核心问题出在资本而不是流动性上，因此，像保尔森计划这样大幅度增加市场流动性的救市举措是不能获得成功的。一些学者认为货币当局或政府推出的救助政策是有效的。例如，加尼翁（Gagnon，2010）对美联储推出的大规模资产收购计划的有效性进行研究，结果表明资产收购计划不仅引起收购计划涉及的相关债券的利率水平下降，也引起其他资产长期利率水平的持续下降；何帆（2009）指出，美联储宽松的货币政策导致反映银行间信贷成本指标——3 个月的 LIBOR 显著下降，中长期住房抵押贷款的利率水平也明显下降，而且，美国短期国债利率与 LIBOR 之间的差额——TED 息差也逐步降低，表明违约风险下降，借贷意愿提高；马红霞和孙雪芬（2010）对美联储货币政策的效果进行研究，结果表明，以利率为主的传统货币政策工具、针对金融机构与金融市场的贷款机制等非传统货币政策工具的操作，在危机中有效地改善了货币市场条件，但是，对个别金融机构的救助、大规模资产收购计划，并没有改善货币

---

①　朱民：《危机挑战政府——全球金融危机中的政府救市措施批判》，载《国际金融研究》，2009(2)，4～33 页。

市场条件，反而导致 LIBOR－OIS 利差扩大。

国际货币基金组织在 2009 年 4 月的《全球金融稳定报告》对美国等主要国家为防止危机恶化而采取的各种政策进行了归纳，对其政策效果进行了评价（见表 7-8）。首先，银行部门稳定对一个国家金融稳定有重要作用，因此，对问题银行的救助政策多种多样，既包括对问题资产从资产负债表中的剥离，也包括对银行资产损失封顶，既有对银行流动性的支持，也有对银行清偿力的保证，这些政策措施使问题银行获得喘息的时间，维持了金融体系稳定，避免进一步银行倒闭造成更为严重的后果；其次，救助政策也包括对市场流动性的注入，通过中央银行和其他政府部门对非流动性资产和证券化资产购买的方式，利用政府需求替代私人部门需求，向金融市场提供了高质量的短期资金，维持了金融市场的正常运转，避免由于金融市场流动性消失而造成危机进一步恶化。

表 7-8　政策措施及其有效性

措　施	政策目的	有效性
将非流动资产纳入央行操作合格担保品范畴	平滑非流动资产融资	在提供短期融资方很成功，但没有解决长期融资和清偿力方面的问题
加大对问题资产价值和风险的披露	降低不确定性，降低非流动资产价值波动	报告银行资产负债表显示的波动性降低，但在资产价值方面的市场信心仍然较低
央行和其他政府部门购买非流动性贷款和证券化资产	向私人部门需求干涸的金融市场提供官方融资	有效地在市场上提供了高质量的短期融资
政府部门对包括可能对经济造成不利影响的问题资产进行偿付能力担保	对银行问题资产损失封顶	英国采取了类似的计划。美国对花旗银行和美洲银行的措施在一定程度上缓解了银行的压力
银行将一定范围内的问题资产进行剥离，剩余问题资产风险由政府部门承担	将问题资产移出银行资产负债表并对损失封顶	最适合于主要问题在于有毒资产的银行，在改善银行资产负债表方面取得了比其他措施更好的效果（例如，瑞士和爱尔兰的银行），但成本高昂

资料来源：国际货币基金组织：《全球金融稳定报告(2009 年 4 月)》，www.imf.org。

从危机救助的规模看，本次金融危机的救助是规模最大、涉及国家最多的危机救助。自 2008 年 10 月以后，全球许多国家都密切关注危机发展并采取切实有效措施，荷兰、法国、德国、加拿大、挪威、葡萄牙、奥地利、瑞士、俄罗斯、智利、墨西哥、韩国、印度、中国等多国相继开始对本次危机进行救助，并且，救助的规模史无前例。例如，美国、英国、法国等国家向金融机构大规模注资，美国、欧元区国家以及新兴市场国家推出了大规模的财政刺激措施，并且，各个国家在大规模降息的同时，实行了宽松的、扩张性的货币政策，向市场注入了大量的流动性。大规模救助措施的实施改善了市场参与者的预期，对控制金融危机的发展态势、促进经济复苏发挥了重要作用。

从危机救助的方式选择看，独立救助与国际联合救助相结合。根据危机冲击的特点和本国的经济金融情况，不同国家都推出了应对危机的救助政策，包括货币政策、财政政策、监管政策等。并且，在本次金融危机中，各主要经济体采取了国际联合救助的方式，包括联合向金融市场注入流动性、联合降息、同时向金融机构注入资本、同时对金融机构提供债务担保和存款担保、进行货币互换等。正如在危机救助的政策选择中所论述的，救助政策的实施在一定程度上起到了阻止危机传导的作用，而且，国际联合救助的实施通过政策的正向溢出效应强化了救助的效果。例如，张荔（2009）以短期国内生产总值为指标对全球金融危机时期各国政策措施的溢出效应进行分析（见表 7-9）。结果表明，2009 年美国的政策措施不仅导致本国的国内生产总值提升了 1.41％，也导致了日本、欧元区和其他 OECD 国家的国内生产总值分别提升了 0.24％、0.12％和 0.31％；OECD 国家政策措施使自身的国内生产总值提升了 1.11％，也导致美国、日本和欧元区的国内生产总值分别提升了 1.55％、0.78％和 0.76％。在 2010 年，随着政策措施的效果逐步显现，共同刺激措施对短期国内生产总值的正向溢出效应更大，所有 OECD 国家对美国、日本和欧元区国内生产总值的提升分别达到 2.6％、1.03％和 0.99％。

表 7-9　各国共同刺激对短期国内生产总值的影响——溢出效应

单位：%

时间	国家及地区	美国	日本	欧元区	其他 OECD 国家	所有 OECD 国家
2009 年	美国	*1.41*	0.24	0.12	0.31	0.68
2009 年	日本	0.05	*0.39*	0.01	0.02	0.09

时间	国家及地区	美国	日本	欧元区	其他 OECD 国家	所有 OECD 国家
2009 年	欧元区	0.01	0.06	***0.52***	0.11	0.18
2009 年	其他 OECD 国家	0.8	0.1	0.14	***0.53***	0.18
2009 年	所有 OECD 国家	1.55	0.78	0.76	0.95	***1.11***
2010 年	美国	***2.36***	0.37	0.26	0.54	1.15
2010 年	日本	0.02	***0.45***	0.01	0.02	0.1
2010 年	欧元区	0.08	0.08	***0.53***	0.16	0.2
2010 年	其他 OECD 国家	0.13	0.11	0.12	***0.65***	0.26
2010 年	所有 OECD 国家	2.6	1.03	0.99	1.32	***1.7***

资料来源：张荔：《各国政府刺激措施的预期效果评估》，载《辽海讲坛》，2009。

第二节　金融危机传导的实证分析

对三次金融危机的实际考察说明贸易渠道、金融渠道和预期变化对危机传导具有较强的解释力量，但是，无法得到显著的因果关系。因此，在对金融危机传导进行实际考察的基础上，本书试图利用计量经济学方法对金融危机传导进行实证检验。

一、金融危机传导存在性的实证分析

我们利用向量自回归（VAR）方法分析金融危机传导的存在性。利用 VAR 方法分析金融危机传导具有许多优点：第一，VAR 中包含的所有变量都为内生变量，避免了划分内生变量和外生变量以及识别模型等复杂问题，从而解决了以回归分析为基础研究方法的内生性问题；第二，在 VAR 模型中，经济理论的作用仅限于选择变量和确定变量的滞后长度，从而使经济理论对统计推断的限制减少到最低程度，并且解释变量全部是滞后变量，可以描述变量之间的

动态联系[①]。

判断金融危机传导是否存在的方法如下：如果危机前的平稳期和危机期两个市场指数之间都不存在因果关系，那么，不存在金融危机传导；如果平稳期两个市场指数之间不存在因果关系，而在危机期出现了因果关系，那么，存在金融危机传导；如果平稳期和危机期两个市场指数之间都存在因果关系，那么，需要进行脉冲响应分析，如果危机期的脉冲响应与平稳期的脉冲响应相比急剧增加，那么，可以说明金融危机传导存在；否则，金融危机传导不存在。

(一)样本选取

我们选取 2000 年美国股市危机为样本，因为这次危机具有以下优点：第一，这次危机以股票指数暴跌为危机开始，一定程度上排除了非危机因素的国际传导；第二，这次危机比较严重，在危机爆发之后的一年多的时间里，以信息科技股为主的纳斯达克指数大幅下跌，从 2000 年 3 月 13 日 5048.26 点的最高峰缩水 70% 左右[②]；第三，这次危机影响较为深远，波及范围较广，主要发达经济体和新兴经济体都受到了严重冲击。

在这次金融市场危机时期，我们选择美国纳斯达克指数(NASDAQ)、道琼斯指数(DJS)、德国 DAX 指数、法国 CAC40 指数、日经 225 指数(N225)、香港恒生指数(XGHS)为样本，对金融危机传导进行实证检验。由于股票指数的变动性，所以，选取上述指数开盘价与收盘价的平均值进行分析(见附录一)。样本时期为 1999 年 1 月 4 日至 2001 年 4 月 2 日的周数据，并且，将样本时期分为两个子时期：1999 年 1 月 4 日至 2000 年 3 月 6 日为危机之前的平稳期，2000 年 3 月 13 日至 2001 年 4 月 2 日为危机期，共 118 个观测值。

(二)单位根检验

为了保证数据的平稳性，我们对上述变量进行单位根检验，检验结果见表 7-10 和表 7-11。单位根检验结果表明，无论是平稳期还是危机期，上述变量是非平稳的，而取一阶差分之后是平稳的，可以进行格兰杰因果检验。

---

① 张志波、齐中英：《基于 VAR 模型的金融危机传染效应检验方法与实证分析》，载《管理工程学报》，2005(3)，115~120 页。

② http://blog.cnfol.com/zhangchao999/article/3075799.html。

表 7-10　平稳期单位根检验结果

变量	(C，T，K)	DW 值	ADF 值	5％临界值	10％临界值	结论
NASDAQ	(0，0，1)	1.8753	−3.797068	−2.914517	−2.595033	I(1)*
DJS	(0，0，1)	1.9324	−3.636994	−1.946764	−1.613062	I(1)*
DAX	(0，0，1)	2.0924	−1.668377	−1.946878	−1.612999	I(1)**
CAC40	(0，0，1)	1.9089	−1.637433	−1.946878	−1.612999	I(1)**
N225	(0，0，1)	1.8716	−3.130920	−1.946654	−1.613122	I(1)*
XGHS	(C，0，1)	2.0619	−4.992147	−2.914517	−2.295033	I(1)*

注：* 表示在1％的显著性水平下拒绝变量非平稳的原假设；** 表示在10％的显著性水平下拒绝变量非平稳的原假设。

表 7-11　危机期单位根检验结果

变量	(C，T，K)	DW 值	ADF 值	1％临界值	5％临界值	结论
NASDAQ	(C，0，1)	1.8253	−6.238678	−3.557472	−2.916566	I(1)*
DJS	(0，0，1)	1.9126	−3.491850	−2.612033	−1.947520	I(1)*
DAX	(C，0，1)	1.8231	−7.639389	−3.557472	−2.916566	I(1)*
CAC40	(0，0，1)	1.8350	−5.824967	−2.607686	−1.946878	I(1)*
N225	(C，0，1)	1.8935	−6.106904	−3.557472	−2.916566	I(1)*
XGHS	(0，0，1)	2.0055	−3.407867	−2.609324	−1.947119	I(1)*

注：* 表示在1％的显著性水平下拒绝变量非平稳的原假设。

（三）格兰杰因果检验

Eviews 6.0 分析软件提供了两种格兰杰因果检验的方法：在组的菜单中进行格兰杰检验和在 VAR 模型中进行格兰杰检验。由于在组的菜单中进行格兰杰检验需要先确定滞后阶数，而不同标准（AIC、SC、HQ）对滞后阶数的判断往往不相同，所以，本书选择在 VAR 模型中使用 x^2 统计量进行格兰杰检验，结果见表 7-12和表 7-13。

从检验结果上看，在平稳期，道琼斯指数与纳斯达克指数、德国 DAX 指数存在格兰杰因果关系，香港恒生指数与纳斯达克指数、道琼斯指数、德国 DAX 指数、法国 CAC40 指数存在格兰杰因果关系，没有发现纳斯达克指数与其他股票市场指数之间存在格兰杰因果关系；在危机期，纳斯达克指数与德国

DAX 指数、法国 CAC40 指数、日经 225 指数和香港恒生指数之间存在显著的格兰杰因果关系。另外，没有发现平稳期和危机期都存在因果关系的情况，不必进行脉冲分析。因此，检验结果证明了 2000 年 3 月美国股票市场危机传导到德国、法国、日本等的金融市场。

表 7-12　平稳期的格兰杰因果关系

Y ＼ X	△NASDAQ		△DJS		△DAX		△CAC40		△N225		△XGHS	
	x^2	Prob	x^2	Prob	x^2	Prob	x^2	Prob	x^2	Prob	x^2	Prob
△NASDAQ	—	—	12.19	*0.002*	1.615	0.446	1.889	0.389	0.945	0.624	14.38	*0.001*
△DJS	4.502	0.105	—	—	1.548	0.461	0.838	0.658	0.430	0.806	6.690	*0.035*
△DAX	1.616	0.446	7.771	*0.021*	—	—	3.179	0.204	2.090	0.352	9.558	*0.008*
△CAC40	2.147	0.342	4.894	0.087	0.058	0.971	—	—	0.500	0.779	8.932	*0.012*
△N225	0.033	0.984	1.060	0.589	0.139	0.933	1.209	0.546	—	—	2.292	0.318
△XGHS	1.069	0.586	1.229	0.541	0.091	0.956	4.124	0.127	0.531	0.767	—	—

注：斜体加粗表示存在格兰杰因果关系。

表 7-13　危机期的格兰杰因果关系

Y ＼ X	△NASDAQ		△DJS		△DAX		△CAC40		△N225		△XGHS	
	x^2	Prob	x^2	Prob	x^2	Prob	x^2	Prob	x^2	Prob	x^2	Prob
△NASDAQ	—	—	1.967	0.374	1.343	0.511	2.113	0.348	1.719	0.424	1.761	0.415
△DJS	1.767	0.413	—	—	3.346	0.188	1.057	0.589	0.277	0.871	3.189	0.203
△DAX	8.700	*0.013*	0.799	0.671	—	—	2.283	0.319	3.058	0.217	1.772	0.412
△CAC40	7.201	*0.027*	0.075	0.963	6.404	*0.041*	—	—	4.050	0.132	4.651	0.098
△N225	10.45	*0.005*	2.265	0.322	3.209	0.201	3.304	0.192	—	—	0.922	0.631
△XGHS	8.259	*0.016*	0.698	0.706	3.563	0.168	1.671	0.434	0.493	0.782	—	—

注：斜体加粗表示存在格兰杰因果关系。

二、金融危机传导渠道的实证分析

在对金融危机传导存在性进行实证分析的基础上，以贸易渠道为例对金融危机传导渠道进行实证分析。在由次贷危机导致的全球金融危机中，贸易渠道是亚洲新兴经济体受到冲击的主要渠道，本书选取中国、印度、印度尼西亚、韩国、马来西亚、菲律宾和泰国 2006 年第 1 季度至 2009 年第 2 季度的数据为样本利用 Eviews 6.0 对危机的贸易渠道传导进行实证检验，分析收入机制、价格机制以及贸易融资的变化对出口的影响。

解释变量包括贸易对手国国内生产总值之和、实际有效汇率和对 BIS 报告国银行的短期外债及短期债权和债务，被解释变量为亚洲新兴经济体的出口额（见附录二），利用贸易对手国国内生产总值之和解释收入机制，利用实际有效汇率解释价格机制，利用短期外债及短期债权和债务解释贸易融资机制，被解释变量为亚洲新兴经济体的出口额（见附录二）。在贸易对手国国内生产总值的数据中，根据亚洲新兴经济体 2007 年对不同国家出口份额的大小确定其贸易对手国（见附录三）。然后，根据国际货币基金组织提供的以本国货币计价的国内生产总值季度数据和本国货币对美元的汇率（见附录四和附录五）计算出以美元表示的贸易对手国的国内生产总值季度数据以及贸易对手国国内生产总值之和（见附录六和附录七）；在实际有效汇率的数据中，我们选择 BIS 提供的以 58 个经济体为样本的广义贸易加权实际有效汇率（见附录八）；罗西（Ronci，2004）使用国内生产总值提供的短期信贷数据代表贸易融资，由于国内生产总值的短期信贷表示经济体的短期债权，而本书利用对 BIS 报告国银行短期外债（见附录九）表示危机导致的亚洲新兴经济体的资本流出或者外部提供的贸易融资减少的影响，利用对 BIS 报告国的银行短期资产和负债之和（见附录十）表示危机导致的国内和国外提供的贸易融资总和的减少。另外，由于数据可得性原因，本书没有考虑本国自身提供的贸易融资以及跨国企业之间的贸易融资①。

（一）实证检验一

在进行模型设定之前，对数据进行了预处理，将出口额、贸易对手国国内生产总值之和、实际有效汇率以及短期外债取对数，得到 lnexport，lnGDP，lnreer 和 lncredit。

首先，对数据进行平稳性检验，水平变量的单位根检验说明变量是非平稳的，取一阶差分之后变量平稳（见表 7-14），并且都是 I(1)。之后，利用 Kao 检验和 Johansen 检验方法对变量进行协整检验，结果如表 7-15 和表 7-16 所示，说明面板数据之间存在协整关系。

---

① 国际收支平衡表中其他投资项下贸易信贷资产和负债是跨国企业之间贸易融资的数据，但是，亚洲新兴经济体此项目下的数据缺失。

表7-14　一阶差分变量的单位根检验结果

检验方式	△lnexport		△lngdp		△lnreer		△lncredit	
	Statistic	Prob.	Statistic	Prob.	Statistic	Prob.	Statistic	Prob.
Levin, Lin & Chu t*	−7.50790	0.0000	−5.12413	0.0000	−4.60896	0.0000	−6.08379	0.0000
ADF-Fisher Chi-square	55.9621	0.0000	36.3517	0.0009	39.5869	0.0003	34.3269	0.0018
PP-Fisher Chi-square	33.7486	0.0022	45.3197	0.0000	40.7929	0.0002	34.7568	0.0016

表7-15　Kao 检验结果

检验假设	ADF	P 值
$H_0: \rho = 1$	−5.092203	0.0000

注：滞后阶数由 SIC 准则确定。

表7-16　Johansen 面板协整检验结果

原假设	Fisher 联合际统计量	p 值	Fisher 联合 λ−max 统计量	p 值
0 个协整向量	55.26	0.0000	55.26	0.0000
至少1个协整向量	33.49	0.0000	27.22	0.0001
至少2个协整向量	13.64	0.0339	12.62	0.0495
至少3个协整向量	7.148	0.3074	7.148	0.3074

　　然后，对模型的形式进行确定。Eviews 6.0 的计算结果表明，变系数模型的残差平方和 S_1 为 0.496373；变截距模型的残差平方和 S_2 为 0.874258；不变参数模型的残差平方和 S_3 为 0.878060。并且 N=7，t=13[①]，k=3，因此：

$$F_1 = 2.6645 \sim F[18, 63]; \quad F_2 = 2.0185 \sim F[24, 63]$$

　　利用函数@qfdist(d, k_1, k_2)得到 F 的临界值，其中 d=0.95，即 5% 的显著性水平下，F[18, 63]=1.76999；F[24, 63]=1.691344。

---

① 一阶差分后的观测值个数。

由于 $F_1 > 1.7699$，所以，拒绝 H_1；由于 $F_2 > 1.691344$，所以，也拒绝 H_2，因此采用变系数模型，模型形式如下：

$$\triangle lnexport_i = \alpha_i + \beta_{1i}\triangle lngdp + \beta_{2i}\triangle lnreer + \beta_{3i}\triangle lncredit + \mu_i \quad i=1, 2, \cdots, n$$

因为固定效应检验的结果显示 $p=0.5558$，大于 0.05，所以，建立变系数固定效应模型，利用 Cross－section SUR 方法为权重的广义最小二乘法进行估计，估计结果见附录十一。

从结果上看，加权统计的 R^2 为 0.82，F 统计量的 p 值为 0.00。中国、韩国、马来西亚、菲律宾和泰国 $\triangle lngdp$ 的系数为正值，t 值大于 2，统计量的概率小于 0.05，说明 $\triangle lngdp$ 对于 $\triangle lnexport$ 的正向作用是显著的，收入机制对贸易渠道金融危机传导的作用比较明显。但是，印度 $\triangle lngdp$ 的系数为负值，没有体现出收入机制的作用，这主要因为印度的出口结构较为特殊，对中东、阿拉伯联合酋长国、沙特阿拉伯等地区的出口较多，由于数据可得性的原因，其国内生产总值之和中没有包括这些经济体的国内生产总值数据；印度尼西亚 $\triangle lngdp$ 不显著，这主要与其出口结构有关，即印度尼西亚对日本和新加坡的出口较多，而这些国家进入衰退的时间较晚。另外，马来西亚、菲律宾和泰国 $\triangle lnreer$ 的系数为负值，t 值大于 2，统计量的概率小于 0.05，说明 $\triangle lnreer$ 对于 $\triangle lnexport$ 的负向作用是显著的，表明实际有效汇率贬值（reer 数值下降）出口增加，价格机制明显。但是，其他国家则没有发现类似的证据，原因主要在于亚洲新兴经济体汇率变化程度和持续时间存在差异，并且价格机制的发挥会受到通货膨胀、时滞等多种因素的影响。此外，印度、印度尼西亚、菲律宾 $\triangle lncredit$ 的系数为正值，t 值大于 2，统计量的概率小于 0.05，说明 $\triangle lncredit$ 对于 $\triangle lnexport$ 的正向作用是显著的，在上述三国中，国外提供的贸易融资对其出口有重要影响，贸易融资机制明显。

（二）实证检验二

为了考虑贸易融资对进口和出口的双向作用，利用 BIS 银行统计中提供的一年以下对外资产和负债之和（利用 fp 表示，数据见附录十）表示贸易融资进行实证检验。

表 7-17　一阶差分变量的单位根检验结果

检验方式	△lnexport		△lngdp		△lnreer		△lnfp	
	Statistic	Prob.	Statistic	Prob.	Statistic	Prob.	Statistic	Prob.
Levin，Lin & Chu t*	−7.50790	0.0000	−5.12413	0.0000	−4.60896	0.0000	−6.09250	0.0000
ADF-Fisher Chi-square	55.9621	0.0000	36.3517	0.0009	39.5869	0.0003	34.3618	0.0018
PP-Fisher Chi-square	33.7486	0.0022	45.3197	0.0000	40.7929	0.0002	34.7967	0.0016

对数据进行单位根检验的结果表明所有变量取一阶差分后平稳，是 I(1) 的（结果见表 7-17），面板数据之间存在协整关系（结果见表 7-18 和表 7-19）。

表 7-18　Kao 检验结果

检验假设	ADF	P 值
$H_0 : \rho = 1$	−4.757706	0.0000

注：滞后阶数由 SIC 准则确定。

表 7-19　Johansen 面板协整检验结果

原假设	Fisher 联合际统计量	p 值	Fisher 联合 λ−max 统计量	p 值
0 个协整向量	55.26	0.0000	55.26	0.0000
至少 1 个协整向量	22.03	0.0012	18.05	0.0061
至少 2 个协整向量	10.50	0.1050	10.34	0.1109
至少 3 个协整向量	5.561	0.4742	5.561	0.4742

此外，变系数模型的残差平方和 S_1 为 0.515090；变截距模型的残差平方和 S_2 为 0.890222；不变参数模型的残差平方和 S_3 为 0.904553。因此：

$$F_1 = 2.5490 \sim F[18，63]；F_2 = 1.9848 \sim F[24，63]$$

在 5% 的显著性水平下，$F[18，63] = 1.76999$；$F[24，63] = 1.691344$。由于 $F_1 > 1.7699$，所以，拒绝 H_1；由于 $F_2 > 1.691344$，所以，也拒绝 H_2，采用变系数模型，模型形式如下：

$$\triangle lnexport_i = \alpha_i + \beta_{1i} \triangle lngdp + \beta_{2i} \triangle lnreer + \beta_{3i} \triangle lnfp + \mu_i \quad i=1，2，\cdots，n$$

因为固定效应检验的结果显示 $p=0.623359$，大于 0.05，所以，建立变系数固定效应模型，利用 Cross－section SUR 方法为权重的广义最小二乘法进行估计，估计结果见附录十二。

从结果上看，加权统计的 R^2 为 0.83，F 统计量的 p 值为 0.00。从收入机制看，中国、韩国、马来西亚和泰国 $\triangle$lngdp 的系数为正值，t 值大于 2，统计量的概率小于 0.05，说明 $\triangle$lngdp 对于 $\triangle$lnexport 的正向作用是显著的，这些国家的收入机制比较明显；从价格机制看，韩国、马来西亚、菲律宾 $\triangle$lnreer 的系数为负值，t 值大于 2，统计量的概率小于 0.05，这些国家的价格机制比较明显；从贸易融资机制看，印度、印尼和菲律宾的贸易融资指标在 5％水平下显著，贸易融资机制明显。

总之，通过上述实证分析，我们发现，在 21 世纪初全球金融危机时期，中国、韩国、马来西亚和泰国的收入机制在危机传导中的作用十分明显；马来西亚和菲律宾的价格机制在危机传导中的作用十分明显；印度、印度尼西亚和菲律宾的贸易融资机制在危机传导中的作用十分明显，并且，资本流出对于韩国贸易融资减少的影响较大。

第八章
金融危机传导结果的差异性分析

金融危机的传导机制和制度约束直接影响金融危机的传导结果。本章以
21世纪初全球金融危机为例对金融危机的传导结果进行分析，对危机传导结
果的差异性进行阐述，并且，在此过程中对制度约束下金融危机传导的机制和
渠道再次进行论证。

第一节　不同类型经济体之间传导结果的差异性

在由美国次贷危机引起的全球金融危机中，危机传导结果的差异性首先表
现在发达经济体与新兴市场和发展中经济体之间，发达经济体主要由于对以次
贷为基础的结构性产品的参与而受到危机冲击，新兴市场和发展中经济体主要
由于国际贸易的萎缩、国际金融市场流动性下降而受到危机冲击。

一、危机向发达经济体传导的特点

在本次金融危机中，发达经济体由于对"次级抵押贷款"及其结构性产品买
卖的参与而成为次贷危机首先冲击的对象，我们将首先从整体角度分析危机对
发达经济体金融层面和经济层面的传导结果。

(一)次贷危机对发达经济体金融层面的冲击

20世纪90年代，次级抵押贷款由于较大的风险和较小的利润而没有受到
发达经济体商业银行的青睐，发展速度缓慢。但是，随着信息和通信技术的进
步，金融工程的广泛运用使次级贷款能够以较低的成本被细分、打包和证券

化，并演化为抵押债务工具（CDOs）等各种结构性金融产品①，形成巨大的利益链条，这推动了次级抵押贷款的蓬勃发展。据统计，美国次级贷款余额从2002年的1670亿美元增长到2006年的6000亿美元左右，占全部按揭贷款比例由2002年的7％提高到2006年的21％②。

在这一过程中，商业银行的经营模式发生了变化，对次级抵押贷款的经营从"发放—获取利息—收回"向"发放—分销—本利收回"转换，这直接导致商业银行的风险承担方式发生了变化，从风险自担者向风险分担者转换，从而成为次级抵押贷款利益链条上的重要推动者。而投资银行或者商业银行中的投资部门更是由于次级抵押贷款及其结构性产品带来的巨大利润而深深地卷入其中，成为结构性产品的制造者和购买者。根据凯利尤（2008）的资料显示，在金融危机之前，许多发达经济体的金融机构都从事于与次级抵押贷款相关的业务，包括与并购（M&A）和杠杆收购（LBO）相关的业务、结构性产品的发行、对特别目的工具（SPV）的远期暴露及其运用——特别是资产支持商业票据（ABCP）工具和结构性投资工具以及与此相似的产品（SIV）、资产支持证券——特别是住宅按揭、沿收益率曲线全线上涨的融资成本、一般性的资产负债表与贷款金额的扩张等。这些业务的共同特点是杠杆化、风险性和价格易变性，金融危机的发生导致与次贷相关的结构性产品价值大幅缩水，资产证券化市场消失，次级抵押贷款链条断裂，违约率增加，对发达经济体的金融机构造成严重影响。从表8-1可以看出，发达经济体2008年不良贷款/总贷款的比率、准备金/不良贷款的比率、资产收益率和资本收益率等金融稳健性指标普遍弱于2006年和2007年。以美国为例，2008年不良贷款占总贷款的比率达到3.0％，比2007年增加了1.6％；2008年准备金占不良贷款的比例达到74.9％，比2006年和2007年分别减少了60.1％和18.2％，说明不良贷款增加吞噬了银行的风险准备金存量；2008年资产收益率为0.0％，比2006年和2007年分别减少了1.3％和0.8％；2008年资本收益率为0.4％，比2006年和2007年分别减少了11.9％和7.4％。

---

① F. S. Mishikin："Leveraged Losses：Lessons from the Mortgage Market Meltdown," http：//faculty. chicagobooth. edu/anil. kashyap/research/MPFReport － final. pdf，2008.

② 刘明康：《从美国次级房贷的教训看我国金融创新和开放》，载《国际金融》，2008(1)。

表 8-1 发达经济体金融稳健性指标

单位:%

项目 国家	不良贷款/总贷款			准备金/不良贷款			资产收益率			资本收益率		
	2006年	2007年	2008年	2006年	2007年	2008年	2006年	2007年	2008年	2006年	2007年	2008年
美国	0.8	1.4	3.0	135.0	93.1	74.9	1.3	0.8	0.0	12.3	7.8	0.4
日本	1.5	1.4	1.7	28.8	26.4	20.3	0.4	0.2	0.2	8.5	6.1	−6.9
加拿大	0.4	0.7	1.1	55.3	42.1	34.7	1.0	0.8	0.4	21.8	20.1	9.8
英国	0.9	0.9	1.6	54.6	—	38.1	0.5	0.4	−0.5	8.9	6.2	−10.8
意大利	4.9	4.6	4.9	46.0	49.4	46.1	0.8	0.8	0.3	14.3	12.8	4.8
德国	3.4	2.7	2.8	50.0	51.3	—	0.4	0.3	−0.3	9.4	6.6	−7.7
法国	3.0	2.7	2.8	170.0	158.3	131	0.6	0.4	0.0	14.0	9.8	−1.0
比利时	1.7	1.1	1.7	50.8	48.0	67.0	0.7	0.4	−1.3	22.4	13.2	−36.5
奥地利	2.1	2.2	2.0	75.3	76.4	62.6	0.7	0.6	0.1	16.9	17.0	2.6

资料来源:国际货币基金组织:《全球金融稳定报告》(2009 年 10 月,2010 年 10 月),www.imf.org。

此外,次贷危机也对发达经济体的金融市场产生了严重影响。雷曼兄弟公司破产,投资银行被出售或者转为商业银行,这导致金融衍生品市场上重要的金融交易对手消失,从而大幅度降低了市场流动性。危机导致的心理恐慌使投资者将资金转移至风险较低的金融市场[①],高风险金融市场迅速萎缩,股票市场缩水,资金需求者融资困难。而且,违约风险加剧以及对交易方风险的担忧导致信用违约掉期市场流动性消失,投资者无法进行对冲以规避风险。

(二)次贷危机对发达经济体实体经济的冲击

次贷危机对发达经济体实体经济的冲击主要通过金融对经济的负向溢出效应和发达经济体之间国际贸易的萎缩表现出来。

首先,危机导致的金融层面恶化对实体经济产生了负向溢出作用。其一,大量金融机构的破产和倒闭直接导致了失业人口的增加以及金融业对国内生产总值贡献度的降低;其二,危机导致金融功能在一定程度上丧失,进而导致金融无法在经济中发挥原有的资源配置功能,例如,受到危机冲击的金融机构提

---

① 一些美国国库券的收益曾经一度变为负数。

高贷款申请条件和资金价格，不仅导致消费信贷的减少以及依赖于消费信贷的产品需求下降，而且导致企业外源融资规模下降和投资减少，进而导致产出和收入减少。

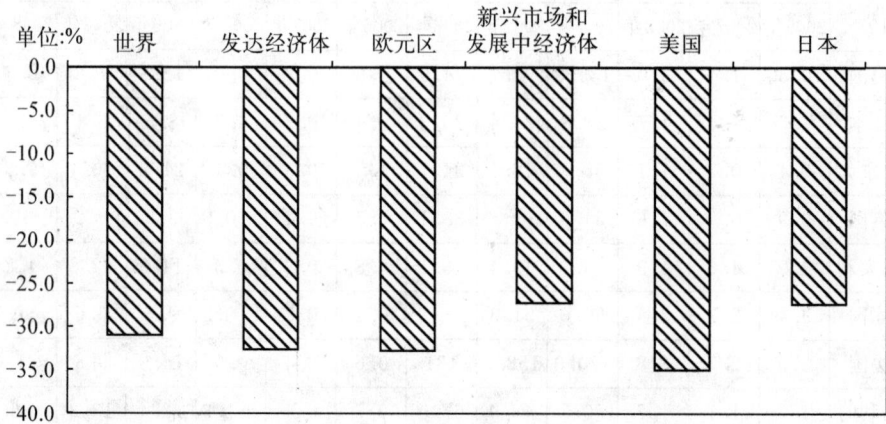

图 8-1　2009 年 6 月发达经济体的出口累计同比增长率

注：计算方式为（2009 年 1 月至 6 月的出口额－2008 年 1 月至 6 月的出口额）/2008 年 1 月至 6 月的出口额。

资料来源：国际货币基金组织：DOT 数据库，www. imf. org.

其次，经济萎缩导致发达经济体国际贸易大幅下降。从图 8-1 可以看出，发达经济体出口量大幅萎缩，2009 年 6 月对世界出口的累积同比增长率为－31％，其中对发达经济体出口的下降幅度显著高于对新兴市场和发展中经济体的下降幅度，特别是对美国和欧元区的出口分别下降了 35.0％和 32.8％。这说明经济萎缩和融资下降是发达经济体国际贸易下降的主要原因。

二、危机向新兴市场和发展中经济体传导的特点

对新兴市场和发展中经济体而言，它们对次级抵押贷款以及相关结构性产品的直接参与较少，因此，次贷危机的影响一般是间接的，主要表现为通过国际贸易和国际金融市场进行传导。

（一）以国际贸易为中介的间接传导

新兴市场和发展中经济体是国际贸易的重要参加者，次贷危机会通过国际贸易渠道产生影响。从表 8-2 可以看出，新兴市场和发展中经济体贸易依存度普遍较高，进出口总额占国内生产总值的比例基本在 50％以上，其中，新加

坡、马来西亚、泰国、白俄罗斯、保加利亚、捷克、匈牙利、斯洛伐克、斯洛文尼亚等新兴市场和发展中经济体的贸易依存度达到 100％以上。如此之高的贸易依存度使新兴市场和发展中经济体容易受到来自国际贸易渠道的危机冲击。

表 8-2　新兴市场和发展中经济体的贸易依存度

单位：％

亚洲	中国	韩国	新加坡	马来西亚	印度尼西亚	菲律宾	泰国
	75.3	82.3	428.7	200.1	54.9	84.8	144.1
欧洲	阿尔巴尼亚	白俄罗斯	保加利亚	克罗地亚	捷克	爱沙尼亚	匈牙利
	82.2	128.1	148.9	93.1	155.3	159.7	159.1
	拉脱维亚	立陶宛	波兰	罗马尼亚	俄罗斯	斯洛伐克	斯洛文尼亚
	103.0	122.2	83.9	75.0	52.3	174.0	141.6
拉丁美洲	智利	秘鲁	巴西	哥伦比亚	阿根廷	墨西哥	委内瑞拉
	80.4	51.3	25.8	37.9	45.0	58.2	55.7

注：进出口总额占国内生产总值的百分比，2007 年数据。

资料来源：世界银行：世界发展指标（WDI）数据库，www.worldbank.org。

而且，发达经济体是新兴市场和发展中经济体主要的出口目的地。从图 8-2 可以看出，新兴市场和发展中经济体对美国的出口达到 19％，对欧元区的出口达到 22％，对日本的出口达到 7％，对发达经济体的出口占其出口总额的 67％[1]。次贷危机的冲击导致发达经济体经济萎缩，对新兴市场和发展中经济体的进口需求下降，导致新兴市场和发展中经济体出口减少。同时，受到次贷危机冲击的新兴市场和发展中经济体也会通过产出下降、进口减少导致其他经济体——发达经济体以及新兴市场和发展中经济体出口下降，使金融危机对国际贸易的影响加剧。此外，受到不确定性、国际资本流入、支出转换政策（在金融危机救助中将对国外产品的需求转换成对本国产品的需求）等因素的影响，新兴市场和发展中经济体之间的出口量也出现显著下降。

在上述因素的共同作用下，新兴市场和发展中经济体出口量大幅下降。从图 8-3 可以看出，2008 年第 3 季度至 2009 年第 1 季度，整个新兴市场和发展

---

[1]　根据 DOT 数据库提供的数据作者自行计算。

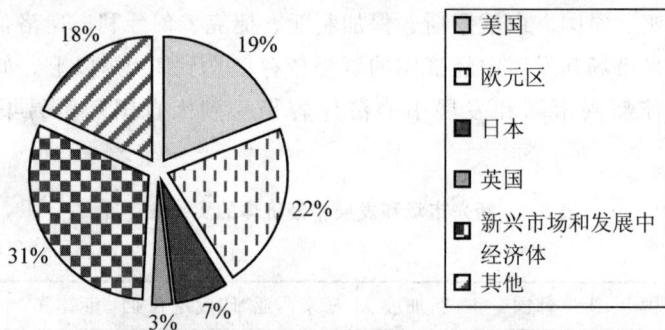

图 8-2　新兴市场和发展中经济体对世界主要经济体的出口份额(2006)

资料来源：国际货币基金组织：DOT 数据库，www. imf. org。

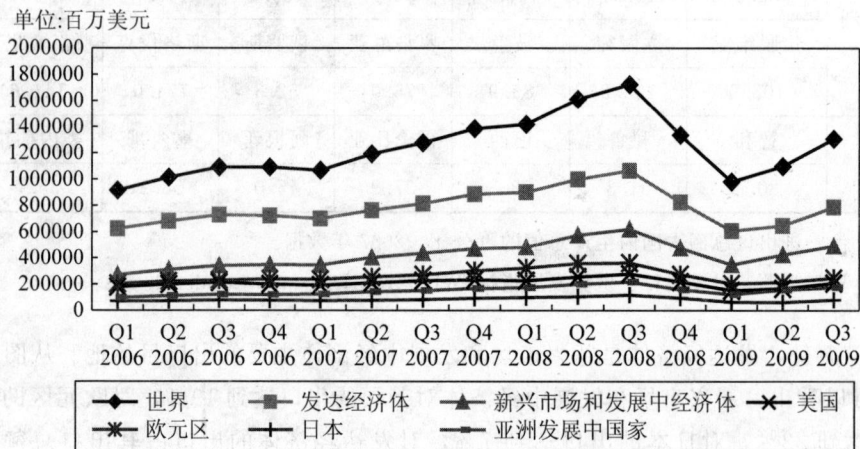

图 8-3　新兴市场和发展中经济体出口量的变化

资料来源：国际货币基金组织：DOT 数据库，www. imf. org。

中经济体对世界的出口额从 17233.9 亿美元下降到 9798.3 亿美元，下降了 43%。其中，对发达经济体的出口额从 10646.1 亿美元下降到 6065.8 亿美元；新兴市场和发展中经济体之间的出口额从 6203.1 亿美元下降到 3474.4 亿美元。

(二)以国际金融市场为中介的间接传导

金融危机以国际贸易为中介对新兴市场和发展中经济体造成冲击的同时，也会以国际金融市场为中介通过资本流动渠道对新兴市场和发展中经济体产生影响。

在金融全球化和金融一体化的过程中，新兴市场和发展中经济体逐步成为国际金融市场的重要参与者和资金需求者。次贷危机的爆发导致发达经济体的金融体系受到重创，国际金融市场流动性消失，融资数量大幅下降，融资成本大幅上升，这会对依赖于外部融资的新兴市场和发展中经济体产生严重冲击。

单位:%

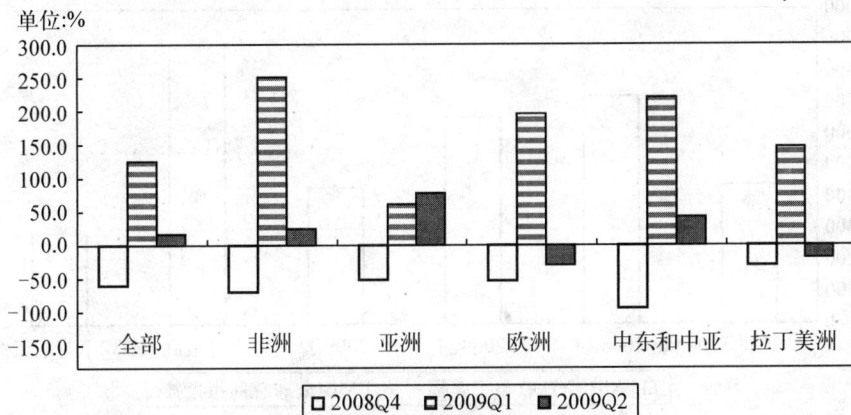

图 8-4　新兴市场和发展中经济体对外融资的增长率

注：对外融资是债券、股票和贷款的总额；2008 年第 4 季度的增长率＝（2008 年第 4 季度的对外融资额－2008 年第 3 季度的对外融资额）/2008 年第 3 季度的对外融资额。

资料来源：国际货币基金组织：《全球金融稳定报告》（2009 年 10 月），www.imf.org。

从图 8-4 可以看出，雷曼兄弟破产导致金融危机恶化之后，国际金融市场流动性干涸，新兴市场和发展中经济体对外融资大幅下降，2008 年第 4 季度环比下降了 56％，其中，中东和中亚经济体的对外融资数额下降幅度最大，环比下降了 88％，非洲和欧洲的经济体次之。之后，在 2009 年第 1 季度，随着国际金融市场功能的恢复，新兴市场和发展中经济体的对外融资数额迅速恢复，强劲反弹。其中，非洲、中东和中亚、欧洲的新兴市场和发展中经济体对外融资的增长幅度较大。值得注意的是，亚洲新兴市场和发展中经济体对外融资在 2009 年第 1 季度的反弹虽然没有其他同类经济体强劲，但却在 2009 年第 2 季度保持了增长态势，表现出其他同类经济体不可比拟的持续性。

此外，新兴市场和发展中经济体的对外融资成本也大幅增加。从图 8-5 可以看出，虽然 EMBI 全球总回报指数有小幅震荡，但是，EMBI 全球收益率差幅却大幅波动，2008 年第 4 季度大幅上升，上升至 724 基点，环比上升了

63.8%。同时，在 2008 年第 3 季度至 2009 年第 2 季度之间，EMBI 全球收益率差幅的最高值为 891 基点，最低值为 291 基点，相差 600 基点，说明在金融危机恶化初期，国际金融市场经历了资金价格的显著上升。

单位：基点

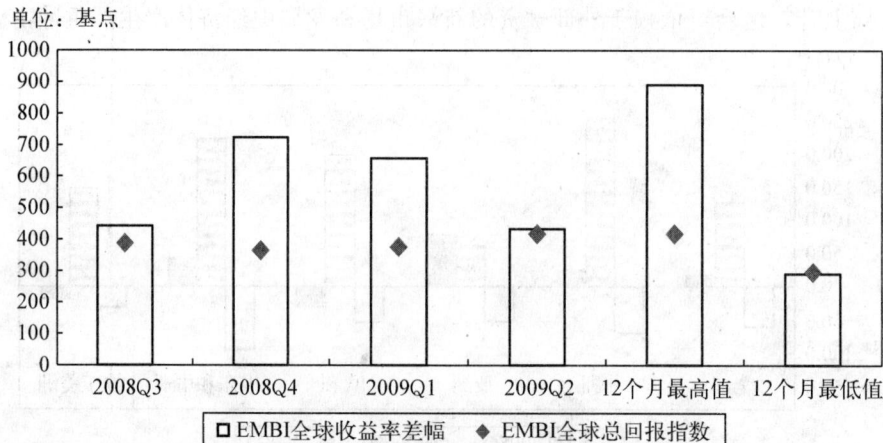

图 8-5　新兴市场债券指数（基点）

资料来源：国际货币基金组织：《全球金融稳定报告》（2009 年 10 月），www.imf.org。

第二节　发达经济体之间传导结果的差异性

在上文中，对危机向发达经济体传导的特点进行了整体分析，但是，在发达经济体内部，不同发达经济体之间危机传导结果也存在差异。本节将首先分析不同发达经济体传导结果差异性的表现，然后，分析这些差异性产生的原因。

一、发达经济体之间传导结果差异性的表现

当面临金融危机冲击时，不同发达经济体在受到冲击的程度、受到冲击的渠道以及危机后复苏情况等方面存在显著差异。

首先，危机对不同发达经济体金融领域特别是银行体系冲击的程度不同。虽然发达经济体或多或少地参与了次级抵押贷款及其衍生的相关结构性产品业务，但是，参与程度不同，金融机构受到冲击的程度也不同。从表 8-1 可以看出，美国、加拿大、英国是金融稳健性最先受到威胁的发达经济体，这些国家 2007 年不良贷款占总贷款的比例高于 2006 年的数值，而且，这些国家也是不

良贷款占总贷款比例恶化最为严重的发达经济体，与 2006 年相比，2008 年该比率分别上升了 2.2％、0.7％和 0.7％①。同时，从损失准备金占不良贷款比例看，美国、日本和加拿大的减少幅度较大，特别是美国，从 2006 年到 2008 年，这一比率下降了 44.6％。此外，从金融机构盈利能力看，次贷危机导致发达经济体金融机构的收入减少，资产收益率和资本收益率大幅下降，其中，比利时、美国和英国金融机构资产收益率的下降幅度较大，与 2006 年相比，2008 年分别下降了 2％、1.3％和 1％；比利时、英国、日本金融机构资本收益率下降幅度较大，与 2006 年相比，2008 年分别下降了 58.9％、19.7％和 15.4％。

单位：%

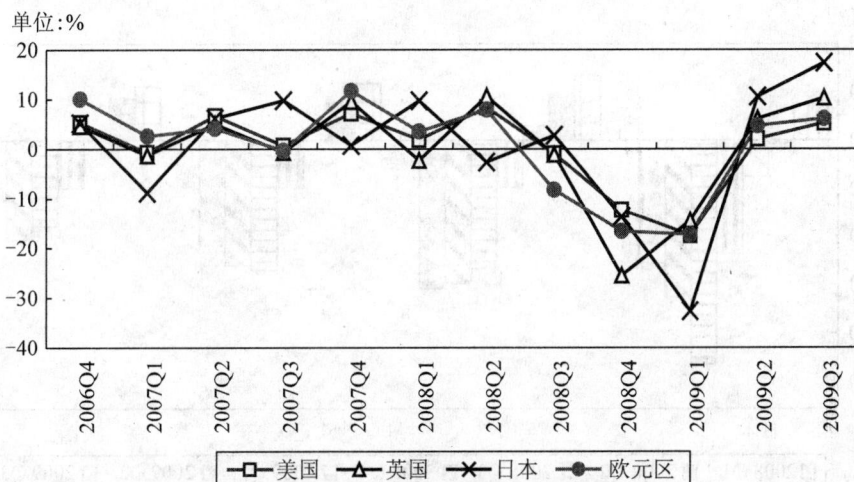

图 8-6　发达经济体出口环比增长率的变化

资料来源：国际货币基金组织：IFS 数据库，www.imf.org。

其次，危机对不同发达经济体出口的影响存在差异。从图 8-6 可以看出，美国、英国和欧元区出口增长率的变化更具有一致性，而日本出口增长率的变化则具有特殊性。在 2008 年第 2 季度之后，美国、英国和欧元区经济体的出口增长率呈下降态势，而日本却出现上升态势，在 2008 年第 3 季度后开始下降，而且，下降幅度大于其他发达经济体；同时，日本出现了出口增长率两个季度的大幅直线下降，在 2009 年第 1 季度达到谷底，之后强劲反弹，呈 V 形变化；而其他发达经济体则不同，下降速度相对平缓，美国和欧元区经济体的出口增长率在 2009 年第 1 季度达到谷底，呈 U 形变化，英国出口增长率则在

———————————

①　英国的数值是 2007 年的数值与 2006 年的数值的差额。

2008 年第 4 季度达到谷底。

最后,不同发达经济体实体经济的冲击程度和复苏速度也不相同。从季度国内生产总值变动百分比看(见图 8-7),日本受到冲击较为严重,2009 年第 1 季度该数值下降了 8.6%;英国衰退时间较长,当日本、欧元区和美国在 2009 年第 2 季度或者第 3 季度出现复苏迹象之时,英国国内生产总值增长率仍然处于恶化态势,比 2009 年第 2 季度降低 0.2 个百分点。此外,从失业率看(见表 8-3),美国的失业率是发达经济体中最高的,2009 年第 2 季度达到 9.1%,欧元区经济体次之,达到 7.1%,英国和日本的失业率为 5% 左右。

单位:%

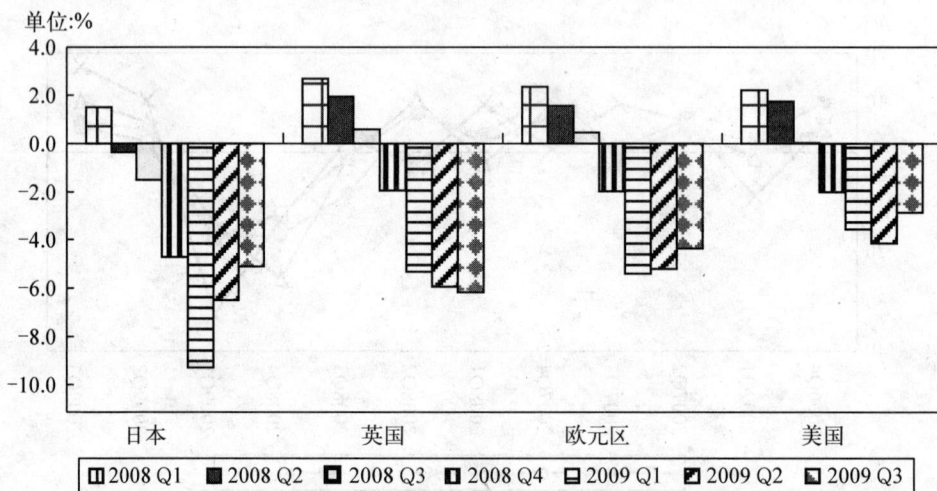

图 8-7 发达经济体季度国内生产总值变动百分比

注:英国第 3 季度数据根据工业生产总值计算。

资料来源:国际货币基金组织:IFS 数据库,www.imf.org。

表 8-3 发达经济体的失业率

单位:%

时间 国家及地区	2008Q3	2008Q4	2009Q1	2009Q2
欧元区	5.4	5.8	6.8	7.1
英国	2.8	3.3	4.4	4.8
美国	6.0	6.6	8.8	9.1
日本	4.0	3.9	4.6	5.1

资料来源:http://laborsta.ilo.org/.

二、发达经济体之间传导结果差异性的原因

从上文的分析可以看出，危机对不同发达经济体在金融稳健性、出口、实体经济等方面的冲击存在差异性，那么，是什么原因导致差异性的存在呢？我们将从国别角度分析传导结果差异性的原因。

首先，美国银行体系的特点及其在次贷危机中扮演的角色导致其金融稳定性受到的冲击最为严重。在历史、经济、民族等多种因素的作用下，美国曾经采取单一州和单一银行制度，这导致美国是世界上银行数量最多的国家。在次贷危机发生之前，美国银行数目依然保持在 8000 多家①，并且，中小银行占有很大份额。中小银行在资本金、业务范围等方面的特点导致它们在面对危机时抗风险能力较弱，破产可能性较大。据统计，2009 年，美国有 140 家银行破产倒闭或者被联邦储蓄保险公司（FDIC）接管，创下 1992 年以来的最高纪录②。如此之高的银行破产数目是除美国之外的其他国家无法想象也无法承受的。而且，美国在次贷危机形成过程中充当制造者和推动者的角色，当危机发生时它不可能置身事外，必然会自食恶果。当次贷衍生的结构性产品被脱下华丽的外衣时，产品价值被重新评估，证券化市场和相关的金融衍生品市场出现流动性危机，原有的利益链条中断，美国金融体系受到严重打击，并且传导至实体经济层面。

其次，日本银行与企业的关系以及出口结构是其受到冲击的主要原因。在发达经济体中，日本受到次贷危机直接损失较小，但间接损失较大。在日本，银行一般大量持有融资企业的股份，据统计，日本公司的主银行排在公司五大股东之列的约占 72％，排在一、二位的占 39％③，而且，银行往往将这类股份作为自有资本的一部分。因此，当危机发生时，国际资本流入减少导致日本股价下跌，银行资本也随之减少，进而导致银行为满足资本约束而减少企业特别是中小企业的贷款。从图 8-8 可以看出，次贷危机引起日本股票市场指数大幅下跌，东证股价指数下跌幅度超过 2001 年美国股市泡沫的水平，危机通过影响日本股票市场而影响金融和经济层面。另外，危机会通过国际贸易渠道冲击作为外向型经济体的日本。2007 年，日本对美国出口占出口总量的 21％，危机首先通过美国经济紧缩而减少日本对美

---

① http：//www. zgjrw. com/News/2009829/index/025026492000. shtml.

② 潘荣：《2010 年美国首家银行破产，信贷违约成中小银行致命伤》，载《第一财经日报》，2010-01-12。

③ 徐向艺：《日本主银行体系及企业与银行关系市场化分析》，http：//www. forumcn. com/inews/html/ bzcjlw＿1/zqjr＿6/jrls＿340/2006－11/1162861028. php，2006。

国的出口。同时，亚洲是日本的主要出口地，对亚洲的出口占出口总量的40%以上。这导致日本有能力在危机初期依然保持强劲的出口态势（2008年第2季度之后日本出口仍然保持上升态势），但是，当危机逐步恶化、席卷整个亚洲及其他经济体时，日本也无法隔离在危机之外，其出口出现大幅下降。

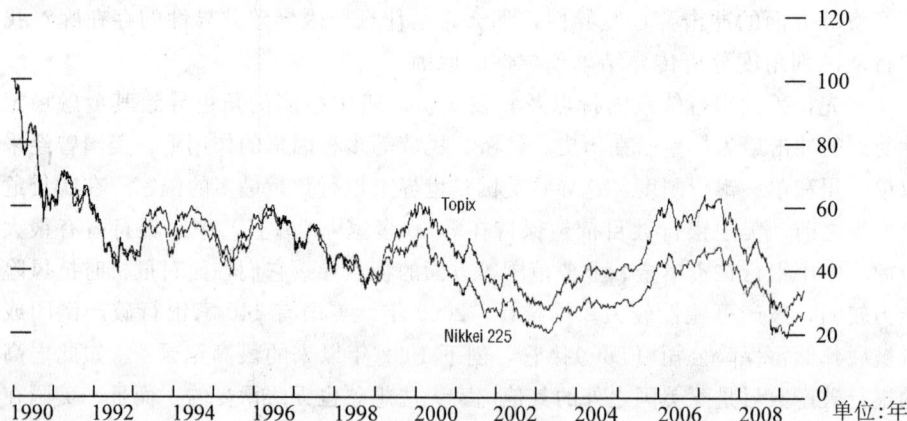

图8-8 日本股票市场指数变化

注：Topix为东证股价指数；Nikkei225为日经225。

资料来源：国际货币基金组织：《全球金融稳定报告》（2009年10月），www.imf.org.

再次，在国际金融市场上扮演的角色和一体化程度导致欧元区之间一荣俱荣，一损俱损。一方面，在危机之前，欧洲是国际金融市场重要的债权人，而美国是重要的债务人，而且，欧洲特别是欧元区经济体的资金很大一部分投资在与次贷相关的结构性产品和其他高风险、高回报的金融衍生产品上，这导致欧洲发达经济体成为美国次贷危机损失的承担者；另一方面，美国是欧元区国家在欧洲之外的最大贸易伙伴国，对美国出口占出口总额的14.9%，而且欧洲与美国的出口相关度达到0.84[1]，欧洲发达经济体会受到来自于美国的直接冲击；同时，欧盟国家是欧元区最大的贸易伙伴国，对欧盟的出口占出口总量的40%，相似的次贷损失导致欧元区国家的银行体系受到威胁，对其他欧盟国家的进口需求和国际信贷减少导致其他欧盟国家经济萎缩，对欧元区经济体产生负向反馈效应。

最后，在美国等发达经济体逐步走向复苏之际，英国却成为G20集团中唯一处于经济衰退中的国家。其一，与美国一样，英国房地产价值下跌和银行贷款

---

① 凯利尤：《金融危机源自美国，却重创欧洲》，载《国际金融研究》，2008(12)，19～25页。

紧缩导致房地产需求和消费需求下降，国内需求下降成为英国经济复苏困难的重要原因；其二，英国的金融服务业十分发达，是国民经济的重要组成部分，银行倒闭和金融稳健性下降导致金融对经济的正向功能消减；其三，英镑币值高估导致英国出口减少，经常账户赤字严重；其四，英国财政赤字严重，据估计，2010年英国财政赤字占国内生产总值的比例达到13.3％，成为经合组织中财政赤字最严重的国家①，这意味着无论实行支出减少政策（财政支出削减）还是实行收入增加政策（增税或者高息借债）都会阻碍英国经济的复苏。

第三节　新兴市场和发展中经济体之间传导结果的差异性

与对发达经济体的冲击相似，危机对新兴市场和发展中经济体的冲击也既有共性又有差别。本节将首先分析金融危机传导结果差异性在新兴市场和发展中经济体内部的表现，然后，分析产生这些差异性的原因。

一、新兴市场和发展中经济体之间传导结果差异性的表现

危机传导结果在不同新兴市场和发展中经济体之间的差异性主要表现在金融稳健性、国际贸易、经济衰退和复苏等方面。

（一）危机对不同经济体金融稳健性影响的差异

危机传导结果在不同新兴市场和发展中经济体之间的差异性首先表现在金融层面，特别是对金融稳健性的冲击上。从总体上看，欧洲受到的冲击最为严重，拉丁美洲受到的冲击最轻，亚洲受到的冲击则居于两者之间。

从表8-4可以看出，欧洲新兴市场和发展中经济体不良贷款占总贷款的比率较高，且增长幅度较大，例如，2008年罗马尼亚和乌克兰不良贷款占总贷款比率分别达到6.5％和17.4％，2009年拉脱维亚和乌克兰该比率分别比去年同期增加了7.1％和12.5％；从准备金占不良贷款的比率看，欧洲新兴市场和发展中经济体也处于较低水平。其中，罗马尼亚和乌克兰该比率低于30％，而亚洲新兴市场和发展中经济体该比率一般在80％以上，拉丁美洲新兴市场和发展中经济体该比率更高，在110％以上；从资产回报率和资本回报率看，拉丁美洲经济体的收益率普遍较好，回报率处于较高水平，而欧洲经济体则差异显著，2009年白俄罗斯、捷克、匈牙利和土耳其等国回报率较高，拉脱维

① 《英成G20最末个衰退国，2010年恐爆发债务危机》，中国网，2009-12-01。

亚、俄罗斯和乌克兰等国则回报率大幅下降，甚至出现负值。

表 8-4　新兴市场和发展中经济体的金融稳健性

单位：%

项目 国家		银行资本/资产		不良贷款/总贷款		准备金/不良贷款		资产回报率		资本回报率	
		2008 年	2009 年	2008 年	2009 年	2008 年	2009 年	2008 年	2009 年	2008 年	2009 年
亚洲	中国	6.1	5.6	2.4	1.6	116.4	155.0	1.0	1.1	17.1	—
	印度尼西亚	10.3	11.0	3.2	3.8	153.0	127.4	2.3	2.6	13.4	35.9
	韩国	8.8	10.8	1.1	1.5	146.3	125.2	0.5	—	7.1	—
	马来西亚	8.0	9.0	4.8	3.8	89.0	93.3	1.5	1.2	18.5	13.0
	菲律宾	10.6	11.4	4.5	4.6	86.0	91.4	0.8	1.1	6.9	9.4
欧洲	白俄罗斯	18.6	16.7	1.7	4.2	70.0	44.9	1.4	1.4	9.6	8.9
	捷克	5.7	6.5	3.3	5.7	67.5	57.3	1.2	1.5	21.7	26.0
	匈牙利	8.0	8.8	3.0	5.9	58.9	51.2	0.8	1.1	11.6	14.8
	拉脱维亚	7.3	7.4	3.6	16.4	61.3	57.4	0.3	−3.5	4.6	−41.6
	摩尔多瓦	17.0	18.1	5.2	16.6	94.2	52.5	3.5	0.2	19.9	1.0
	波兰	7.9	9.6	4.4	7.0	61.3	50.2	1.6	1.2	21.2	11.8
	罗马尼亚	8.0	7.0	6.5	14.8	60.3	47.9	1.6	0.3	17.0	3.3
欧洲	俄罗斯	13.6	15.7	3.8	9.6	118.4	94.8	1.8	0.7	13.3	4.9
	斯洛伐克	9.8	9.7	3.2	4.3	91.4	76.1	1.0	0.7	14.1	8.4
	土耳其	11.8	13.6	3.8	5.7	79.8	81.9	1.8	2.6	15.5	18.8
	乌克兰	14.0	13.2	17.4	33.8	29.6	32.3	1.0	−3.2	8.5	−23.8
拉丁美洲	智利	6.9	7.4	1.0	1.4	179.9	177.5	1.2	1.2	15.2	18.0
	秘鲁	8.3	9.9	2.2	2.7	151.4	139.3	2.6	2.3	31.1	24.5
	巴西	9.3	9.2	3.1	4.5	189.0	156.0	1.5	1.2	15.3	13.0
	哥伦比亚	12.2	13.6	4.0	4.6	120.5	122.5	2.4	2.5	20.0	19.6
	阿根廷	12.9	13.4	2.7	3.1	131.4	123.0	1.6	2.4	13.4	19.6
	墨西哥	9.2	9.7	3.2	3.4	161.2	163.8	1.5	1.2	15.5	13.1
	委内瑞拉	9.4	9.7	1.9	2.6	148.0	135.7	2.5	1.9	29.4	21.7

资料来源：国际货币基金组织：《全球金融稳定报告》(2010 年 4 月)，www.imf.org。

（二）危机对不同经济体国际贸易影响的差异

危机传导结果在不同新兴市场和发展中经济体之间的差异性也表现在国家贸易，特别是出口方面。在雷曼兄弟破产导致金融危机恶化之后，欧洲新兴市场和发展中经济体出口下降幅度较大，而亚洲新兴市场和发展中经济体出口下降幅度较小，拉丁美洲新兴市场和发展中经济体出口下降幅度居于两者之间。

图 8-9 显示了 2008 年第 4 季度亚洲、欧洲和拉丁美洲新兴市场和发展中经济体对不同类型经济体出口同比增长率的变化。从对世界出口的变化看，欧洲新兴市场和发展中经济体出口下降幅度最大，拉丁美洲次之，而亚洲出口下降幅度相对较小；从对发达经济体以及新兴市场和发展中经济体的出口看，欧洲经济体同比增长率下降幅度依然最大，拉丁美洲次之，亚洲下降幅度较小；从对亚洲发展中经济体的出口看，亚洲、欧洲和拉丁美洲的新兴市场和发展中经济体出口同比增长率均出现大幅下降，但欧洲和拉丁美洲下降幅度大于亚洲的下降幅度；从对欧盟的出口看，欧洲新兴市场和发展中经济体毫无悬念地成为冲击最为严重的地区，拉丁美洲次之；从对美国的出口看，欧洲和拉丁美洲

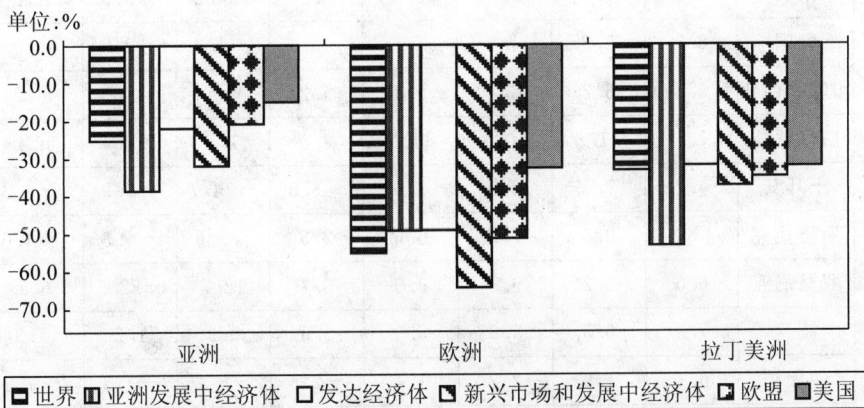

图 8-9　新兴市场和发展中经济体 2008 年第 4 季度出口同比增长率的变化

注：上图中所包含的新兴市场和发展中经济体与表 8-4 相同；增长率为各洲所包括的新兴市场和发展中经济体的平均值，计算方式为 2008 年第 4 季度亚洲新兴市场和发展中经济体对世界出口同比增长率＝（2008 年第 4 季度亚洲新兴市场和发展中经济体对世界出口额－2007 年第 4 季度亚洲新兴市场和发展中经济体对世界出口额）/2007 年第 4 季度亚洲新兴市场和发展中经济体对世界出口额；2008 年第 4 季度同比增长率的变化＝2008 年第 4 季度的同比增长率－2008 年第 3 季度的同比增长率。

资料来源：国际货币基金组织：DOT 数据库，www.imf.org。

新兴市场和发展中经济体出口下降幅度显著高于亚洲新兴市场和发展中经济体出口下降的幅度。

(三)危机对不同经济体经济增长影响的差异

对金融稳健性和出口冲击的差异最终会反映在新兴市场和发展中经济体实体经济层面上，以经济衰退的形式表现出来。从总体上看，亚洲新兴经济体衰退程度较轻，持续时间较短，经济复苏较快；欧洲新兴经济体则衰退程度较深，持续时间较长；拉丁美洲的新兴市场和发展中经济体的表现居中。

表 8-5　部分新兴市场和发展中经济体季度国内生产总值变动的百分比

单位:%

时间 国家		2007Q4	2008Q1	2008Q2	2008Q3	2008Q4	2009Q1	2009Q2	2009Q3
亚洲	泰国	5.3	6.4	5.2	2.9	−4.2	−7.1	−4.9	−2.8
	印度	8.6	7.8	7.7	5.8	5.8	6.1	7.9	n. a.
	马来西亚	7.2	7.4	6.6	4.8	0.1	−6.2	−3.9	n. a.
	韩国	5.7	5.5	4.3	3.1	−3.4	−4.2	−2.2	0.9
	印度尼西亚	5.8	6.2	6.4	6.4	5.2	4.4	4.0	4.2
欧洲	白俄罗斯	7.1	11.2	10.5	11.2	7.5	1.1	−0.4	n. a.
	土耳其	4.2	7.2	2.8	1.0	−6.5	−14.7	−7.9	−3.3
	斯洛伐克	14.3	9.3	7.9	6.6	2.5	−5.6	−5.3	−4.6
	罗马尼亚	6.6	8.2	9.3	9.9	3.7	12.7	−22.5	n. a.
	波兰	7.3	6.5	5.9	5.5	2.6	0.9	1.2	1.2
	匈牙利	0.4	1.9	2.2	1.4	−2.5	−6.7	−7.5	−7.1
	拉脱维亚	10.0	0.5	−1.8	−5.2	−10.3	−18.0	−18.7	−19.0
	捷克	5.7	2.8	3.8	3.4	−0.1	−4.2	−5.0	−4.7
	俄罗斯	9.0	8.7	7.5	6.0	1.2	−9.8	−10.9	−8.9

续表

时间 国家		2007Q4	2008Q1	2008Q2	2008Q3	2008Q4	2009Q1	2009Q2	2009Q3
拉丁美洲	阿根廷	9.1	8.5	7.8	6.9	4.1	2.0	−0.8	−0.3
	巴西	6.7	6.3	6.5	7.1	0.8	−2.1	−1.6	−1.2
	智利	3.8	3.4	4.6	4.6	0.2	−2.4	−4.7	−1.6
	哥伦比亚	8.2	4.2	3.9	2.8	−1.1	−0.4	−0.5	n. a.
	墨西哥	3.7	2.6	2.9	1.7	−1.6	−7.9	−10.1	−6.2
	秘鲁	9.8	10.3	11.8	10.9	6.5	2.0	−1.1	−0.4

资料来源：国际货币基金组织：IFS 数据库，www. imf. org。

　　表 8-5 显示了新兴市场和发展中经济体季度国内生产总值变动的百分比。从进入衰退时间上看，亚洲新兴市场和发展中经济体在 2008 年第 3 季度出现国内生产总值下滑，在 2008 年第 4 季度泰国和韩国国内生产总值变动由正转负；拉丁美洲新兴市场和发展中经济体国内生产总值的变化与亚洲具有相似性，在 2008 年第 4 季度出现大幅下滑；欧洲新兴市场和发展中经济体则差别很大，白俄罗斯、罗马尼亚和俄罗斯在 2008 年第 3 季度仍然保持较高的国内生产总值增长率，而拉脱维亚、捷克和俄罗斯等国则在 2008 年第 1 季度已经出现了国内生产总值增长率的下降。从衰退深度看，一些欧洲新兴市场和发展中经济体受到的冲击较为严重，其中，2009 年第 1 季度（或者第 2 季度）土耳其、罗马尼亚和拉脱维亚的国内生产总值变动百分比分别为 −14.7%、−22.5% 和 −18.7%。从衰退持续时间上看，当亚洲和拉丁美洲（除墨西哥之外）国内生产总值下降幅度逐步趋缓之时，一些欧洲新兴市场和发展中经济体，例如匈牙利、拉脱维亚和俄罗斯以及拉丁美洲的墨西哥在 2009 年第 3 季度仍然处于严重的经济衰退之下。

二、新兴市场和发展中经济体之间传导结果差异性的原因

　　为什么欧洲新兴市场和发展中经济体成为危机冲击的重灾区，而亚洲新兴市场和发展中经济体成为最先实现经济复苏的地区？本书将从不同经济体对外部资金的依赖性、出口的地域结构以及危机救助政策等方面寻找原因。

(一)不同经济体对外部资金依赖性的差异

　　不同经济体在外部资金借入主体、依赖程度等方面的差异导致了拉丁美洲

新兴市场和发展中经济体在金融稳健性方面受到冲击较轻，而欧洲新兴市场和发展中经济体受到冲击较为严重。

拉丁美洲新兴市场和发展中经济体对外部资金的依赖程度相对较小。首先，虽然，外资银行对拉丁美洲新兴市场和发展中经济体的国际信贷规模不断提高，其中，智利、哥斯达黎加和墨西哥外资银行信贷占国内生产总值的比例分别达到 50.5％、32.1％和 27.9％①。但是，与欧洲新兴经济体相比，这一比例处于较低的水平②（见图 8-10）。其次，在外资银行对拉丁美洲的信贷中，外资银行分支机构的信贷比重较大，而在国际金融市场上以外币标价的直接国际商业银行的贷款比重较小。再次，拉丁美洲经济体外资银行在本国的分支机构对母银行的依赖性较小，资金主要来源于本国国内，这在一定程度上抵御了发达经济体国际银行流动性紧缩的影响。最后，以外币标价的直接国际商业银行贷款中，短期贷款的数量较小，这导致拉美新兴市场和发展中经济体面临的展期风险较小，资金相对稳定。另外，值得注意的是，拉丁美洲新兴市场和发展中经济体的国际银行信贷主要来自于西班牙，而不是银行体系受到严重冲击的发达经济体的商业银行，因此，共同债权人效应在拉美地区的作用较小。

与拉丁美洲不同，欧洲新兴市场和发展中经济体完全呈现另一种情况。首先，从外国银行向国内银行和外资银行分支机构的跨国信贷看，欧洲新兴市场和发展中经济体远远高于拉丁美洲和亚洲的水平，说明外国银行向欧洲新兴市场和发展中经济体银行贷款的比重很大（见图 8-11）。

其次，从外资银行资产占国内生产总值的百分比看，欧洲新兴经济体该比率明显高于拉丁美洲、亚洲以及非洲和中东的水平（见图 8-10），说明欧洲新兴市场和发展中经济体的外资银行在银行体系中的作用很大，是贷款发放的主力。据统计，克罗地亚、捷克、爱沙尼亚、匈牙利、立陶宛、罗马尼亚和斯洛伐克的外资银行资产占银行体系总资产的 80％以上③。

再次，外资银行的资金来源不是欧洲新兴市场和发展中经济体的居民存款，而是来自于外资银行母银行的贷款，这导致欧洲新兴市场和发展中经济体对外资银行母银行的依赖性很强。根据资料显示，在危机之前，爱沙尼亚、拉脱维亚和立陶宛等波罗的海沿岸经济体以及乌克兰、俄罗斯和匈牙利等经济体

---

① 数值 2008 年第 1 季度数据。

② 欧洲新兴经济体外资银行信贷占国内生产总值的比例达到 61.6％。

③ "Eastern Europe's Strong Foreign Bank Presence：Potential for Contagion?"http：// www. rgemo nitor. com/economonitor—monitor/252488/.

单位:%

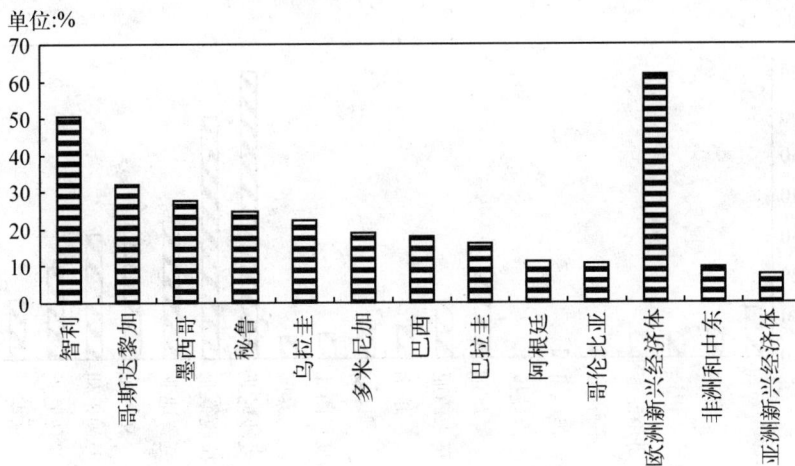

图 8-10　外资银行信贷占国内生产总值的百分比

注：2008 年第 1 季度数据。

资料来源：国际货币基金组织：《区域经济概览：西半球》(2009 年 5 月)，www. imf. org。

贷款占国内生产总值的增长率明显超过存款占国内生产总值的增长率①，说明支持国内贷款增长的因素不是国内存款的增加。

　　最后，欧洲新兴市场和发展中经济体国际银行信贷来源十分集中。从图 8-12可以看出，奥地利、比利时、瑞典、意大利、德国、法国、荷兰和瑞士是欧洲新兴市场和发展中经济体的主要债权国，并且，中东欧国家的银行债务集中于奥地利、意大利和德国，波罗的海沿岸国家的银行债务集中于瑞典，独联体国家的银行债务集中于奥地利、德国、法国和意大利，这导致欧洲新兴市场和发展中经济体容易受到共同债权人效应的影响。

　　当危机袭来时，上述原因不仅导致欧洲新兴市场和发展中经济体银行资金来源下降，金融稳健性恶化，而且，通过信贷紧缩导致企业和居民外源融资数量下降和成本上升，最终导致经济萎缩。

(二)不同经济体出口地域结构的差异

　　在对出口冲击的分析中，欧洲新兴市场和发展中经济体出口受到的冲击最重，亚洲新兴市场和发展中经济体出口受到的冲击最轻，为什么会产生这种差

---

① A. Galesi & S. Sgherri："Regional Financial Spillovers across Europe：A Global VAR Analysis," http：//www. imf. org/external/pubs/ft/wp/2009/wp0923. pdf，2009(2).

单位:%

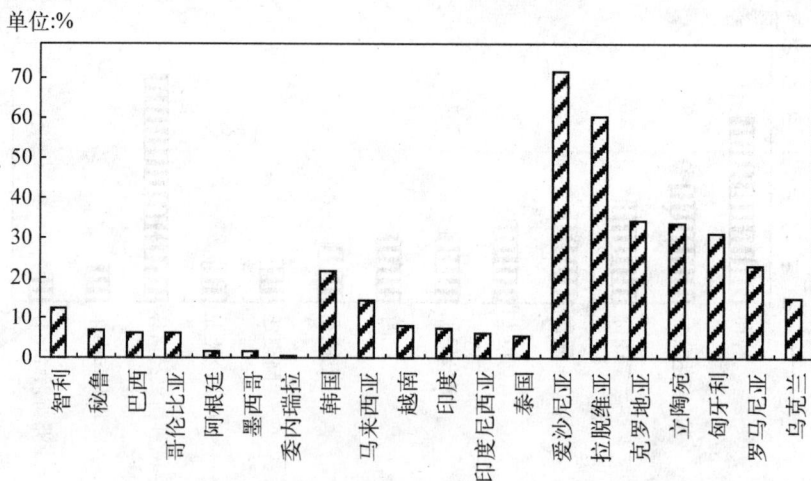

图 8-11　外国银行向新兴市场银行的跨国信贷占国内生产总值的百分比

注：包括外国银行向国内银行的信贷和向外国银行分支机构的信贷（2008 年第 1 季度）。

资料来源：国际货币基金组织：《区域经济概览：西半球》（2009 年 5 月），www.imf.org。

异呢？本书从出口地域结构的角度进行分析。

图 8-13 显示了亚洲、欧洲和拉丁美洲新兴市场和发展中经济体的出口地域结构。从对欧盟的出口看，欧洲新兴市场和发展中经济体的出口份额远远高于亚洲和拉丁美洲的水平，达到 65.7％，说明欧盟是其主要出口目的地；从对美国的出口看，拉丁美洲新兴市场和发展中经济体的出口份额远远高于亚洲和欧洲的水平，达到 45.1％，说明美国是其主要出口目的地；从对亚洲发展中经济体的出口看，亚洲、欧洲和拉丁美洲的出口份额分别为 15.8％、3.5％和 7.1％，而且，亚洲新兴市场和发展中经济体对亚洲的出口份额达到 40％以上，这意味着亚洲对于亚洲新兴市场和发展中经济体的出口相对较为重要。

上面的分析说明，亚洲、欧洲和拉丁美洲新兴市场和发展中经济体在出口方面具有明显的地域特征。在不考虑其他因素的作用下，重要出口地区出现经济紧缩必然通过进口减少而导致对手国出口下降。由于美国和欧盟地区在房地产价格变化、次贷参与程度等方面的相似性，所以，当次贷危机对美国和欧盟的经济造成影响时，欧洲和拉丁美洲的新兴市场和发展中经济体的出口首先受到冲击，而亚洲由于对欧盟和美国的出口相对较小而受到的冲击较轻。但是，这并不意味着亚洲新兴市场和发展中经济体能够逃脱在出口方面的冲击。虽然

单位:%

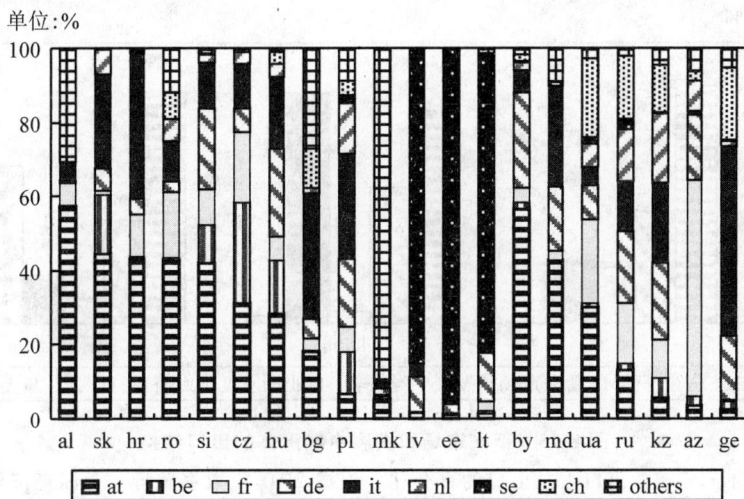

图 8-12　转轨国家对外银行债务的集中程度

注：欧洲新兴市场和发展中经济体银行对某一国家的银行债务占对欧洲国家总银行债务的百分比。数据基于 ultimate risk basis，2007 年。国家缩写按照 ISO 标准：al(阿尔巴尼亚)，at(奥地利)，az(阿塞拜疆)，be(比利时)，bg(保加利亚)，by(白俄罗斯)，ch (瑞士)，cz(捷克)，de(德国)，ee(爱沙尼亚)，fr(法国)，ge(格鲁吉亚)，hr(克罗地亚)，hu(匈牙利)，it (意大利)，kz(哈萨克斯坦)，lt(立陶宛)，lv(拉脱维亚)，md(摩尔多瓦)，mk(马其顿地区)，nl(荷兰)，pl(波兰)，ro(罗马尼亚)，ru(俄罗斯)，se(瑞典)，si(斯洛文尼亚)，sk(斯洛伐克)，ua(乌克兰)。欧洲债权国家为奥地利、比利时、法国、德国、意大利、荷兰、瑞典、瑞士，其他国家中包括芬兰、爱尔兰、西班牙、希腊、葡萄牙、英国。

资料来源：BIS：*Consolidated Banking Statistics*，www.bis.org.

亚洲新兴市场和发展中经济体之间的区域贸易大幅增长，占贸易总量的比重不断增加，但是，亚洲新兴市场和发展中经济体之间的区域贸易仅仅是国际纵向生产一体化的组成部分，其出口产品的最终消费者是亚洲之外的以美国为代表的发达经济体。因此，发达经济体经济紧缩不仅会导致亚洲新兴经济体对其直接出口的下降，也会导致亚洲新兴经济体之间区域贸易的下降。

(三)不同经济体基本经济情况和救助政策的差异

在外部资金依赖和出口地域结构方面存在差异之外，危机之前的经济基本情况和救助政策也是影响危机传导结果差异性的重要原因。在由次贷危机导致的全球金融危机时期，经济基本面比较健康，例如，经济增长率较高，财政盈余，经常账户顺差的经济体不仅资金流出的幅度较小，受到冲击较轻，而且，

单位:%

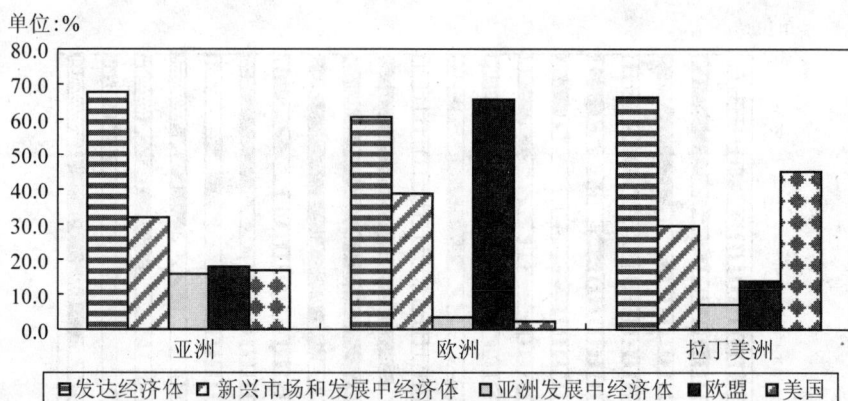

图 8-13　新兴市场和发展中经济体的出口结构

注：不同经济体出口占总出口的百分比，根据 2007 年数据整理。亚洲经济体包括中国、印度尼西亚、韩国、马来西亚和菲律宾；欧洲经济体包括白俄罗斯、捷克、匈牙利、拉脱维亚、摩尔多瓦、波兰、罗马尼亚、俄罗斯、斯洛伐克、土耳其、乌克兰；拉丁美洲经济体包括智利、秘鲁、巴西、哥伦比亚、阿根廷、墨西哥和委内瑞拉。

资料来源：国际货币基金组织：DOT 数据库，www.imf.org。

危机救助政策的实施空间较大，在抵御危机方面较为有利。

从财政政策上看，亚洲新兴市场和发展中经济体采取了大规模的财政刺激措施。在财政支出方面，亚洲新兴经济体的财政刺激措施高于 G20 的平均水平，财政支出占国内生产总值的比例达到 2.5% 以上，其中，中国和韩国的规模最大。在财政收入方面，亚洲新兴经济体采取了税收减免、调整税收结构、延长纳税期限等刺激措施，以拉动私人消费和私人投资的复苏。陆荣和王曦（2010）在蒙代尔—弗莱明模型的框架下，引入伯南克和布兰德（Bernake & Blinder，1988）的 CC 曲线对 IS 曲线进行修正，并建立结构向量自回归（SVAR）模型以估计经济系统的动态调节特征，利用脉冲响应函数计算了本轮扩张性货币政策对经济的总体拉动效应，结果表明，为了应对次贷危机导致的全球金融危机，我国实行的货币政策对经济复苏起到了实质作用，尤其是信贷扩张对短期增长的拉动是十分明显的。

拉丁美洲新兴市场和发展中经济体也采取了相应的财政刺激措施，例如，阿根廷、巴西、智利、墨西哥和秘鲁增加了对基础设施建设支出以及对中小企业和农民的扶持；阿根廷和智利扩大了对社会安全网建设的投资支出；阿根廷等国也暂时或者长期降低了企业和个人所得税以及其他间接税①。

但是，对于大多数欧洲新兴市场和发展中经济体而言，由于危机导致的融资成本较高，所以，财政刺激措施的资金来源受到限制，这些国家采取了以调整财政结构、重建政策信心为主的措施②。

从货币政策上看，亚洲新兴市场和发展中经济体采取了扩张性货币政策，其中，中国、印度等国采取了降低利率的措施，即使是通货膨胀率较高的印度尼西亚和菲律宾也在通货膨胀情况有所缓和后降低了政策性利率；中国、韩国、印度和菲律宾采取了降低银行存款准备金率、对准备金支付利息等其他措施。值得注意的是，中国在 2009 年实行了超常规的扩张性货币政策，信贷供给量大幅增加，2009 年第 1 季度的新增信贷供给量为 4.6 万亿，是 2008 年全年新增信贷供给量的 105％③。

拉美新兴市场和发展中经济体也采取了扩张性措施以稳定金融市场④。例如，阿根廷、巴西、智利等国向货币市场注入流动性；巴西、哥斯达黎加和墨西哥扩大了通过再贴现窗口融资的机构范围；阿根廷、巴西、秘鲁等国降低了准备金要求，等等。此外，拉美新兴市场和发展中经济体也采取了降低政策性利率的措施，例如，哥伦比亚的政策性利率降低了 50 基点，智利降低了 650 基点⑤。

与亚洲和拉美新兴市场和发展中经济体不同，欧洲新兴市场和发展中经济体由于资本流入的减少而出现了信贷紧缩现象。例如，拉脱维亚、爱沙尼亚和立陶宛等波罗的海沿岸的国家以及保加利亚、格鲁吉亚、罗马尼亚、俄罗斯、乌克兰的贷款同比增长率出现显著下降；拉脱维亚、罗马尼亚、俄罗斯、乌克兰等国的贷款利率出现上升趋势；斯洛伐克、立陶宛、波兰等国提高了贷款申请标准⑥。

当凭借国内力量无法抵抗危机冲击时，欧洲新兴市场和发展中经济体寻求国际援助。截至 2009 年 4 月，国际货币基金组织已经向匈牙利、乌克兰、拉脱

---

① 国际货币基金组织：《区域经济报告：西半球》(2009 年 5 月)，www. imf. org。

② 国际货币基金组织：《区域经济报告：欧洲》(2009 年 5 月)，www. imf. org。

③ 资料来源：中国人民银行网站。

④ 由于自身的经济情况，少部分经济体货币紧缩，例如，为了减轻汇率的压力，牙买加提高了利率和准备金要求。

⑤ 国际货币基金组织：《区域经济报告：西半球》(2009 年 5 月)，www. imf. org。

⑥ 张荔、罗春婵：《危机对转轨国家的影响分析》，第六届中国金融学年会会议论文，2009。

维亚、白俄罗斯、罗马尼亚和波兰提供了近 750 亿美元的贷款(见表 8-6),用于银行资本注入、维持金融体系的稳定性、财政结构调整、汇率调整等目的。

  扩张性货币政策、财政政策以及其他救助政策的实施是亚洲和拉丁美洲经济体经济迅速恢复的重要原因,特别是亚洲经济体大规模的基础设施建设拉动这些经济体之间的出口增加,在一定程度上弥补了对其他地区出口的减少,而欧洲新兴市场和发展中经济体似乎只能凭借国际援助而逐渐恢复,经济衰退时间较长。

204

表 8-6 欧洲新兴市场和发展中经济体的国际援助

国　家	时　间	数　　额
匈牙利	2008.11	国际货币基金组织提供 157 亿美元;欧盟提供 84 亿美元;世界银行提供 13 亿美元
乌克兰	2008.11	国际货币基金组织提供 164 亿美元
拉脱维亚	2008.12	国际货币基金组织提供 23.5 亿美元
白俄罗斯	2009.01	国际货币基金组织提供 25 亿美元
罗马尼亚	2009.03	国际货币基金组织提供 175 亿美元;欧盟提供 67.6 亿美元;世界银行提供 13.5 亿美元;欧洲复兴开发银行等其他组织提供 13.5 亿美元
波兰	2009.04	国际货币基金组织提供 205 亿美元

  资料来源:国际货币基金组织:《区域经济报告:欧洲》(2009 年 5 月),www.imf.org。

  综上所述,通过以 21 世纪初全球金融危机为例对危机传导结果进行分析,我们发现不同类型经济体之间危机传导结果存在差异性。其中,贸易和金融联系是金融危机传导的主要渠道,对贸易和金融联系的依赖性不同是产生这种差异性的重要原因;制度约束特别是救助政策影响金融危机传导的广度和深度以及经济复苏的速度和程度,也对这种差异性的产生发挥重要作用。

第九章

危机的后续：主权债务危机与全球通货膨胀

　　正当救助政策效果逐步发挥、全球经济逐渐走出衰退之际，2009 年 10 月，希腊政府宣布其财政赤字占国内生产总值的比重达到 12.7％，公共债务占国内生产总值的比重达到 113％，远远超过欧盟《稳定与增长公约》所规定的 3％和 60％的上限，主权债务危机拉开序幕，这给全球经济增长蒙上了一层阴霾。2010 年，新兴市场和发展中经济体出现通货膨胀现象，并波及发达国家。根据 2011 年 6 月国际货币基金组织公布的《世界经济展望最新预测》显示，全球通货膨胀率从 2010 年第四季度的 3.5％增长至 2011 年第一季度的 4％，各国普遍面临通货膨胀压力。从金融危机到主权债务危机，从经济衰退到通货膨胀，本书将主要论述全球经济是如何从金融危机演变为主权债务危机以及全球通货膨胀的。

第一节　从金融危机到主权债务危机

　　对于欧洲主权债务危机形成的原因，不同学者给出了不同结论。例如，郑联盛（2010）指出，财政货币政策二元论是主权债务危机形成的重要原因，对于欧元区各成员国而言，它们实行统一的货币制度、统一的货币政策，但是，没有实行统一的财政政策，致使各成员国在实施危机救助政策时存在差异，进而恶化不同的财政政策与统一的货币政策之间的矛盾；陈志昂、朱秋琪和胡贤龙（2011）从劳动力全球化的视角进行分析，认为希腊等国长期以来不仅承受着亚洲发展中国家的低成本竞争，同时面临着美国、德国等上层发达国家的生产率冲击，从而导致其产品竞争力丧失，这种结构性矛盾与失衡产生了"夹层效应"并最终引发了主权债务危机。本书强调欧洲主权债务危机是在次贷危机导致的全球金融危机的大背景、大环境下发生的，是次贷危机乃至全球金融危机的深化。

一、主权债务危机的发展和演变

在希腊爆发主权债务危机之后，危机迅速向欧洲其他国家蔓延，波及葡萄牙、西班牙、意大利、爱尔兰等国，甚至美国和日本的主权风险也引起了国际社会的关注。欧洲主权债务危机的发展和演变主要经历了四个阶段。

第一阶段：主权债务危机的初现阶段。

主权债务问题最早发源于北欧国家冰岛。2008 年 10 月，受到次贷危机冲击，国内金融体系动荡加剧，冰岛国内的主要银行处于资不抵债、即将破产的境地。为了避免银行破产引发金融恐慌，冰岛政府对国内最大的几家银行展开了大规模的救援行动。2008 年 9 月 29 日，冰岛政府宣布将该国第三大银行格利特尼尔(Glitnir)银行收归国有；2008 年 10 月 7 日，冰岛政府宣布接管该国第二大银行兰斯(Lands)银行。此时，冰岛外债规模高达 800 亿美元，占其国内生产总值的比重为 300%，人均债务高达 1.8 万美元。之后，国际货币基金组织对冰岛进行了国际救助，冰岛债务危机逐步走向平稳。在冰岛之外，中东欧国家也面临严重的债务问题。2009 年年初，穆迪公司下调了乌克兰的评级，认为东欧的经济情况在不断恶化，这引发了国际社会对中东欧国家债务问题的关注。但是，在国际货币基金组织、世界银行以及欧盟的援助下，中东欧的局势渐渐缓和。

第二阶段：主权债务危机的开始阶段。

2009 年 10 月，希腊政府公布的财政赤字和公共债务情况远远高于欧盟《稳定与增长公约》的上限，这引起了国际社会的关注。2009 年 12 月 8 日，惠誉将希腊信贷评级由 A－下调至 BBB＋，前景展望为负面；2009 年 12 月 16 日，标准普尔将希腊的长期主权信用评级由 A－下调至 BBB＋；2009 年 12 月 22 日，穆迪将希腊主权评级从 A1 下调至 A2，评级展望为负面。全球三大评级公司下调了希腊主权债务的评级，希腊债务危机愈演愈烈。

第三阶段：主权债务危机的发展阶段。

2010 年，希腊债务危机传染至欧洲其他国家，葡萄牙、西班牙、意大利、爱尔兰等国同时面临主权信用危机，形成了所谓的"欧猪五国"(PIIGS)。2010

年 1 月，穆迪宣告，如果葡萄牙不采取有效措施控制财政赤字，那么，将下调其国债的信用评级；2010 年 2 月 4 日，西班牙宣布其 2010 年全部财政赤字占国内生产总值的比重将达到 9.8%，受此宣告的影响，2010 年 2 月 5 日，西班牙股票市场下跌 6%，创下 15 个月以来的最大跌幅。

第四阶段：主权债务危机的深化阶段。

在"欧猪五国"之后，德国等国家也受到危机的影响。2010 年 2 月，德国预计财政赤字占国内生产总值的比重达到 5.5%。2010 年 2 月 9 日，欧元空头头寸已经达到 80 亿美元，创历史最高纪录。并且，2010 年初冰岛总统否决了存款赔偿法案，其长期主权信用评级被降至垃圾级，冰岛债务危机再次恶化。欧洲股市大幅下跌，欧元大幅贬值，对欧洲主权债务危机的悲观情绪不断上涨。为了防止危机蔓延，欧盟 27 国财长决定设立总额为 7500 亿欧元的救助机制，帮助可能陷入困境的欧元区成员国。

欧盟《稳定与增长公约》规定公共债务占国内生产总值的比重应该低于 60%，但是，"欧猪五国"甚至英国、法国在 2009 年都超过这一上限（见表 9-1），说明这些国家具有较高的主权债务风险。

表 9-1 欧洲主要国家的公共债务占国内生产总值的比例

单位：%

时间 国家	2006 年	2007 年	2008 年	2009 年
希腊	97.8	95.7	99.2	115.1
西班牙	39.6	36.2	39.7	53.2
葡萄牙	64.7	63.6	66.3	76.8
爱尔兰	24.9	25.0	43.0	64.0
意大利	106.5	103.5	106.1	115.8
德国	43.3	40.7	43.0	47.2
法国	67.9	66.8	72.2	82.8
英国	47.4	48.3	57.7	73.2

资料来源：国际货币基金组织：IFS 数据库，www.imf.org。

二、金融危机向主权债务危机转变的形成机制

本书主要从银行危机传导、金融危机救助、预期转变、外部因素等方面分

析金融危机向主权债务危机转变的形成机制。

(一)银行危机传导引发主权债务风险

在封闭经济条件下的金融危机传导一章中，本书对不同类型的金融危机如何在金融层面进行传导和转变进行了分析，货币危机可能会导致银行危机、债务危机，银行危机也可能会导致债务危机。由次贷危机导致的银行危机恶化是欧洲主权债务危机形成的重要原因之一。

欧洲新兴市场和发展中经济体的银行体系具有特殊性。在本书关于新兴市场和发展中经济体之间传导结果差异性原因的论述中，本书指出，与亚洲、非洲不同，欧洲新兴市场和发展中经济体严重依赖外国银行的国际贷款，并且，绝大多数国家的商业银行被以西欧银行为主的外资控制，外资银行资产占国内生产总值的比重很大，中东欧国家更是如此。

随着转轨进程的深化，中东欧国家的银行体系被以西欧发达国家商业银行为主的外资银行所垄断，斯洛伐克、克罗地亚、爱沙尼亚和捷克的外资银行资产占银行体系总资产的比重达到 90％以上，拉脱维亚、立陶宛、匈牙利、波兰和罗马尼亚的这一比重也达到 60％以上(见图 9-1)。这意味着中东欧国家的银行体系以及银行功能被外资银行及其分支机构所控制。

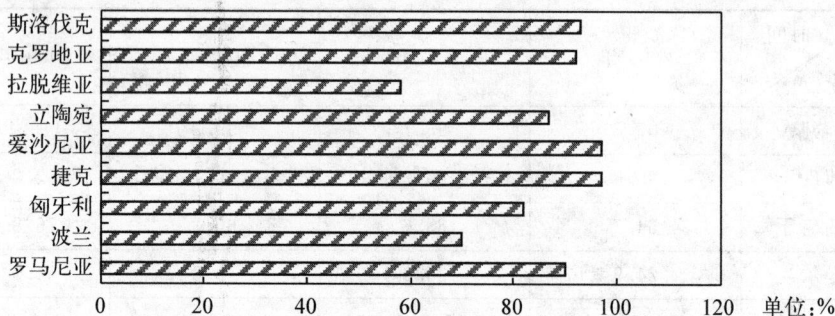

图 9-1　外资银行资产占银行体系总资产的比重(2006)
资料来源：http://www.rgemonitor.com/Economonitor—monitor/252488/.

而且，外资银行的资金来源不是本国居民的存款，而是来源于外资银行母银行的贷款。从图 9-2 可以看出，在次贷危机之前，爱沙尼亚、拉脱维亚和立陶宛等波罗的海沿岸经济体以及乌克兰、俄罗斯和匈牙利等经济体贷款占国内生产总值的增长率明显超过存款占国内生产总值的增长率，这些国家对以外资银行母银行向其子银行贷款形式流入的国际资本依赖性较强。因此，当西欧发达国家的商业银行受到危机冲击时，即中东欧国家外资银行的母银行受到冲击

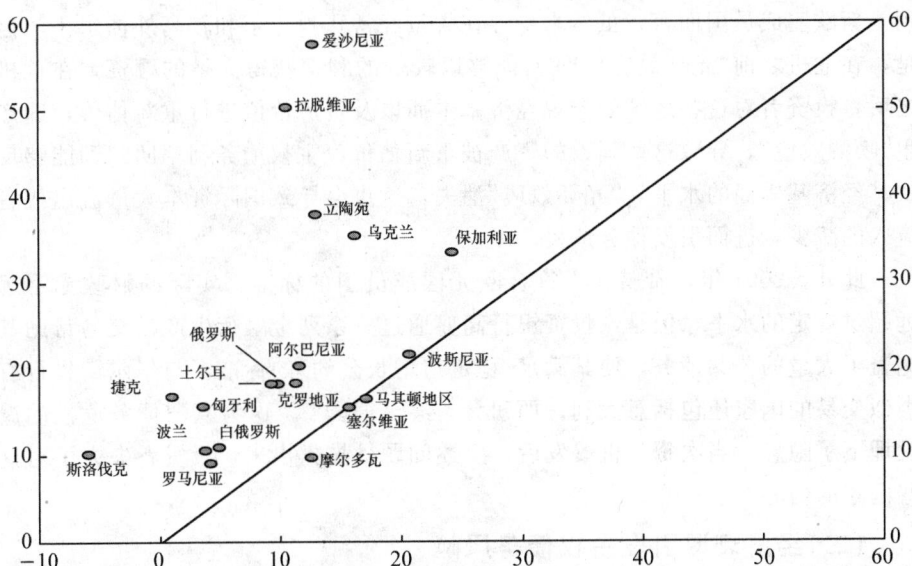

图 9-2 存贷款对国内生产总值比率的变动

注：2003—2007 年的平均值。

资料来源：A. Galesi & S. Sgherri："Regional Financial Spillovers across Europe: A Global VAR Analysis," http://www.imf.org/external/pubs/ft/wp/2009/wp0923. pdf，2009(2).

时，母银行收缩资产业务，减少对中东欧国家子银行的贷款，致使这些国家金融稳健性恶化，甚至出现信贷紧缩的情况。国际资本流入的情况导致金融和经济情况的恶化，金融和经济情况的恶化又降低了国际资本流入的吸引力，从而形成恶性循环。当 2009 年年初穆迪公司下调乌克兰的主权债务评级时，中东欧国家主权债务偿还能力受到国际社会的质疑，从而引发中东欧国家的债务问题。

次贷危机发生导致一国基础条件对国际资本的吸引力至关重要，无论在亚洲、拉丁美洲，还是在欧洲、中东地区，那些在危机爆发之前或者受到危机冲击之前经济增长率较高、通货膨胀较低、财政保持盈余、货币政策保持审慎、经常账户顺差的经济体赢得了经济基本面健康的优势，受到的冲击较轻。相反，那些经济基本面较差的国家，受到的冲击较重①。对于一些中东欧国家特

---

① 国际货币基金组织的区域经济概览（2009 年 4 月）进行了详细的论述。

别是新欧盟成员国而言，虽然本身存在大量经常账户赤字和较高外债水平，但是，在危机之前"光环效应"①使其能够以较低的利率获得大量的融资，在危机之后，投资者对这些地区的宏观经济基本面以及资产价值进行重新估价，即产生"唤醒效应"，导致这些国家的资产被重新估价，主权债务利率回归到能够反映其经济基本面的水平，"光环效应"消失，这也会导致国际资本大量流出或者流入的减少，进而引发债务危机。

此外，2001 年，希腊并不符合欧元区成员国的标准，实际的财政赤字远远超过规定的水平，但是，投资银行高盛通过一系列金融衍生产品交易帮助其掩盖了大量的公共债务，使其满足《稳定与增长公约》的标准。与华尔街投行有类似交易的国家还包括意大利、西班牙，甚至德国②。这为欧洲债务危机的爆发埋下了隐患。当次贷危机爆发后，上述问题被披露出来，投资者失去了对这些国家的信心。

（二）经济衰退引发主权债务风险

如果说银行危机引发的主权债务风险侧重于对中东欧国家债务问题的解释，那么，经济衰退引发的主权债务风险可以看成是引发主权债务危机的共同原因。

由次贷危机导致的全球金融危机把全球经济拖入谷底，各国在不同程度上出现了经济增长停滞和衰退的情况，欧洲各国也是如此。从表 9-2 可以看出，欧洲发达和发展中国家都陷入经济衰退之中。从债务危机开始出现的冰岛到乌克兰等中东欧国家，从"欧猪五国"到德国、法国和英国，无一例外地经历了经济衰退，在 2009 年的国内生产总值增长率均为负值，乌克兰、拉脱维亚、立陶宛甚至达到 -15% 及以上，英国和德国也分别达到 -4.9% 和 -4.7%。

---

① 豪纳（Hauner，2007）等人认为，光环效应是指一些转轨国家由于成为了新欧盟成员国能够以低于其他通过国家的成本融资。D. Hauner, J. Jonas & M. Kumar.："Policy Credibility and Sovereign Credit：the Case of the New Member States," *IMF Working Paper*，2007(1)。

② 周茂荣、杨继梅：《"欧猪五国"主权债务危机及欧元发展前景》，载《世界经济研究》，2011(11)，20～25 页。

表 9-2　主要欧洲国家的国内生产总值增长率

单位:%

时间\国家	2006 年	2007 年	2008 年	2009 年
冰岛	4.6	6.0	1.0	−6.5
乌克兰	7.3	7.9	2.1	−15.1
爱沙尼亚	11.2	7.1	−5.1	−14.1
拉脱维亚	12.2	10.0	−4.6	−18.6
立陶宛	7.8	9.8	2.8	−15.0
匈牙利	4.0	1.0	0.6	−6.3
希腊	4.5	4.5	2.0	−2.0
西班牙	4.0	3.6	0.9	−3.6
葡萄牙	1.4	2.4	−0.0	−2.6
爱尔兰	5.4	6.0	−3.0	−7.1
德国	3.4	2.7	1.0	−4.7
法国	2.2	2.4	0.2	−2.6
英国	2.9	2.6	0.5	−4.9

资料来源：世界银行：WEO 数据库，www.worldbank.org。

211

经济衰退不论从理论层面还是从技术层面都会增加主权债务风险。从理论层面上看，如果一国陷入经济衰退，那么，该国的投资收益率也会降低，这增加了该国无法按时偿还债务的可能性，而且，经济衰退降低了国际资本流入的吸引力，这降低了该国通过借新债还旧债的可能性，进一步增加了该国的主权债务风险。从技术层面上看，财政赤字占国内生产总值的比重和总债务占国内生产总值的比重是衡量一国主权债务风险的重要指标，即使在财政赤字和总债务不变的条件下，经济衰退导致国内生产总值的下降也会导致财政赤字占国内生产总值和总债务占国内生产总值的上升，即主权债务风险上升。

(三)金融危机救助引发主权债务危机

在应对次贷危机导致的全球金融危机的过程中，救助政策对阻止危机恶化、促进经济复苏发挥了重要作用，但是，危机救助的负向效应也蕴含着新的风险，大规模救助政策的实施是引发主权债务危机的重要因素之一。

1. 危机救助引发银行债务向主权债务转换

为了控制危机冲击，在冰岛之后，不论是由于受到次贷危机直接影响而导致的银行破产，还是由于受到全球金融危机波及而导致的银行困境，危机银行基本上都受到了政府的接管或者收购，从而导致银行债务向主权债务转变。

从葡萄牙看，2008 年 11 月，BPN 银行由于背负 7 亿欧元的债务而宣告破产，并被政府收购，BPN 银行成为葡萄牙历史上第一家被国有化的银行，这也为葡萄牙政府接管危机银行拉开了序幕。

从爱尔兰看，受到希腊债务危机的波及，爱尔兰的银行坏账逐步显现，政府接管多家银行的不良贷款。例如，爱尔兰政府将安格鲁爱尔兰银行（Anglo Irish Bank）、爱尔兰联合银行（Allied Irish Bank）国有化，从而避免银行体系的动荡。

从西班牙看，受到房地产泡沫破灭的影响，该国的房地产贷款由于借款人违约而无法收回，从而造成大量的呆账和坏账。2010 年 5 月，西班牙政府接管了该国最大地区储蓄银行之一的凯加舒银行（CajaSur Bank）。根据高盛估计，西班牙的房地产贷款高达 4450 亿欧元，大多数贷款无法按时偿还[1]。因为储蓄银行是最主要的债权人，所以，在西班牙政府接管储蓄银行之后，这些基本上无法偿还的坏账便成为政府的负担。

从英国看，政府通过收购该国主要银行优先股的方式向银行进行注资，包括苏格兰皇家银行、巴克莱银行、莱斯银行等，政府成为银行优先股的股东。并且，政府提供大约 2500 亿英镑的担保，以帮助金融机构的债务再融资。

从德国看，德国政府利用 700 亿欧元作为银行稳定基金，当银行遭遇资金短缺时，政府利用该资金对其进行注资，对处于困境的银行进行救助和担保，从而避免银行危机的进一步恶化。

当政府对濒临破产的银行进行接管时，国家信用代替了银行信用，即将破产银行的债务也相应地转变为国家的主权债务，从而导致国家的主权债务上升，主权债务风险增大。

在利用注资、国有化、接管等方式进行救助之外，为了避免国际资本流出以及银行挤兑，欧洲主要国家对本国的银行存款进行了担保，或者调高最高存款担保数额，或者设定存款担保期限，或者扩大所担保存款的范围（见表 9-3），

---

① http://news.sohu.com/20100525/n272326604.shtml.

这也会增加主权债务风险。例如，2008 年 9 月 30 日，爱尔兰政府对高达 4000 亿欧元的银行债务提供偿还担保，其中包括所有的证券、短期借款和个人存款；2008 年 10 月 6 日，德国政府宣布对所有私人存款进行担保；2008 年 10 月 7 日，荷兰政府对本国银行存款账户的担保额度从 3.8 万欧元提高至 10 万欧元。政府利用自身的信用对商业银行进行担保，增加了政府的潜在债务风险。

表 9-3　本次危机时期一些经济体采取的债务担保措施

时间	经济体	措　施
2008 年 9 月 30 日	爱尔兰	对高达 4000 亿欧元的银行债务提供偿还担保，其中包括所有的证券、短期借款和个人存款
2008 年 10 月 3 日	英国	储蓄存款担保上限由 35000 英镑提高至 50000 英镑
2008 年 10 月 3 日	希腊	为国内所有银行个人存款提供担保
2008 年 10 月 5 日	丹麦	与各商业银行就成立风险基金达成协议，保证储户的存款在银行倒闭时不会遭受损失
2008 年 10 月 5 日	瑞典	增加对银行个人存款的担保额度，担保金额从 250000 瑞典克朗提高至 500000 瑞典克朗
2008 年 10 月 6 日	德国	政府将担保所有私人存款
2008 年 10 月 7 日	荷兰	本国银行存款账户的担保额度从 3.8 万欧元提高至 10 万欧元
2008 年 10 月 8 日	意大利	所有银行存款账户的担保额度下限提高至 10 万欧元
2008 年 10 月 10 日	西班牙	银行存款担保从 2 万欧元提高至 10 万欧元

资料来源：国际货币基金组织：《区域经济概览》（西半球 2009 年 5 月）；各中央银行和财政部网站；朱民、边卫红：《危机挑战政府——全球金融危机中的政府救市措施批判》，载《国际金融研究》，2009(2)，4~33 页。

2. 扩张性财政政策导致财政赤字增加

为了应对次贷危机的冲击，欧洲各国实行了扩张性财政政策。从欧盟层面上看，欧盟委员会允许其成员国暂时超过 3% 的赤字标准，并批准了一项涵盖欧盟 27 个成员国、总额达 2000 亿欧元（约占欧盟国内生产总值 1.5%）的经济激励计划；从欧洲国家层面上看，实施了增加政府投资、减税、对弱势群体进行补贴等刺激措施，例如，英国将增值税率下降至 15%，德国在 2009 年和 2010 年共投入 500 亿欧元，主要用于公共基础设施投资，法国在 2009 年出台了 265 亿欧元的振兴计划，其中 111 亿用于公共投资。上述救助政策的正向效应导致次贷危机的冲击被弱化，负向效应导致政府财政赤字的显著增加。

首先，财政政策的自动稳定器作用导致财政赤字增加。财政政策具有自动稳定器作用，在经济繁荣时期，收入较高，失业较低，财政收入较高，支出较少；在经济萧条时期，收入较低，失业较高，财政收入较低，支出较高，从而平滑经济波动。

欧洲国家财政政策自动稳定器作用的发挥具有特殊性。在第二次世界大战之后，欧洲国家普遍建立起以高福利为特征的社会保障制度，随着欧洲一体化的不断推进，这种高福利制度也迅速涵盖了欧盟内经济水平相对落后的希腊、西班牙、葡萄牙、爱尔兰等国家。以希腊为例，在加入欧洲共同体之后，经济发展水平没有赶超其他国家，但是，居民生活水平特别是社会福利水平快速提高，甚至直逼德国等富裕国家。而且，人口老龄化问题在欧洲十分严重，高福利制度与人口老龄化问题相结合直接导致养老金、卫生保健和长期照顾服务等支出快速增加，公共社会保障体系承受巨大压力。根据欧盟经济政策委员会测算，老龄化对大多数国家预算的影响在 2010 年开始显现，2020—2030 年间达到高峰。欧洲中央银行关于欧元区财政可持续性的研究也指出，在考虑到人口老龄化的预算约束情况下，到 2050 年欧盟 12 个成员国中，只有芬兰的财政预算略有盈余，其他国家包括法国、德国、荷兰、比利时、奥地利、立陶宛、希腊、意大利、爱尔兰、西班牙和葡萄牙都将难以为继，政府财政赤字和对外负债率将大幅增加。其中，形势最为严重的是希腊，财政赤字与国内生产总值之比将高达 40.8%[1]。这种以高福利为特征的社会保障制度导致欧盟国家的政府部门不仅要应对原有人群的高福利支出，也要应对由于危机造成失业人口增加而导致的新增人群的高福利支出，从而导致危机时期财政支出增加。

---

[1] 周茂荣、杨继梅：《"欧猪五国"主权债务危机及欧元发展前景》，载《世界经济研究》，2011(11)，20～25 页。

其次，相机抉择的财政政策导致财政赤字增加。欧元区的财政政策和货币政策存在二元结构。从货币政策看，欧元区国家发行统一的货币——欧元，由欧洲中央银行制定统一的货币政策；从财政政策看，欧元区根据自己的情况实施各自的财政政策，从而促进经济增长和就业。在这种财政政策和货币政策的二元结构下，货币政策由欧洲中央银行制定和实施，成员国不必担心欧元币值稳定和物价稳定问题，只需通过财政政策的实施对经济进行调控。而且，财政政策具有溢出效应，这意味着财政政策的负向效应不完全由政策实施国承担，从而导致欧盟成员国具有实施扩张性财政政策的动机。当次贷危机来临之时，由于不同国家受到危机冲击的时间、途径、程度、范围存在差异，欧元区统一的货币政策无法符合所有成员国的需要，受到冲击的欧元区成员国也无法利用货币贬值的手段缓解危机冲击，所以，只能依靠财政政策来刺激经济增长①。

欧盟对于财政政策的监管机制以及危机救助的态度导致扩张性财政政策的过度实施。从监督机制上看，一方面，欧盟统计局无法对成员国上报的数据进行审计核实，与成员国的预算部门缺乏紧密的联系；另一方面，在现有的财政统计框架下，过分重视结构性赤字，即对经济周期因素进行调整之后的财政赤字，而调整的前提是对产出缺口进行估计，当产出缺口的计算缺乏准确性时，欧盟国家财政赤字的准确性也值得商榷，这导致欧盟对其成员国的财政政策缺乏有效的监督和检查机制②。从欧盟应对危机的态度上看，欧盟委员会允许其成员国暂时超过 3％的赤字标准，这为成员国实施扩张性财政政策而导致财政缺口增大提供了理由和依据。

自动稳定器机制的发挥以及相机抉择财政政策的实施导致欧洲国家财政收入减少，财政支出增加，财政赤字占国内生产总值的比重提高。从表 9-4 可以看出，次贷危机之后，无论是希腊、爱尔兰、西班牙、意大利、葡萄牙，还是德国、英国、法国，政府支出占国内生产总值的比重不断增加，财政赤字占国内生产总值的比重不断扩大，在 2009 年，希腊、爱尔兰、西班牙、意大利、葡萄牙财政赤字占国内生产总值的比重分别高达－13.6％、－14.3％、－11.2％、－5.3％、－9.4％，法国、英国也分别达到－7.1％和－10.9％，都超过了欧盟《稳定与增长公约》规定的财政赤字占国内生产总值的上限。

---

① 郑联盛：《欧洲主权债务问题：演进、影响与启示》，中国社会科学院世界经济与政治研究所国际金融研究中心，2010(8)。

② 何帆：《欧洲主权债务危机与美国债务风险的比较分析》，载《欧洲研究》，2010(4)，17～25 页。

表 9-4 欧洲国家政府支出、收入和财政赤字情况

单位:%

国家	占国内生产总值的比重	2006 年	2007 年	2008 年	2009 年
希腊	政府支出	43.2	45.0	46.8	50.4
	政府收入	39.3	39.7	39.1	36.9
	财政赤字	−3.6	−5.1	−7.7	−13.6
爱尔兰	政府支出	34.4	36.6	42.0	48.4
	政府收入	37.4	36.7	34.7	34.1
	财政赤字	3.0	0.1	−7.3	−14.3
西班牙	政府支出	38.4	39.2	41.1	45.9
	政府收入	40.4	41.1	37.0	34.7
	财政赤字	2.0	1.9	−4.1	−11.2
意大利	政府支出	48.7	47.8	48.8	51.9
	政府收入	45.4	46.4	46.2	46.6
	财政赤字	−3.3	−1.5	−2.7	−5.3
葡萄牙	政府支出	46.3	45.8	46.1	51.0
	政府收入	42.3	43.2	43.2	41.6
	财政赤字	−3.9	−2.6	−2.8	−9.4
德国	政府支出	30.1	28.9	28.9	31.7
	政府收入	28.6	28.4	28.4	29.4
	财政赤字	−1.5	−0.5	−0.5	−2.3
法国	政府支出	45.1	44.4	44.7	47.6
	政府收入	42.6	42.1	41.9	40.5
	财政赤字	−2.5	−2.3	−2.8	−7.1
英国	政府支出	40.3	40.0	43.0	46.8
	政府收入	37.6	37.4	38.4	35.9
	财政赤字	−2.7	−2.6	−4.6	−10.9

数据来源:世界银行;WEO 数据库,www.worldbank.org。

（四）评级机构的评级下调强化主权债务风险

在欧洲主权债务危机形成和恶化的过程中，评级机构的评级下调起到了重要的推动作用。以主权债务危机较为严重的"欧猪五国"为例，它们都受到了评级下调的冲击。

从希腊来看，从 2009 年 12 月到 2011 年 3 月标准普尔对其长期主权信用评级由 A－下调至 BB－；从葡萄牙看，2010 年 12 月 25 日，惠誉将其长期外币和本币债务评级从 AA－下调至 A＋，2011 年 3 月 29 日，标准普尔将其评级从 BBB 下调至 BBB－，2011 年 4 月 5 日，穆迪将其信用评级从 AAA 下调至 Baa1；从西班牙看，2010 年 9 月 30 日，穆迪将其主权信用评级从 AAA 下调至 AA，2011 年 3 月 10 日，穆迪将其政府债券评级从 Aa1 下调至 Aa2；从意大利看，2011 年 6 月 22 日，标准普尔将其主权评级前景从稳定下调至负面；从爱尔兰看，2010 年 8 月 24 日，标准普尔将其长期主权信用评级从 AA 下调至 AA－，评级前景为负面，2011 年 4 月，标准普尔将其主权信用评级由 BBB＋下调至 BBB－，主权债务评级由 A 下调至 BBB＋，惠誉将其主权信用评级 BBB＋列入负面观察名单，穆迪也将其对爱尔兰的主权信用评级下调至 Baa1 的评级前景为负面。

许文彬、张亦春和黄瑾轩（2009）归纳了穆迪、惠誉和标准普尔三大评级机构的主权评级模式以及评级的影响因素：①穆迪的评级采取了三步骤、四大因素的评级方法。第一，在对经济实力和体制实力两大因素进行分析的基础上，对一国的经济弹性进行评估，其中，反映经济实力的指标主要包括人均国内生产总值、经济的多元化程度（或规模）以及其他一些反映长期稳健性的结构性因素；第二，在对政府的财务实力和政府对事件风险的敏感性两大因素进行分析的基础上，对政府的财务稳健性进行评级，其中，政府的财务实力量化为政府动用资源以偿还债务的能力，包括所需偿还的债务与所拥有的资金比较以及偿债要求与资产负债表的灵活性比较两方面内容，政府对事件风险的敏感性评估确定债务环境是否会因为不利的经济、金融或政治事件而进一步恶化；第三，确定主权评级。②惠誉的主权信用评级主要考虑以下五个方面的因素：第一，宏观经济状况和预期，包括通货膨胀率、经济增长率等指标；第二，结构性特征，包括国内储蓄占国内生产总值的比率、人均 GNI 等指标，这些结构性特征会使经济对政治风险以及管理因素的抗冲击能力发生变化；第三，金融部门和银行系统的稳定性，尤其是与宏观经济稳定性和主权或有负债相关的金融部门和银行系统的稳定性，包括银行系统风险指标和宏观谨慎指标；第四，公共财政，包括公共债务和财政融资的结构和可持续性，主要利用国债余额占国内生产总值的比例来衡量，并以国债的偿债记录作为参考因子；第五，外部金融状况，特别是国际贸易平衡、经常账户融资、资本流动以及(公共的和私人部门的)外部债券水平和结构可持续性。③标准普尔将影响主权信用评级的因素分为10类，包括政治风险、收入和经济结构、经济增长的前景、财政弹性、中央及地方的财务负担、预算外负债和或有负债、货币的稳定性、对外流动性、公共部门的外债负担、私人部门的外债负担，其中，经济增长前景利用储蓄和投资的规模和构成、中央及地方政府收入、支出和盈余或赤字趋势、经济增长的速度和结构等指标来衡量，财政弹性利用财政收入弹性和效率、财政支出效果和压力、预算报告的合适性、范围和透明度、养老金的责任约束等指标衡量，公共部门的外债负担利用公共部门的总外债和净外债占经常项目收入的百分比、债务币种构成、到期日及其对利率变动的敏感性、获得优惠资金的机会、偿还债务的负担等指标来衡量。

从上面的分析可以看出，评级下调与次贷危机导致的全球金融危机冲击了评级的影响因素密切相关。从穆迪的评级影响因素进行分析，金融危机的冲击会导致国内生产总值增长率的下降，从而导致一国经济弹性降低；金融危机救助会导致政府财政赤字增加从而导致政府的财务实力下降，也会导致政府的财务稳定性降低，从而导致对该国主权债务评级的下调。从惠誉的评级影响因素进行分析，金融危机冲击会通过减少消费、投资以及净出口而恶化一国的宏观经济状况以及对经济增长前景的预期，通过降低银行资本占资产的比例、增加不良贷款占总资产的比例、降低资产回报率和资本回报率而降低金融部门和银行系统的稳定性，通过增加债务规模而恶化公共财政，通过减少国际资本流入而恶化外部金融状况，进而导致对该国主权债务评级的下调。从标准普尔的评级影响因素进行分析，金融危机会通过降低经济增长速度而恶化经济增长的前景，通过增加财政支出、减少财政收入而恶化财政弹性，通过增加偿还债务压力而增加公共部门的外债负担，进而导致对该国主权债务评级的下调。因此，次贷危机导致的全球金融危机恶化了评级的影响因素，穆迪、惠誉和标准普尔作出的主权评级下调是在预期之内的。

主权信用评级的下调对评级下调国家造成了严重的冲击。信用评级的重要作用是降低信息成本，减少信息不对称，将不同质量的金融产品区别开来，避免金融市场上平均质量定价的现象发生，从而使高评级与高价格或高收益相关。这意味着主权评级下调的国家在国际金融市场通过发行债券进行融资时需要面临债券收益率降低、债券发行成本上升的困境。并且，一国的主权债务评级是该国获得评级的最高上限，这意味着评级机构对该国次主权主体的评级不会高于对该国的主权评级，因此，主权债务评级的降低会导致次主权主体评级的降低，从而恶化了次主权主体在国际金融市场上的融资情况。评级下调不仅会恶化其在国际金融市场上的融资情况，也会导致国内债券市场和股票市场的波动。帕克斯安通·李（Pukthuanthong-Le，2007）等人使用了1990—2000年涵盖世界主要地区的34个国家的数据研究了主权评级变动以及评级概览对国际资本市场的影响，他们发现当评级下调或进入评级概览的下调名单时债券和股票市场都有负向的显著反应，但是，当评级上调或进入评级概览的上调名单时，只有债券市场存在正向的显著反应。而且，他们发现评级下调对于经济情况不佳的经济体——高通胀、低经常账户余额的新兴市场——的债券市场影响更加显著。

(五)主权风险上升导致外部债务融资困难

从理论上说，在一国存在较高财政赤字的条件下，如果该国能够通过借债的方式弥补资金缺口，或者，能够通过持续地借新债还旧债的方式偿还即将到期的债务本金和利息，那么，主权债务危机并非必然发生。

第一，财政赤字恶化和利率上升增加了新增融资的需求。在上文的论述中，欧洲国家由于财政收入减少、财政支出增加而导致财政赤字显著增加，在2009年，希腊、爱尔兰、西班牙、意大利、葡萄牙财政赤字占国内生产总值的比重分别高达-13.6%、-14.3%、-11.2%、-5.3%、-9.4%。为了利用扩张性财政政策促进经济复苏、增加就业、弥补财政赤字缺口，这些国家选择债务融资的方式，从而导致资金需求增加。另外，次贷危机导致风险增加以及国际金融市场的利率上升，进而导致存在浮动利率债务国家的利息支出上升。以希腊为例，在2010年面对庞大的融资需要，在第一季度，需要融资90亿欧元，在第二季度，需要融资270亿欧元，其中，4月份需要融资130亿欧元（到期债务100亿欧元，财政需要30亿欧元），5月份需要融资120亿欧元（到期债务85亿欧元，财政需要35亿欧元），在第三、第四季度，需要融资110亿欧元，占上半年融资需要的三分之一①。庞大的融资需求是引发主权债

---

① 徐欣:《希腊主权债务危机：成因、表现与未来走势》，载《世界经济情况》，2010(11)，19～23页。

务危机的直接因素之一。

第二，主权风险上升导致融资成本上升。根据 2009 年 5 月国际货币基金组织《区域经济概览：欧洲》的资料显示，次贷危机导致国际金融市场上不同发行者和不同债券工具之间的违约风险升水上升，从 2008 年年初到 2008 年年末，爱尔兰、意大利、西班牙、葡萄牙等国的主权风险升水从 20 基点左右上升至 100 基点以上。主权风险的上升增加了政府的融资成本。以希腊为例，2010 年 4 月 9 日，两年期希腊政府债券收益率上升 0.96 个百分点，达到 7.45%，10 年期希腊政府债券收益率上升 0.21 个百分点，超过 10%[①]。而且，希腊主权债务危机的恶化与其主权债务结构存在直接关系，希腊在 2009 年发行的债券中，5 年期以下的债券占 71%，3 年期以下的债券占 27%，1 年期以下的债券占 12.3%[②]，这导致希腊到期债务数量集中，违约概率增加。

第三，主权风险上升导致投资者信心的丧失。主权风险上升意味着该国债务违约的可能性增加，投资者向其提供资金的风险增大，投资者不愿意向存在高主权风险的国家提供资金。以希腊为例，其融资需要在投资者没有丧失信心的情况下可以得到满足，在 2009 年，希腊政府通过银行承销团，以低于二级市场价格平均 10~15 个基点的价格成功地发售数目介于 50 亿与 80 亿欧元之间的债券，在 2010 年，分别在 1 月和 3 月又发行了两期总量分别为 8 亿和 5 亿的国债。但是，这两期国债在二级市场上遭到抛售，资本损失超过 5%。可见，希腊的主权债务风险已经达到极高状态，债券发行量已经超过了投资者的接受水平。

总之，欧洲主权债务危机是由次贷危机导致的全球金融危机深化的结果。银行危机和经济衰退恶化了经济的基本情况，扩张性财政政策增加了财政赤字和负债比例，评级机构的评级改变了投资者的预期，这些因素的共同作用导致主权债务风险上升，主权债务风险上升导致其在国际金融市场上债券融资成本上升以及债务融资难度增加，最终导致主权债务危机的发生和恶化。

---

① 余永定：《从欧洲主权债危机到全球主权债危机》，载《国际经济评论》，2010(6)，14~24 页。

② 徐欣：《希腊主权债务危机：成因、表现与未来走势》，载《世界经济情况》，2010(11)，19~23 页。

第二节 从经济萧条到全球通货膨胀

在次贷危机导致的全球金融危机时期，经济呈现流动性短缺、通货紧缩的状态。可是，当危机并未走远之时，巴西、俄罗斯等新兴市场国家通货膨胀的势头逐渐显现，美国、欧元区国家也面临着通货膨胀的压力。本书对全球通货膨胀总体情况进行概括的基础上，本节分析从经济萧条到通货膨胀的形成机制。

一、全球通货膨胀概况

技术进步特别是信息技术的应用提高了企业的生产效率、降低了企业的运营成本和产品价格，而且，中国等新兴市场国家处于国际分工的最底层，廉价的劳动力为国际市场提供低价格的产品和劳务，这导致 2006 年之前全球经济经历了以高增长、低通胀为特征的黄金时期。从 2006 年开始，伴随着国际大宗商品价格上升，全球物价水平开始上升，出现通货膨胀，但是，次贷危机的爆发阻止了通货膨胀的恶化。

在次贷危机的影响尚未消退的背景下，石油、黄金和粮食价格的上升推动全球通货膨胀逐步显现。根据国际货币基金组织的资料显示（见表 9-5），全球消费者价格指数同比变动百分比 2007 年为 3.8％，2008 年为 5.9％，2009 年为 2.3％，2010 年为 3.4％，这意味着与上一年相比，2007 年、2008 年、2009 年和 2010 年全球消费者价格指数分别上升了 3.8％、5.9％、2.3％和3.4％。其中，发达经济体消费者价格指数的增加幅度较小，速度较慢，新兴市场和发展中经济体消费者价格指数的增加幅度较大、速度较快，是全球消费者价格指数上升的主要推动力量。在 2007 年与 2010 年之间，发达经济体消费者价格指数的同比变动在 0.1％与 3.4％之间，尚未摆脱通货紧缩压力；新兴市场和发展中经济体消费者价格指数的同比变动在 5.5％与 9.7％之间，通货膨胀的趋势较为明显。而且，在新兴市场和发展中经济体中，欧洲、撒哈拉以南的非洲、中东和北非消费者价格指数的上升幅度较大。在 2011 年，全球通货膨胀的态势更加明显，2011 年 4 月的全球消费者价格指数与 2010 年 4 月相比上升了 4.5％，发达经济体上升了 2.8％，新兴市场和发展中经济体上升了7.2％。发达经济体通货膨胀的压力日趋增大，新兴市场和发展中经济体通货膨胀情况日趋严重。

表9-5　消费者价格指数同比变动

单位:%

地区 ＼ 时间	2007 年	2008 年	2009 年	2010 年	2011 年 1月	2011 年 2月	2011 年 3月	2011 年 4月
全球	3.8	5.9	2.3	3.4	3.9	4.1	4.3	4.5
发达经济体	2.2	3.4	0.1	1.5	2.0	2.2	2.5	2.8
新兴市场和发展中经济体	6.3	9.7	5.5	6.2	6.9	6.9	7.1	7.2
亚洲发展中经济体	5.4	7.8	3.1	5.9	6.5	6.3	6.6	6.6
欧洲	8.0	12.1	8.4	6.4	7.2	7.2	7.3	7.6
中东和北非	8.0	15.0	7.6	6.8	8.7	9.1	9.6	9.8
撒哈拉以南的非洲	7.8	15.1	9.5	6.9	7.3	7.2	8.4	8.5
西半球	5.4	7.8	6.1	6.2	6.6	6.6	6.5	6.5

资料来源:国际货币基金组织:IFS数据库,www.imf.org。

发达经济体步入通货膨胀的时间较晚,速度较慢,新兴市场和发展中经济体步入通货膨胀的时间较早,速度较快,而且,不同国家之间也存在差异。

表9-6　发达经济体消费者价格指数同比变动

单位:%

国家 ＼ 时间	2006 年	2007 年	2008 年	2009 年	2010 年	2011 年
奥地利	1.7	2.2	3.2	*0.4*	1.7	2.5
比利时	2.3	1.8	4.5	*0.0*	2.3	2.9
芬兰	1.3	1.6	3.9	1.6	1.7	3.0
法国	1.9	1.6	3.2	*0.1*	1.7	2.1
德国	1.8	2.3	2.8	*0.2*	1.2	2.2
希腊	3.3	3.0	4.2	1.4	4.7	2.5
爱尔兰	2.7	2.9	3.1	−1.7	−1.6	0.5
意大利	2.2	2.0	3.5	*0.8*	1.6	2.0
荷兰	1.7	1.6	2.2	1.0	*0.9*	2.3

续表

时间 国家	2006 年	2007 年	2008 年	2009 年	2010 年	2011 年
葡萄牙	3.0	2.4	2.7	−0.9	1.4	2.4
斯洛伐克	4.3	1.9	3.9	*0.9*	*0.7*	3.4
斯洛文尼亚	2.5	3.6	5.7	*0.9*	1.8	2.2
西班牙	3.6	2.8	4.1	−0.2	2.0	2.6
日本	0.3	0.0	1.4	−1.4	−0.7	0.2
英国	2.3	2.3	3.6	2.1	3.3	4.2
美国	3.2	2.9	3.8	−0.3	1.6	2.2

资料来源：国际货币基金组织：WEO 数据库（2011 年 4 月），www.imf.org。

从发达经济体消费者价格指数同比变动看（见表 9-6），美国、英国、日本以及欧元区国家整体增幅不大。在 2009 年，爱尔兰、葡萄牙、西班牙、日本、美国的消费者价格指数同比变动出现负值，说明上述国家 2009 年的消费者价格指数低于 2008 年的水平，出现了通货紧缩。而且，奥地利、比利时、法国、德国、意大利、斯洛伐克和斯洛文尼亚的消费者价格指数同比变动低于 1%，也出现轻微通货紧缩的情况。这种通货紧缩的势头并未持续较长时间，在 2010 年，只有爱尔兰和日本的消费者价格指数同比变动仍为负值，只有荷兰和斯洛伐克的消费者价格指数增加幅度低于 1%，其他经济体都走出了通货紧缩的局面，甚至出现通货膨胀。例如，希腊和英国 2010 年的消费者价格指数同比变动分别为 4.7% 和 3.3%，都超过了 3% 的水平。根据国际货币基金组织的预测，在 2011 年，通货膨胀的势头更加明显，发达经济体消费者价格指数增长幅度不同程度地上升，除了日本和爱尔兰之外，发达经济体消费者价格指数的增长幅度在 2% 以上，英国和斯洛伐克最高，预计分别达到 4.2% 和 3.4%。需要说明的是，美国等发达国家侧重于观察核心通货膨胀，这意味着其 CPI 剔除了波动较大的食品与能源的价格。若考虑食品与能源价格上升影响，发达经济体的消费者价格指数上升幅度将高于表 9-6 显示的幅度。

从新兴市场和发展中经济体消费者价格指数同比变动看（见表 9-7），从 2006—2010 年，基本上都经历了消费者价格指数同比变动从高到低、又从低到高的过程，但是，不同经济体之间存在差异。

表 9-7　新兴市场和发展中经济体消费者价格指数同比变动

单位:%

时间 \ 国家	2006 年	2007 年	2008 年	2009 年	2010 年	2011 年
阿根廷	10.9	8.8	8.6	6.3	10.5	10.2
巴西	4.2	3.6	5.7	4.9	5.0	6.3
中国	1.5	4.8	5.9	**−0.7**	3.3	5.0
格鲁吉亚	9.2	9.2	**10.0**	1.7	7.1	12.6
印度	6.2	6.4	8.3	10.9	13.2	7.5
印度尼西亚	13.1	6.0	9.8	4.8	5.1	7.1
墨西哥	3.6	4.0	5.1	5.3	4.2	3.6
罗马尼亚	6.6	4.8	7.8	5.6	6.1	6.1
俄罗斯	9.7	9.0	**14.1**	11.7	6.9	9.3
南非	4.7	7.1	**11.5**	7.1	4.3	4.9
土耳其	9.6	8.8	**10.4**	6.3	8.6	5.7
乌克兰	9.1	**12.8**	**25.2**	15.9	9.4	9.2
越南	7.5	8.3	**23.1**	6.7	9.2	13.5

资料来源：国际货币基金组织：WEO 数据库(2011 年 4 月)，www.imf.org。

第一，只有中国在 2009 年的消费者价格指数同比变动为−0.7％，说明其 2009 年的消费价格指数低于 2008 年的水平，出现了通货紧缩情况，表 9-7 显示的其他新兴市场和发展中经济体没有出现上述现象，而是一直承受着通货膨胀压力。第二，在 2007—2008 年次贷危机逐步显现并恶化的时期，表 9-7 中所有新兴市场和发展中经济体消费者价格指数同比变动均超过 3％，在 2007 年，乌克兰该指数已经超过 10％，达到 12.8％，在 2008 年，格鲁吉亚、南非、俄罗斯、土耳其、乌克兰、越南该指数也都超过 10％，这意味着在次贷危机进一步恶化、发达经济体陷入通货紧缩之时，上述新兴市场和发展中经济体出现了严重的通货膨胀。在 2009 年，当新兴市场和发展中经济体普遍受到全球金融危机冲击时，经济出现下滑，通货膨胀压力减轻，阿根廷、巴西、格鲁吉亚、印度尼西亚、罗马尼亚、俄罗斯、南非、土耳其、乌克兰、越南等国消费者价格指数的同比上升幅度有所降低，但是，阿根廷、俄罗斯、乌克兰的通货膨胀问题仍然十分严重。第三，在 2010 年，一些国家的通货膨胀情况恶化，例如，阿根廷、格鲁吉亚、印度、越南等国，一些国家的通货膨胀受到控制，例如，俄罗斯、南非、乌克兰等国。第四，根据国际货币基金组织的预期，2011年新兴市场和发展中经济体仍然需要面临较为严重的通货膨胀问题，阿根廷、格鲁吉亚和越南的消费者价格指数同比变动预计仍在10%以上，巴西、印度、印度尼西亚、罗马尼亚、乌克兰、俄罗斯等国预计仍在5%以上。

二、从经济萧条到通货膨胀的形成机制

通货膨胀的形成原因是多种多样的，既有需求拉上型的通货膨胀，也有成本推进型的通货膨胀；既有结构型通货膨胀，也有输入型通货膨胀。本书将结合通货膨胀成因理论和危机时期的经济金融情况分析从经济萧条到通货膨胀的形成机制。

(一)经济复苏刺激需求增加

在全球金融危机时期，发达经济体、新兴市场和发展中经济体基本上都采取了危机救助措施，包括扩张性货币政策、扩张性财政政策等。这些政策的作用效果在实际经济层面转化为对消费、投资和进口的需求，从而导致总需求的增加。当社会闲置资源逐步减少、总供给潜在增加能力较小时，产出增加的同时伴随着价格上升，形成需求拉上型的通货膨胀。

1. 危机救助措施拉动国内需求增加

由于危机救助措施存在传导时滞，所以，扩张性货币政策和财政政策对经济复苏的拉动作用难以起到立竿见影的效果。但是，伴随着时间的推移，政策效果逐步显现。

从扩张性货币政策的效果看，危机救助中实施的货币政策保证了金融体系流动性充足，支持了国内金融市场，维护了公众信心，保护了银行体系的中介功能，从而促进了经济复苏。国际货币基金组织在2009年的《区域经济概览》中指出，美国实行的宽松货币政策刺激了经济复苏，如果没有实行宽松的货币政策，那么，美国以及全球复苏的势头会减弱，复苏时间会延后，而且，实际国内生产总值的路径与没有实行宽松货币政策的国内生产总值路径在一年内的缺口不大，但是，在两年之后，没有实行宽松货币政策的国内生产总值低于实际国内生产总值三个百分点。

从扩张性财政政策的效果看，政府支出的增加通过支出乘数的作用导致国民收入数倍增加，税收减免和利率下降刺激了居民消费和企业投资。苗永旺(2009)对美国扩张性财政政策的效果进行分析，认为财政刺激起到了稳定金融

市场、遏制美国经济下滑、稳定市场信心的作用，同时也指出美国高额财政赤字带来的隐患。王彦荣和孙大海（2010）对本次危机期间实行的财政刺激政策的效果进行评估，按照不同财政乘数测算了扩张性财政政策对经济增长的影响，其中包括对其他国家经济的溢出效应和国际政策协调效应。结果表明，在2009年，G20国集团的财政政策拉动国内生产总值增加1.2%～4.7%，发达国家的财政政策拉动国内生产总值增加1.3%～4.4%，新兴市场国家的财政政策拉动国内生产总值增加1.1%～5.0%；在2010年，G20国集团的财政政策拉动国内生产总值增加0.1%～1.0%，发达国家的财政政策拉动国内生产总值增加0.1%～1.1%，新兴市场国家的财政政策拉动国内生产总值增加0～0.8%。

扩张性货币政策和财政政策的作用转变为对本国的有效需求，在国内需求的拉动下，新兴市场等经济复苏较快的国家首先出现了通货膨胀。

2. 经济复苏拉动进口商品价格上升

在本次全球通货膨胀中，石油、粮食、原材料等大宗商品价格先行上涨是其主要特征。这些大宗商品价格上升的原因是复杂多样的，包括自然灾害、战争等方面的影响，而经济复苏拉动进口商品价格上升是其重要原因之一。

以石油价格为例，石油价格的波动与金融危机的发展态势存在较强的相关性。2002年以来，在低利率的刺激下，全球经济逐步摆脱互联网泡沫的阴影而逐步复苏，国际油价从2002年1月31日的最低每桶15.52美元大幅上升至2008年7月11日的每桶147.25美元，上升幅度高达894.6%。当贝尔斯登、雷曼等美国投资银行相继破产或者被政府接管后，金融危机恶化，国际油价又开始了自由落体式的滑落，2009年1月30日更是创出每桶33.20美元的低价，相比最高价格每桶147.25美元的价格下降了77.5%[①]。在各国政府联合推出大规模的救市措施之后，国际油价开始逐步反弹，在2011年4月，上升至每桶120美元以上。石油作为一种重要的原材料，有"黑金"、"工业血液"之称，作为化工原料，它是农药、化肥、化纤、塑料、树脂、建材、橡胶的原材料，作为原油，它是多种燃料的原材料，因此，当经济逐步从萧条转向复苏时，对上述产品的需求增加，这增加了对石油的进口需求。由于一些新兴市场经济体对石油、粮食等大宗商品的进口，所以，经济复苏导致对上述大宗商品进口需求的增加，进而导致大宗商品价格上升。

---

① 马登科：《国际石油价格动荡：原因、影响及中国策略》，吉林大学博士学位论文，2010。

（二）扩张性货币政策推动价格上升

在次贷危机导致的全球金融危机时期，受到危机冲击的国家都实施了扩张性的货币政策，注入了大量的流动性。在通过促进经济复苏而拉动价格上升的同时，扩张性的货币政策也会通过其他机制推动价格上升。

1. 危机时期的货币政策

从货币政策看，主要经济体在救助过程中都大幅度降低利率，美联储连续10次降息将联邦基金利率维持在0～0.25％；英格兰银行五次下调基准利率至1％；欧洲中央银行将基准利率降低至1％的水平；日本银行将银行间无担保隔夜拆借利率由0.5％下调至0.3％。在降低利率的同时，采取了量化宽松的政策，向市场注入流动性，美国为商业银行和投资银行提供融资，向货币市场和资产证券化市场提供贷款，购买长期国债3000亿美元，对MBS的购买由5000亿美元增加到1.25万亿美元，购买机构债2000亿美元；英格兰银行启动了一项750亿英镑的数量宽松政策；欧洲银行购买了600亿欧元的资产担保债券；日本银行购买了2万亿日元商业票据，并将日本开发银行的紧急放款计划资金规模从1万亿日元提高到10万亿日元，等等。

在发达经济体之外，新兴市场和发展中经济体也采用货币政策应对危机。从常规货币政策看，在亚洲地区，中国降低了存款准备金率和贷款基准利率，韩国降低了基础利率，扩大了合格证券的范围，提高了信贷规模上限，印度降低了基准利率和存款准备金率，放松银行国外借款的限制，泰国降低了利率；在中东和中亚地区，利比亚、也门、埃及、巴基斯坦等国家降低了政策性利率，阿塞拜疆、格鲁吉亚、哈萨克斯坦、塔吉克斯坦等国家降低了存款准备金率；在美洲地区，阿根廷、巴西、哥伦比亚、多米尼加共和国、洪都拉斯等国降低了存款准备金率，哥伦比亚、智利等国降低了政策性利率，巴西、哥斯达黎加、墨西哥等国扩大了从再贴现窗口获得流动性的机构范围。

可见，在次贷危机导致的全球金融危机爆发之后，随着危机波及范围的不断加大，发达经济体以及新兴市场和发展中经济体大都采取了扩张性货币政策应对金融危机，向市场注入了大量流动性。

2. 扩张性货币政策推动价格上升的机制

货币主义学派认为，基础货币数量和货币流通速度决定整个社会的货币供给量，货币供给量的多少决定社会总需求。因此，在货币流通速度相对稳定的情况下，基础货币数量的增加直接导致总需求的增加，货币数量的过度增加是导致总需求过剩的根本原因，因此，通货膨胀无论何时何地都是一种货币现象。在全球金融危机时期，发达经济体、新兴市场和发展中经济体通过降低存款准备金率、降低再贴现率、公开市场业务等常规手段以及其他非常规手段注入了大量的流动性，从而导致货币供给量的增加。如此之多的货币供给量必然会在一般物价水平上有所反映，货币供给量的增加是通货膨胀出现的直接原因。

此外，如果说经济复苏是粮食、石油等大宗商品价格持续上升的推动力，那么，大规模扩张性货币政策的实施为大宗商品价格上升提供了条件。目前国际大宗商品期货市场迅猛发展，几乎所有的大宗商品都已形成期货定价中心，如铜、铝、铅、锡等金属的价格主要在伦敦金属交易所确定，大豆的定价中心在芝加哥期货交易所[①]，期货交易的高杠杆性和投机性导致标的商品价格大幅波动。一方面，在本国经济复苏乏力的条件下，投资前景不确定性较强，注入的流动性无法全部转换成本国的有效需求，而是流向全球大宗商品交易市场，从而导致大宗商品的价格上升。另一方面，期货交易实行保证金交易，这意味着投资者利用较少的资金可以进行数倍资金规模的交易，各国的低利率政策导致进行投机的资金成本大幅下降，投机动机更加强烈。这不仅导致国际大宗商品期货价格的大幅波动，而且导致了国际大宗商品期货价格在波动中上升。

(三)美国货币政策的溢出效应

当前的国际货币体系是以美元为本位货币的国际货币体系，其他国家为了进行国际贸易和结算、获得国际储备货币而被迫持有美元，从而形成了其他国家的美元需求。但是，美联储拥有美元的货币发行权，其货币发行的数量和规模依赖于其对美国经济情况的判断，而基于美联储对全球经济金融形势的判断，这种权利和义务的不对称性导致美国的货币政策具有强烈的溢出效应。

1. 美元贬值推动大宗商品价格上升

美国量化宽松的非常规货币政策实施导致美元贬值。从表9-8可以看出，从2007—2011年4月之间，美元对SDR的市场汇率从1.58上升至1.62，贬值幅度为2.6%，实际有效汇率从94.73下降至85.30，贬值幅度为10%。一方面，美元贬值导致其他国家为了保持出口竞争力也纷纷贬值，不同货币贬值导致以这些货币标价的商品、劳务以及金融资产价格上升，从而推动了全球一般物价水平的上升；另一方面，国际大宗商品的价格通常以美元标价，美元贬值导致以美元标价的商品价格下降，商品生产者和出售者为了维持商品本身的价格而提高大宗商品以美元表示的价格，这意味着国际市场上大宗商品价格的

---

① 曲凤杰：《全球通货膨胀深层次根源及对我国的启示》，载《新金融》，2008(9)，38～40页。

上升，从而拉动全球一般价格水平的上升。

美元贬值的预期刺激了国际资本在商品期货市场上套利，套利机制如下（以利用石油期货进行套利为例）：首先，在低利率的环境下，投资者以较低的价格借入数量为 D 的美元；其次，将数量为 D 的美元投入商品期货市场进行套利，由于期货交易实行部分保证金的杠杆交易，所以，投资者可以利用 D 美元交易价值为 αD 的期货商品，其中 $\alpha > 1$；再次，当美元贬值后，石油输出国为了使本国的石油美元和石油不贬值，需要提高石油价格，从而导致以美元标价的期货商品价格上升，从 αD 上升至 $\alpha\beta D$，其中，$\beta > 1$；最后，投资者通过投资活动获得 $\alpha(\beta-1)D$ 的总收益。因为借入美元的利率较低，所以，投资者需要偿还的美元利息较少，令其为 rD，在不考虑其他因素的条件下，只要 $\alpha\beta D > (1+r)D$，即 $\alpha\beta - r > 1$，投资者就会获得套利收益。

表 9-8　2007—2011 年美元汇率的变动

时间　　项目	2007 年	2008 年	2009 年	2010 年	2011 年 1 月	2011 年 2 月	2011 年 3 月	2011 年 4 月
对 SDR 的 市场汇率	1.58	1.54	1.57	1.54	1.56	1.57	1.59	1.62
实际有效汇率	94.73	91.01	95.12	91.41	88.31	87.62	86.67	85.30

注：实际有效汇率在 CPI 的基础上进行计算，以 2005 年为基期 100。

资料来源：国际货币基金组织：IFS 数据库，www. imf. org。

总之，国际大宗商品价格上升是导致全球通货膨胀的重要因素。扩张性货币政策的实施和杠杆交易是资金流入大宗商品市场的重要条件，美元贬值是导致以美元标价的大宗商品价格上升的重要因素，经济复苏导致的需求增加是大宗商品价格持续上升的推动力量。

2. 美元流入推动资金流入国物价上升

次贷危机以来，美国实行了非常规的量化宽松的货币政策以刺激经济。然而，美国宽松的货币政策没有有效地刺激本国投资和消费的增加，而是通过资本外流的形式流入新兴市场国家，助长了世界范围内的通货膨胀和资产泡沫的形成[①]。

---

① 韩会师：《量化宽松下的通胀输出——从美国资本外流的视角》，载《上海金融》，2011(5)，93～96 页。

美元向其他国家的流入可以通过美国的国际收支情况反映出来，我们通过对美国的对外直接投资、对外证券投资以及跨国银行信贷情况分析美元是通过何种渠道流入其他国家的。

从直接投资看，2008 年和 2009 年，受到次贷危机的冲击，美国对外投资数额减少，分别同比减少了 15.2% 和 23.5%。但是，在 2010 年，美国对外直接投资却出现了显著回升，2010 年第一季度、第二季度和第三季度分别达到 1029.4 亿美元、725.36 亿美元和 831.17 亿美元，前三季度新增对外直接投资已经达到 2586 亿美元，相当于 2009 年全年的规模（见表 9-9）。可见，美国通过海外直接投资的方式向其他国家输入了美元。

表 9-9　美国对外直接投资数额

单位：百万美元

时间	2007 年	2008 年	2009 年	2010 年 3 月	2010 年 6 月	2010 年 9 月
数额	413993	351142	268679	102940	72536	83117

数据来源：国际货币基金组织：BOP 数据库，www.imf.org。

从证券投资看，2009 年之后，美国对外证券投资逐步增加。在 2007 年，美国股票市场大幅下跌，为了规避风险，资金流入其他国家，美国新增对外证券投资 3665 亿美元，创历史最高水平。但是，2008 年第三季度和第四季度，危机传导至其他国家，美国的金融机构由于流动性约束而召回了资金，美国海外证券投资出现了连续两个季度的资金净回流，分别回流资金 1156 亿美元和 989 亿美元。在 2009 年，随着美联储非常规货币政策的实施，美元供给量增加，新增对外证券投资数额 2082 亿美元。在 2010 年，前三季度的新增对外证券投资数额分别为 461 亿美元、203 亿美元和 445 美元，说明以对外证券投资表示的美元流出稳定增长（见表 9-10）。

表 9-10　美国对外证券投资数额

单位：亿美元

时间	2007 年	2008 年 3 月	2008 年 6 月	2008 年 9 月	2008 年 12 月	2009 年	2010 年 3 月	2010 年 6 月	2010 年 9 月
数额	−3665	−120	−46	1156	989	−2082	−461	−203	−445

数据来源：国际货币基金组织：BOP 数据库，www.imf.org。

单位:百万美元

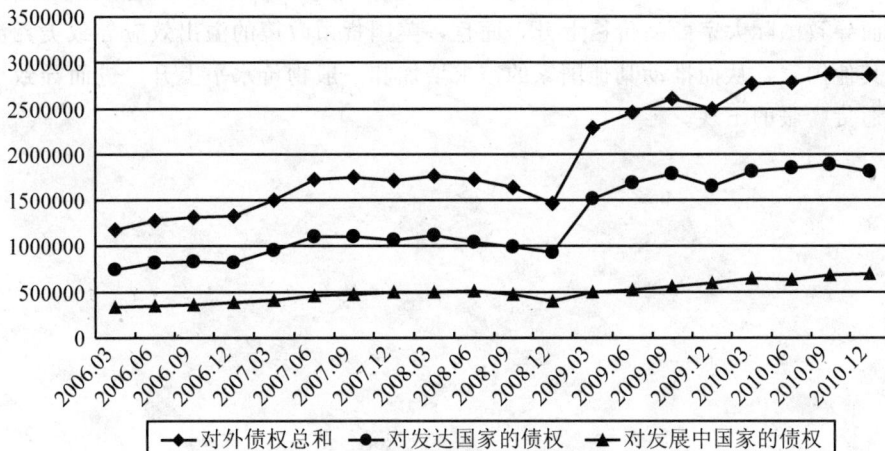

图 9-3 2006—2010 年美国银行业对外债权的变化

资料来源：BIS：*Banking Statistics*，www.bis.org.

从跨国银行信贷看，2009 年以来，美国银行业对外债权显著增加。美国非常规的货币政策并没有导致国内商业银行信贷显著增加。2008 年 11 月至 2010 年 1 月，美国商业银行信贷（不包括债券投资）余额整体萎缩 8％，2010 年 3 月最低时仅为 6.5 万亿美元，较 2008 年 10 月 7.3 万亿美元的峰值萎缩 8000 亿美元[①]。但是，美国银行业的对外债权却大幅增加。从图 9-3 可以看出，受到雷曼破产以及金融危机恶化的冲击，美国银行业在资本约束下减少了对外资产的规模，但是，在 2009 年年初，伴随着美联储大量注入流动性，美国银行业的对外债权也显著增加。截止到 2010 年年末，对外债权总额达到 28692 亿美元，与 2008 年 12 月最低点相比，增加了 5 倍之多。而且，美国银行业对发达国家的债权增长幅度较大，对发展中国家的债权增长幅度较小。

可见，主权债务危机和全球通货膨胀与全球金融危机密切相关。金融危机通过恶化银行体系的脆弱性、导致经济衰退和评级下调而增加了危机国家的主权风险，金融危机救助通过增加危机国的政府财政赤字而增加了危机国的违约风险，主权债务风险的上升导致危机国外部融资困难，并最终引发主权债务危机。同时，当金融危机传导力量减弱、救助政策的效果逐步显现之时，经济复

①·韩会师：《量化宽松下的通胀输出——从美国资本外流的视角》，载《上海金融》，2011(5)，93～96 页。

苏导致国内需求和进口需求增加，货币供给量的增加推动一般物价水平上升，从而导致国际大宗商品价格上升，而且，美国货币政策的溢出效应导致美元流入其他国家，从而推动其他国家的需求增加和一般物价水平上升，进而导致全球通货膨胀的出现。

附　录

附录一　股票市场指数开盘价与收盘价的平均值(点)

时　间	道琼斯	纳斯达克	香港恒生	日经 225	法国 CAC 40	德国 DAX
1999－1－4	9428.08	2275.975	10352.48	13585.43	4137.93	5192.395
1999－1－11	9477.26	2361.085	10472.51	13546.64	4167.71	5182.22
1999－1－19	9264.595	2364.905	10047.29	13958.37	4053.375	5044.965
1999－1－25	9238.205	2434.685	9517.095	14320.41	4124.085	5064.34
1999－2－1	9354.835	2448	9337.845	14221.1	4228.995	5136.9
1999－2－8	9296.775	2363.6	9312.225	13930.17	4100.84	5005.985
1999－2－16	9336.645	2322.41	9356.56	14053.2	4077.265	4837.645
1999－2－22	9326.6	2290.68	9538.52	14258.61	4120.99	4891.415
1999－3－1	9525.675	2311.97	10096.12	14628.43	4142.915	4881.2
1999－3－8	9802.535	2369.425	10601.51	15207.23	4183.275	4943.295
1999－3－15	9891.895	2406.905	10935.53	15952.65	4196.36	5056.63
1999－3－22	9862.06	2423.78	10908.24	16209.48	4145.605	4925.765
1999－3－29	9855.96	2467.98	10937.36	16160.76	4176.72	4852.38
1999－4－5	10033.84	2558.515	11601.12	16587.85	4321.405	5038
1999－4－12	10294.04	2507.515	12114.21	16824.33	4323.375	5108.56
1999－4－19	10627.87	2546.2	12772.23	16890.77	4301.855	5173.13

时 间	道琼斯	纳斯达克	香港恒生	日经 225	法国 CAC 40	德国 DAX
1999-4-26	10755.11	2579.975	13093.82	16810.65	4341.99	5295.685
1999-5-3	10910.17	2524.975	13147.6	16854.65	4351.64	5335.03
1999-5-10	10971.29	2522.35	12965.68	16896.84	4312.685	5237.01
1999-5-17	10846.82	2518.7	12450.63	16521.95	4334.615	5214.97
1999-5-24	10694.81	2499.91	12183.56	16116.92	4332.63	5141.26
1999-6-1	10674.46	2472.925	12252.17	16139.98	4334.995	5103.735
1999-6-7	10647.86	2469.355	12777.74	16758.5	4371.64	5196.34
1999-6-14	10673.2	2508.335	13218.47	17312.44	4456.55	5339.845
1999-6-21	10708.81	2565.425	13673.84	17461.21	4474.465	5333.745
1999-6-28	10886.59	2654.745	13976.38	17716.8	4515.51	5419.465
1999-7-6	11156.82	2776.54	14296.15	17969.45	4651.645	5586.075
1999-7-12	11222.03	2834.78	13899.52	18084.94	4655.375	5641.005
1999-7-19	11060.4	2783.505	13304.45	17911.41	4547.45	5471.81
1999-7-26	10783.06	2647.395	13089.82	17715.09	4419.975	5210.065
1999-8-2	10684.43	2593.14	13184.73	17455.74	4272.41	5049.56
1999-8-9	10843.84	2599.93	12827.35	17270.55	4333.86	5110.38
1999-8-16	11040.36	2646.5	13224.74	17798.62	4465.16	5247.855
1999-8-23	11094.92	2714.8	13545.36	17866.29	4556.04	5343.825
1999-8-30	11083.07	2803.47	13306.55	17636.02	4668.27	5375.32
1999-9-7	11053.76	2863.59	13614.13	17687.54	4713.535	5413.825
1999-9-13	10915.52	2874.7	13712.96	17538.94	4696.41	5396.77
1999-9-20	10540.6	2808.97	13293.35	17144.98	4602.79	5257.185
1999-9-27	10276.17	2759.135	12891.25	17300.29	4559.42	5166.105
1999-10-4	10462.17	2819.055	12921.87	17904.87	4643.64	5277.115
1999-10-11	10334.74	2811.28	12705.75	17849.89	4619.01	5318.655
1999-10-18	10244.35	2771.41	12549.8	17503.86	4591.565	5259.275

时　　间	道琼斯	纳斯达克	香港恒生	日经 225	法国 CAC 40	德国 DAX
1999－10－25	10599.42	2889.86	13115.27	17718.51	4781.575	5441.05
1999－11－1	10717.63	3036.61	13459.84	18168.65	4924.39	5588.42
1999－11－8	10718.87	3146.595	13924.47	18319.9	5047.26	5709.895
1999－11－15	10884.31	3299.755	14662.2	18433.17	5208.085	5874.21
1999－11－22	10998.85	3423.435	15175.16	18760.78	5332	5954.885
1999－11－29	11135.96	3489.38	15548.05	18625.78	5421.255	6036.475
1999－12－6	11255.75	3575.74	16166.49	18326.28	5471.795	6112.31
1999－12－13	11237.45	3688.865	16245.85	18190.05	5493.48	6230.055
1999－12－20	11330.13	3875.75	16416.64	18361.45	5674.605	6570.435
1999－12－27	11453.89	4035.605	16891.49	18765.42	5922.535	6871.255
2000－1－3	11512.21	4034.405	16231.67	18565.43	5781.995	6871.34
2000－1－10	11627.73	4033.25	15586.62	18601.33	5706.63	6979.345
2000－1－18	11485.45	4147.525	15387.24	18951.86	5758.035	7085.115
2000－1－24	10995.41	4088.725	15709.87	19156.62	5709.205	7027.095
2000－1－31	10849.79	4058.99	15928.59	19569.12	5976.755	7249.425
2000－2－7	10695.59	4334.74	16730.1	19771.39	6281.74	7531.17
2000－2－14	10325.59	4423.06	17072.82	19743.8	6152.315	7571.395
2000－2－22	10040.98	4511.665	16806.81	19777.02	6083.885	7653.51
2000－2－28	10110.93	4744.93	17359.98	19855.49	6347.58	7846.465
2000－3－6	10143.89	4992.135	17666.42	19895.94	6532.615	7968.02
2000－3－13	10253.23	4838.58	17366.81	19648.91	6390.875	7843.99
2000－3－20	10853.74	4887.585	17331.69	19778.31	6346.15	7824.33
2000－3－27	11007.59	4783.625	17617.13	20156.73	6347.815	7766.05
2000－4－3	10987.38	4470.67	17193.08	20290.3	6345.16	7560.99
2000－4－10	10710.33	3898.245	16590.49	20401.75	6229.705	7374.87
2000－4－17	10573.67	3438.41	15336.6	19297.09	6003.69	7179.805

时　间	道琼斯	纳斯达克	香港恒生	日经 225	法国 CAC 40	德国 DAX
2000—4—24	10778.12	3663.675	15427.6	18110.59	6319.565	7289.415
2000—5—1	10663.64	3873.5	15509.84	18209.31	6517.4	7469.175
2000—5—8	10590.34	3643.76	15224.8	17911.79	6506.55	7401.125
2000—5—15	10616.91	3461.805	14798.01	17127.31	6308.92	7127.555
2000—5—22	10462.02	3298.03	14000.61	16405.4	6156.595	6911.395
2000—5—30	10548.54	3549.96	14509.59	16414.41	6429.755	7197.545
2000—6—5	10703.59	3824.04	15882.03	16851.98	6613.91	7351.505
2000—6—12	10532.21	3876.305	16280.07	16597.5	6483.54	7251.935
2000—6—19	10426.58	3831.995	16035.39	16672.66	6490.91	7057.29
2000—6—26	10425.79	3925.38	15940.95	17169.16	6497.605	6934.665
2000—7—3	10543.17	3986.895	16503.51	17424.95	6514	6978.87
2000—7—10	10719.95	4119.9	17305.31	17282.23	6521.13	7187.31
2000—7—17	10772.98	4169	17828.74	17000.24	6534.72	7349.48
2000—7—24	10621.31	3886.325	17525.11	16302.89	6445.02	7253.14
2000—7—31	10641.02	3739.895	17201.7	15744.34	6436.935	7075.99
2000—8—7	10900.89	3804.425	17376.62	15892.16	6507.61	7171.815
2000—8—14	11036.78	3867.515	17342.67	16195.22	6603.86	7278.145
2000—8—21	11125.74	4004.455	17334.58	16580.64	6577.315	7270.455
2000—8—28	11216.63	4141.755	17277.2	16817.67	6706.24	7332.8
2000—9—5	11221.21	4092.175	17348.4	16632.94	6763.265	7308.39
2000—9—11	11073.27	3898.195	16724.41	16340.49	6668.79	7133.61
2000—9—18	10886.9	3821.195	15311.79	15996.59	6410.36	6850.09
2000—9—25	10749.15	3762.675	15271.54	15798.91	6305.405	6768.7
2000—10—2	10627.8	3537.745	15885.36	15864.98	6204.45	6788.23
2000—10—9	10394.55	3334.46	15363.69	15644.22	6142.145	6718.67
2000—10—16	10205.69	3399.31	15115.11	15282.77	6153.89	6642.01

时　　间	道琼斯	纳斯达克	香港恒生	日经 225	法国 CAC 40	德国 DAX
2000—10—23	10410.46	3380.87	14970.36	14890.07	6196.06	6769.43
2000—10—30	10703.01	3347.73	15265.16	14722.4	6315.46	7024.8
2000—11—6	10711.78	3249.17	15507.41	14946.42	6303.495	6995.815
2000—11—13	10612.61	2991.64	15129.8	14684.51	6133.455	6796.135
2000—11—20	10547.21	2923.745	14765.47	14412.87	6162.11	6709.705
2000—11—27	10426.44	2812.61	14466.4	14628.79	6063.585	6589.08
2000—12—4	10545.12	2789.995	14829.91	14809.59	5936.315	6599.445
2000—12—11	10577.16	2794.935	15124.8	14664.11	5922.58	6516.775
2000—12—18	10534.45	2607.87	14819.82	13944.72	5808.215	6294.605
2000—12—26	10713.1	2494.405	14953.74	13832.11	5847.83	6342.86
2001—1—2	10726.47	2440.905	15268.73	13882.85	5857.085	6406.725
2001—1—8	10592.06	2507.61	15311.77	13540.3	5775.07	6429.43
2001—1—16	10556.69	2700.935	15611.18	13719.7	5828.53	6579.115
2001—1—22	10620.94	2770.2	16005.94	13853.07	5885.295	6673.83
2001—1—29	10760.62	2708.895	16123.7	13713.95	5878.285	6668.65
2001—2—5	10820.95	2555.31	15943.37	13505.74	5754.045	6565.425
2001—2—12	10789.62	2442.015	15718.98	13303.61	5647.72	6469.095
2001—2—20	10621.07	2351.04	15416.75	13153.1	5446.705	6258.3
2001—2—26	10456.95	2202.755	14622.29	12758.55	5332.45	6119.495
2001—3—5	10556.78	2097.765	14102.83	12456.68	5346.96	6188.385
2001—3—12	10230.97	1946.295	13745.55	12371.33	5215.44	5968.43
2001—3—19	9662.415	1915.065	12983.59	12699.26	5025.605	5638.76
2001—3—26	9694.015	1898.985	12719.77	13154.71	5092.35	5693.885
2001—4—2	9834.125	1777.79	12568.46	13220.71	5179.095	5771.125

附录二 亚洲新兴经济体的出口

单位：10 亿美元

国家 / 时间	中国	印度	印度尼西亚	韩国	马来西亚	菲律宾	泰国
2006Q1	197.25	29.28	23.61	74.68	36.68	10.85	29.73
2006Q2	231.51	29.18	24.87	81.85	39.25	11.84	30.93
2006Q3	262.82	31.74	26.71	82.66	42.78	12.39	35.10
2006Q4	278.22	30.36	25.65	87.18	41.96	11.91	34.79
2007Q1	252.37	36.63	26.14	88.24	39.48	12.20	34.69
2007Q2	294.89	36.64	27.91	91.67	42.30	12.40	36.32
2007Q3	331.54	38.95	29.89	93.00	45.73	12.76	38.95
2007Q4	339.90	41.56	30.18	100.83	48.71	13.11	42.51
2008Q1	306.12	45.30	33.36	103.83	47.06	12.55	42.41
2008Q2	360.51	46.45	35.46	115.03	54.52	13.08	44.26
2008Q3	408.08	49.15	38.08	114.85	55.50	13.28	48.44
2008Q4	354.62	36.81	30.13	93.06	42.43	10.24	38.13
2009Q1	245.96	40.14	26.41	77.81	33.46	8.10	33.19
2009Q2	276.46	39.91	27.65	92.07	38.94	11.28	34.67

资料来源：国际货币基金组织：DOT 数据库，www.imf.org。

附录三　亚洲新兴经济体贸易对手国的确定

项目 国家	贸易对手国(经济体)	份额
中国	美国、欧元区、日本、韩国、英国、新加坡、俄罗斯、印度、加拿大、澳大利亚、马来西亚、印度尼西亚	77.2%
印度	欧元区、美国、中国、新加坡、英国、日本、韩国、南非、马来西亚	55.3%
印度尼西亚	日本、美国、欧元区、新加坡、中国、韩国、马来西亚、印度、澳大利亚、泰国、菲律宾、英国	83.9%
韩国	中国、美国、欧元区、日本、新加坡、俄罗斯、墨西哥、英国、印度、印度尼西亚、马来西亚、澳大利亚	72.3%
马来西亚	美国、新加坡、欧元区、日本、中国、泰国、韩国、澳大利亚、印度、印度尼西亚、英国、菲律宾	84.4%
菲律宾	美国、欧元区、日本、中国、新加坡、马来西亚、韩国、泰国、澳大利亚、印度尼西亚、英国、加拿大	91.0%
泰国	美国、日本、欧元区、中国、新加坡、马来西亚、澳大利亚、印度尼西亚、英国、韩国、菲律宾、印度	76.0%

注：根据 DOT 的数据(2007)作者自行整理。

资料来源：国际货币基金组织：DOT 数据库，www.imf.org。

附录四 贸易对手国以本国货币表示的季度国内生产总值

单位：10 亿本国货币

国家及地区＼时间	2006Q1	2006Q2	2006Q3	2006Q4	2007Q1	2007Q2	2007Q3
澳大利亚	252	256	264	271	276	281	284
加拿大	1434	1443	1455	1465	1501	1532	1539
中国	4442	4919	5096	6735	5306	5648	5928
哥伦比亚	90224	95205	98319	99576	104560	105822	107897
欧元区	2095	2130	2152	2181	2219	2241	2264
印度	9132	9564	11053	11585	10626	10804	12565
印度尼西亚	782753	812741	870320	873403	918876	964790	1030790
日本	504394	506854	506969	511186	518887	516586	511544
韩国	211557	224406	230390	242390	224185	241000	246697
马来西亚	136	141	149	148	144	154	165
墨西哥	9809	10424	10539	10747	10632	11107	11292
菲律宾	1387	1456	1476	1714	1523	1618	1611
俄罗斯	5755	6414	7267	7365	6682	7665	8740
新加坡	53	54	56	59	58	61	64
南非	1675	1704	1822	1869	1942	1969	2029
泰国	1950	1901	1947	2052	2101	2051	2107
英国	326	328	334	338	344	348	352
美国	13184	13348	13453	13612	13796	13997	14180

时间 国家及地区	2007Q4	2008Q1	2008Q2	2008Q3	2008Q4	2009Q1	2009Q2
澳大利亚	292	299	307	318	317	314	309
加拿大	1560	1579	1618	1633	1571	1522	1513
中国	8058	6347	7125	7330	9264	6575	7412
哥伦比亚	113560	116102	119422	121724	121112	121981	124714
欧元区	2282	2314	2326	2325	2295	2240	2238
印度	13239	12354	12810	14122	13931	13270	13897
印度尼西亚	1034860	1117580	1229650	1332520	1274290	1303530	1375110
日本	513812	520700	508544	497422	493311	478434	475001
韩国	263132	240750	260745	261540	260903	236886	262631
马来西亚	176	175	189	198	177	155	161
墨西哥	11793	11579	12339	12402	12122	11221	11463
菲律宾	1896	1660	1834	1853	2076	1739	1856
俄罗斯	9578	8826	10304	11567	10974	8355	9216
新加坡	68	65	63	65	64	59	61
南非	2128	2200	2268	2321	2346	2350	2380
泰国	2271	2283	2278	2298	2216	2191	2204
英国	355	363	364	362	359	349	347
美国	14338	14374	14498	14547	14347	14178	14151

资料来源：国际货币基金组织：IFS 数据库，www.imf.org。

附录五　贸易对手国货币对美元的汇率

国家及地区＼时间	2006Q1	2006Q2	2006Q3	2006Q4	2007Q1	2007Q2	2007Q3
澳大利亚	1.352	1.340	1.321	1.298	1.272	1.204	1.180
加拿大	1.156	1.122	1.121	1.139	1.171	1.098	1.044
中国	8.050	8.012	7.967	7.864	7.761	7.677	7.560
哥伦比亚	2264.090	2434.640	2439.250	2306.570	2220.520	2020.960	2050.080
欧元区	0.832	0.796	0.785	0.775	0.763	0.742	0.728
印度	44.402	45.471	46.370	44.985	44.172	41.234	40.525
印度尼西亚	9274.870	9115.000	9122.530	9124.870	9107.170	8968.270	9242.270
日本	116.883	114.416	116.187	117.712	119.433	120.739	117.776
韩国	976.353	949.769	954.783	938.257	939.100	928.616	928.087
马来西亚	3.728	3.648	3.672	3.625	3.498	3.428	3.467
墨西哥	10.585	11.161	10.958	10.893	11.016	10.885	10.959
菲律宾	51.884	52.215	51.387	49.771	48.604	46.932	45.943
俄罗斯	28.162	27.205	26.808	26.589	26.307	25.862	25.510
新加坡	1.628	1.590	1.579	1.559	1.532	1.525	1.517
南非	6.144	6.457	7.164	7.321	7.230	7.091	7.107
泰国	39.288	38.071	37.643	36.526	35.544	34.647	34.008
英国	0.571	0.548	0.534	0.522	0.512	0.503	0.495

续表

时间 国家及地区	2007Q4	2008Q1	2008Q2	2008Q3	2008Q4	2009Q1	2009Q2
澳大利亚	1.124	1.104	1.060	1.118	1.487	1.507	1.321
加拿大	0.983	1.005	1.009	1.042	1.212	1.253	1.166
中国	7.432	7.163	6.958	6.840	6.834	6.837	6.830
哥伦比亚	2021.620	1910.930	1763.710	1899.170	2297.040	2455.210	2232.380
欧元区	0.690	0.667	0.640	0.666	0.757	0.768	0.735
印度	39.462	39.821	41.656	43.780	48.764	49.775	48.789
印度尼西亚	9246.300	9248.200	9265.270	9222.450	11059.900	11630.800	10509.000
日本	113.065	105.204	104.511	107.613	96.111	93.716	97.275
韩国	921.227	956.550	1018.840	1067.310	1365.490	1416.070	1284.730
马来西亚	3.357	3.226	3.213	3.340	3.565	3.626	3.550
墨西哥	10.852	10.810	10.438	10.301	12.969	14.369	13.350
菲律宾	43.114	40.954	43.001	44.903	48.435	47.750	47.882
俄罗斯	24.645	24.266	23.627	24.255	27.264	33.966	32.213
新加坡	1.454	1.409	1.366	1.397	1.487	1.512	1.473
南非	6.754	7.549	7.775	7.781	9.939	10.126	8.474
泰国	33.874	32.374	32.249	33.832	34.798	35.291	34.678
英国	0.489	0.505	0.508	0.524	0.639	0.699	0.647

注：季度数据根据月度数据的平均值计算。

资料来源：国际货币基金组织：IFS 数据库，www.imf.org。

附录六 贸易对手国以美元表示的季度国内生产总值

单位：10亿美元

国家及地区＼时间	2006Q1	2006Q2	2006Q3	2006Q4	2007Q1	2007Q2	2007Q3
澳大利亚	186.3	190.6	199.9	208.6	217.3	233.5	240.9
加拿大	1241.0	1286.1	1297.9	1286.2	1281.6	1394.6	1473.7
中国	551.8	614.0	639.6	856.4	683.6	735.7	784.1
哥伦比亚	39.8	39.1	40.3	43.2	47.1	52.4	52.6
欧元区	2518.3	2675.6	2741.9	2812.9	2907.5	3021.8	3111.0
印度	205.7	210.3	238.4	257.5	240.6	262.0	310.1
印度尼西亚	84.4	89.2	95.4	95.7	100.9	107.6	111.5
日本	4315.4	4429.9	4363.4	4342.7	4344.6	4278.5	4343.4
韩国	216.7	236.3	241.3	258.3	238.7	259.5	265.8
马来西亚	36.5	38.7	40.7	40.8	41.3	44.9	47.7
墨西哥	926.7	933.9	961.8	986.6	965.1	1020.4	1030.4
菲律宾	26.7	27.9	28.7	34.4	31.3	34.5	35.1
俄罗斯	204.4	235.8	271.1	277.0	254.0	296.4	342.6
新加坡	32.3	33.8	35.2	38.0	38.1	39.8	42.4
南非	272.7	263.9	254.3	255.3	268.5	277.8	285.5
泰国	49.6	49.9	51.7	56.2	59.1	59.2	62.0
英国	571.5	598.4	625.1	648.3	672.8	691.3	710.2
美国	13183.5	13347.8	13452.9	13611.5	13795.6	13997.2	14179.9

时间 国家及地区	2007Q4	2008Q1	2008Q2	2008Q3	2008Q4	2009Q1	2009Q2
澳大利亚	259.6	270.7	289.2	284.5	213.4	208.5	234.1
加拿大	1587.7	1571.6	1603.3	1567.2	1295.4	1214.9	1297.2
中国	1084.2	886.2	1024.1	1071.6	1355.6	961.6	1085.2
哥伦比亚	56.2	60.8	67.7	64.1	52.7	49.7	55.9
欧元区	3306.9	3468.5	3632.6	3490.1	3031.1	2915.6	3044.8
印度	335.5	310.2	307.5	322.6	285.7	266.6	284.8
印度尼西亚	111.9	120.8	132.7	144.5	115.2	112.1	130.9
日本	4544.4	4949.4	4865.9	4622.3	5132.7	5105.1	4883.1
韩国	285.6	251.7	255.9	245.0	191.1	167.3	204.4
马来西亚	52.5	54.4	58.7	59.2	49.7	42.8	45.4
墨西哥	1086.7	1071.1	1182.1	1203.9	934.7	780.9	858.7
菲律宾	44.0	40.5	42.6	41.3	42.9	36.4	38.8
俄罗斯	388.6	363.7	436.1	476.9	402.5	246.0	286.1
新加坡	46.9	46.3	46.3	46.3	43.2	39.2	41.6
南非	315.1	291.4	291.7	298.3	236.0	232.1	280.8
泰国	67.0	70.5	70.6	67.9	63.7	62.1	63.6
英国	726.2	719.2	717.1	690.1	562.5	499.2	535.9
美国	14337.9	14373.9	14497.8	14546.7	14347.3	14178.0	14151.2

附录七 亚洲新兴经济体贸易对手国国内生产总值之和

单位：10 亿美元

国家 时间	中国	印度	印度尼西亚	韩国	马来西亚	菲律宾	泰国
2006Q1	22840.84	21743.53	21939.16	22861.57	21987.09	23032.22	21973.93
2006Q2	23417.65	22283.49	22498.42	23443.17	22548.86	23635.46	22537.65
2006Q3	23651.48	22442.74	22707.22	23713.75	22761.94	23833.42	22750.89
2006Q4	23928.92	22915.58	23217.06	24227.44	23271.98	24306.99	23256.60
2007Q1	24180.72	23038.62	23318.32	24309.20	23377.96	24428.89	23360.12
2007Q2	24675.58	23394.87	23706.34	24777.48	23769.04	24912.06	23754.73
2007Q3	25232.35	23823.17	24185.65	25307.33	24249.48	25425.75	24235.21
2007Q4	26041.34	24757.30	25148.25	26338.85	25207.67	26468.45	25193.13
2008Q1	26553.03	25093.50	25494.13	26687.05	25560.58	26835.76	25544.45
2008Q2	26894.61	25441.49	25859.87	27241.58	25933.90	27245.67	25921.94
2008Q3	26550.41	25124.83	25542.72	27013.78	25628.02	26890.52	25619.27
2008Q4	25725.92	25005.29	25374.89	26529.71	25440.45	26457.00	25426.42
2009Q1	25044.24	24189.83	24531.35	25404.57	24600.59	25555.31	24581.34
2009Q2	25189.96	24322.92	24663.34	25632.23	24748.75	25767.79	24730.64

附录八　实际有效汇率

国家 时间	中国	印度	印度尼西亚	韩国	马来西亚	菲律宾	泰国
2006Q1	102.16	100.16	115.79	106.34	102.89	110.83	104.73
2006Q2	99.75	96.77	115.68	107.34	103.81	108.14	107.92
2006Q3	100.68	96.40	116.03	106.98	102.82	111.13	109.03
2006Q4	102.92	99.51	116.76	107.61	103.60	114.20	111.70
2007Q1	103.98	100.27	118.91	107.44	106.97	116.48	113.43
2007Q2	103.58	106.06	118.10	107.43	106.87	119.02	116.19
2007Q3	106.79	106.67	113.20	105.68	104.22	120.88	115.93
2007Q4	106.39	105.68	110.59	102.75	104.30	125.80	113.27
2008Q1	109.11	103.97	109.04	96.27	105.77	130.51	115.81
2008Q2	109.95	100.73	108.54	89.28	105.42	126.08	117.76
2008Q3	114.42	100.44	114.94	86.92	106.40	124.78	112.90
2008Q4	122.80	95.32	103.84	70.65	104.71	121.83	111.43
2009Q1	123.92	93.20	100.29	69.83	103.46	125.53	110.99
2009Q2	119.61	93.81	107.89	76.37	102.93	123.75	112.28

资料来源：www.bis.org.

附录九 对 BIS 报告国的短期负债

单位：百万美元

国家\时间	中国	印度	印度尼西亚	韩国	马来西亚	菲律宾	泰国
3月5日	49.008	26.527	16.609	58.31	15.671	7.921	7.463
6月5日	56.184	25.823	16.782	60.661	18.334	8.813	10.074
9月5日	67.901	29.531	16.84	60.163	20.031	10.032	12.052
12月5日	61.366	31.182	17.821	52.582	15.595	10.269	11.148
3月6日	69.105	33.068	18.818	66.448	19.325	10.476	12.446
6月6日	76.284	34.793	19.076	80.718	20.245	9.438	12.703
9月6日	78.612	39.679	19.849	94.313	21.199	9.571	11.481
12月6日	79.16	43.4	21.398	84.375	19.625	9.071	11.288
3月7日	86.343	47.727	22.138	103.634	21.254	9.841	10.817
6月7日	103.558	55.221	24.207	102.984	20.4	9.828	9.079
9月7日	109.377	60.638	26.277	115.49	16.368	10.379	9.99
12月7日	120.44	77.641	28.552	126.887	21.374	10.898	8.448
3月8日	137.806	79.702	30.463	156.801	27.649	12.222	9.762
6月8日	160.095	82.454	31.013	151.435	32.085	11.093	9.836
9月8日	148.132	82.839	32.288	144.764	23.34	9.846	10.062
12月8日	102.007	69.23	27.78	100.033	16.998	6.76	10.292
3月9日	120.5	65.668	26.443	110.073	14.908	6.752	9.251
6月9日	118.343	68.628	27.038	113.97	15.326	7.462	9.923
9月9日	129.5	77.632	29.496	118.646	17.582	8.025	10.561

资料来源：世界银行：DDP 数据库，www.worldbank.org。

附录十　短期对外资产和负债之和 fp

单位：百万美元

时间 ＼ 国家	中国	印度	印度尼西亚	韩国	马来西亚	菲律宾	泰国
2006Q1	69118	33091	18876	66451	19325	10477	12449
2006Q2	76293	34822	19136	80719	20267	9439	12705
2006Q3	78620	39718	19908	94323	21225	9572	11485
2006Q4	79166	43434	21456	84385	19655	9072	11288
2007Q1	86357	47756	22197	103647	21284	9841	10817
2007Q2	103570	55229	24265	102996	20433	9828	9084
2007Q3	109399	60643	26334	115500	16368	10380	9995
2007Q4	120462	77676	28606	126913	21374	10898	8452
2008Q1	137843	79715	30517	156854	27649	12222	9766
2008Q2	160154	82471	31067	151499	32085	11094	9838
2008Q3	148224	82883	32340	144824	23340	9847	10065
2008Q4	102007	69223	27780	100028	16998	6760	10292
2009Q1	120508	65664	26443	110068	14908	6752	9251
2009Q2	118342	68621	27037	113971	15326	7462	9923

资料来源：www. bis. org.

附录十一

Dependent Variable：Δln EXPORT?

Method：Pooled EGLS（Cross-section SUR）

Linear estimation after one-step weighting matrix

Variable	Coefficient	Std. Error	t-Statistic	Prob.
C	−0.001866	0.008633	−0.216144	0.8296
_ CHINA−−Δln GDP _ CHINA	6.591382	1.875835	3.513838	0.0008
_ INDIA−−Δln GDP _ INDIA	−3.875420	1.240006	−3.125324	0.0027
_ INDONESIA−−Δln GDP _ INDONESIA	1.020049	0.878482	1.161149	0.2500
_ KOREA−−Δln GDP _ KOREA	3.325815	0.540083	6.157968	0.0000
_ MALAYSIA−−Δln GDP _ MALAYSIA	4.284660	1.450482	2.953957	0.0044
_ PHILLIPPINES−−Δln GDP _ PHILLIPPINES	2.228327	0.930947	2.393613	0.0197
_ THAILAND−−Δln GDP _ THAILAND	3.152600	1.182902	2.665141	0.0098
_ CHINA−−Δln CREDIT _ CHINA	−0.548851	0.194002	−2.829097	0.0063
_ INDIA−−Δln CREDIT _ INDIA	1.100339	0.221384	4.970276	0.0000
_ INDONESIA−−Δln CREDIT _ INDONESIA	0.676263	0.254020	2.662248	0.0098
_ KOREA−−Δln CREDIT _ KOREA	−0.108594	0.062979	−1.724284	0.0896
_ MALAYSIA−−Δln CREDIT _ MALAYSIA	0.047094	0.063939	0.736549	0.4641
_ PHILLIPPINES−−Δln CREDIT _ PHILLIPPINES	1.003645	0.126136	7.956848	0.0000
_ THAILAND−Δln CREDIT _ THAILAND	−0.144182	0.086335	−1.670034	0.0999
_ CHINA−−Δln REER _ CHINA	0.317674	0.898947	0.353384	0.7250
_ INDIA−−Δln REER _ INDIA	−0.085443	0.511766	−0.166958	0.8679
_ INDONESIA−−Δln REER _ INDONESIA	0.520793	0.298316	1.745779	0.0857
_ KOREA−−Δln REER _ KOREA	0.736033	0.146508	5.023839	0.0000
_ MALAYSIA−−Δln REER _ MALAYSIA	−1.609908	0.599997	−2.683195	0.0093
_ PHILLIPPINES−−Δln REER _ PHILLIPPINES	−4.490517	0.569170	−7.889590	0.0000
_ THAILAND−−Δln REER _ THAILAND	−0.850114	0.422668	−2.011304	0.0486
Fixed Effects（Cross）				
_ CHINA−−C	−0.002946			

续表

Variable	Coefficient	Std. Error	t-Statistic	Prob.
_ INDIA－－C	－0.003134			
_ INDONESIA－－C	－0.011209			
_ KOREA－－C	0.011964			
_ MALAYSIA－－C	－0.031642			
_ PHILLIPPINES－－C	0.049899			
_ THAILAND－－C	－0.012933			
Weighted Statistics				
R-squared	0.823162	Mean dependent var		0.180719
Adjusted R-squared	0.747375	S. D. dependent var		2.147295
S. E. of regression	1.072239	Sum squared resid		72.43084
F-statistic	10.86145	Durbin-Watson stat		2.362360
Prob(F-statistic)	0.000000			
Unweighted Statistics				
R-squared	0.579861	Mean dependent var		0.013920
Sum squared resid	0.535190	Durbin-Watson stat		2.340001

附录十二

Dependent Variable：Δln EXPORT?

Method：Pooled EGLS（Cross-section SUR）

Linear estimation after one-step weighting matrix

Variable	Coefficient	Std. Error	t-Statistic	Prob.
C	0.004845	0.006975	0.694600	0.4899
_ CHINA－－Δln GDP _ CHINA	4.982338	1.649379	3.020736	0.0036
_ INDIA－－Δln GDP _ INDIA	−4.478859	1.265578	−3.538984	0.0008
_ INDONESIA－－Δln GDP _ INDONESIA	0.606692	0.890860	0.681018	0.4984
_ KOREA－－Δln GDP _ KOREA	3.121180	0.537674	5.804971	0.0000
_ MALAYSIA－－Δln GDP _ MALAYSIA	2.148682	0.884487	2.429298	0.0180
_ PHILLIPPINES－－Δln GDP _ PHILLIPPINES	1.563338	0.823628	1.898113	0.0623
_ THAILAND－－Δln GDP _ THAILAND	2.194323	0.709513	3.092715	0.0030
_ CHINA－－Δln REER _ CHINA	−0.110828	0.887894	−0.124821	0.9011
_ INDIA－－Δln REER _ INDIA	−0.300639	0.572717	−0.524934	0.6015
_ INDONESIA－－Δln REER _ INDONESIA	0.496321	0.306755	1.617971	0.1107
_ KOREA－－Δln REER _ KOREA	0.779989	0.165856	4.702809	0.0000
_ MALAYSIA－－Δln REER _ MALAYSIA	−1.490045	0.634354	−2.348917	0.0220
_ PHILLIPPINES－－Δln REER _ PHILLIPPINES	−4.367688	0.581752	−7.507816	0.0000
_ THAILAND－－Δln REER _ THAILAND	−0.120039	0.572749	−0.209583	0.8347
_ CHINA－－Δlnfp _ CHINA	−0.482982	0.186191	−2.594017	0.0118
_ INDIA－－Δlnfp _ INDIA	1.240819	0.229997	5.394927	0.0000
_ INDONESIA－－Δlnfp _ INDONESIA	0.770665	0.263026	2.930000	0.0047
_ KOREA－－Δlnfp _ KOREA	−0.126792	0.070822	−1.790283	0.0782
_ MALAYSIA－－Δlnfp _ MALAYSIA	0.092733	0.067207	1.379822	0.1725
_ PHILLIPPINES－－Δlnfp _ PHILLIPPINES	1.003134	0.125427	7.997727	0.0000
_ THAILAND－Δlnfp _ THAILAND	−0.059017	0.114585	−0.515047	0.6083
Fixed Effects （Cross）				
_ CHINA－－C	0.004927			

Variable	Coefficient	Std. Error	t-Statistic	Prob.
_ INDIA－－C	−0.013540			
_ INDONESIA－－C	−0.016778			
_ KOREA－－C	0.008929			
_ MALAYSIA－－C	−0.018102			
_ PHILLIPINES－－C	0.047882			
_ THAILAND－－C	−0.013317			
Weighted Statistics ·				
R-squared	0.825197	Mean dependent var		0.221785
Adjusted R-squared	0.750281	S. D. dependent var		2.137807
S. E. of regression	1.059641	Sum squared resid		70.73888
F-statistic	11.01499	Durbin-Watson stat		2.193623
Prob(F-statistic)	0.000000			
Unweighted Statistics				
R-squared	0.550866	Mean dependent var		0.013920
Sum squared resid	0.572125	Durbin-Watson stat		2.156038

参考文献

[1]安辉. 现代金融危机生成的机理与国际传导研究[D]. 博士学位论文，东北财经大学，2003.

[2]白钦先. 建立面向 21 世纪的金融可持续发展观 [J]. 城市金融论坛，1998(8)：2～10.

[3]白钦先，常海中. 金融虚拟性演进及其正负功能研究[M]. 北京：中国金融出版社，2008.

[4]白钦先. 经济全球化和经济金融化的挑战和启示[J]. 世界经济，1999(6)：11～19.

[5]白钦先. 美国次贷危机深层原因分析的新视角[EB/OL]. http：//business. sohu. com/20090329/n263072384. shtml，2009.03.29.

[6]伯南克. 大萧条[M]. 大连：东北财经大学出版社，2007.

[7]陈志昂，朱秋琪，胡贤龙. 危机是怎样炼成的？从"夹层效应"看欧洲债务危机[J]. 世界经济研究，2011(1)：33～38.

[8]德赛. 金融危机，蔓延与遏制——从亚洲到阿根廷[M]. 北京：中国人民大学出版社，2006.

[9]弗里德曼，施瓦茨. 大衰退 1929－1933[M]. 北京：中信出版社，2008.

[10]戈德史密斯. 金融结构与金融发展[M]. 上海：上海人民出版社，1969.

[11]戈尔茨坦，凯宾斯基，瑞哈特. 金融脆弱性实证分析——新兴市场早期预警体系的构建[M]. 北京：中国金融出版社，2005.

[12]何秉孟，刘溶沧，刘树成. 亚洲金融危机：分析与对策[C]. 北京：社会科学文献出版社，2007.

[13]何帆．欧洲主权债务危机与美国债务风险的比较分析[J]．欧洲研究，2010(4)：17～25.

[14]胡代光，厉以宁，袁东明．凯恩斯主义的发展和演变[M]．北京：清华大学出版社，2004.

[15]黄玲．从金融全球化的不平衡发展看次贷危机的根源[J]．世界经济研究，2009(4)：9～14.

[16]黄益绍，林都．金融危机预警指标排序层次分析法[J]．华北工学院学报，2004(4)：262～266.

[17]金德尔伯格．疯狂、惊恐和崩溃——金融危机史(第四版)[M]．北京：中国金融出版社，2007.

[18]金洪飞．新兴市场货币危机机理研究[M]．上海：上海财经大学出版社，2004.

[19]凯利尤．金融危机源自美国，却重创欧洲[J]．国际金融研究，2008(12)：19～25.

[20]兰姆弗莱斯．新兴经济体的金融危机[M]．成都：西南财经大学出版社，2002.

[21]李千．泰国：为何首遭劫难[A]．何秉孟，刘溶沧，刘树成．亚洲金融危机：分析与对策[C]．北京：社会科学文献出版社，2007：103～140.

[22]李小牧．90年代金融危机的国际传导研究[D]．博士学位论文，辽宁大学，2000.

[23]林恩涛．金融危机的国际传染机制研究[D]．硕士学位论文，南京师范大学，2004.

[24]刘秀莲．马来西亚：投机者该不该负责[A]．何秉孟，刘溶沧，刘树成．亚洲金融危机：分析与对策[C]．北京：社会科学文献出版社，2007：158～180.

[25]刘旸．新兴市场金融危机传染效应的实证研究[D]．硕士学位论文，大连理工大学，2006.

[26]刘园．国际金融实务[M]．北京：高等教育出版社，2006.

[27]陆荣，王曦．应对国际金融危机的货币政策效果[J]．国际金融研究，2010(7)：19～29.

[28]罗春婵．资产负债表框架下货币错配的效应分析[D]．硕士学位论文，辽宁大学，2007.

255

[29]马红霞,孙雪芬.金融危机期间美联储货币政策效果研究——基于货币市场的实证分析[J].世界经济研究,2011(2):8~12.

[30]马汝骏.印度尼西亚:沦为重灾区的多重缘由[A].何秉孟,刘溶沧,刘树成.亚洲金融危机:分析与对策[C].北京:社会科学文献出版社,2007:141~157.

[31]麦金农,罗纳德.经济自由化的顺序:向市场经济过渡中的金融控制[M].北京:中国金融出版社,1993.

[32]苗永旺.金融危机救助方案及其效果评价——基于美国新金融危机与大萧条比较的视角[J].投资研究,2009(12):7~12.

[33]朴键一.韩国:大财阀战略的误区[A].何秉孟,刘溶沧,刘树成.亚洲金融危机:分析与对策[C].北京:社会科学文献出版社,2007:291~316.

[34]沙奈.突破金融危机——金融危机缘由与对策[M].北京:中央编译出版社,2009.

[35]石建勋,钟建飞.国外关于金融危机研究的最新动态[J].经济学动态,2009(9):96~100.

[36]石明礼.菲律宾:内因与"龙舌兰"酒效应[A].何秉孟,刘溶沧,刘树成.亚洲金融危机:分析与对策[C].北京:社会科学文献出版社,2007:181~212.

[37]谭小芬.美联储量化宽松货币政策的退出及其对中国的影响[J].国际金融研究,2010(2):26~37.

[38]梯若尔.金融危机、流动性与国际货币体制[M].北京:中国人民大学出版社,2003.

[39]王德祥.经济全球化条件下的世界金融危机研究[M].武汉:武汉大学出版社,2002.

[40]王鹏.国际金融危机传导机制研究[D].硕士学位论文,四川大学,2007.

[41]王彦荣,孙大海.G20国家应对金融危机的财政政策[J].中国财政,2010(2):73~74.

[42]王宇伟.从马克思的《资本论》看美国的次贷危机[J].当代经济研究,2009(3):16~22.

[43]韦艳华,齐树天.亚洲新兴市场金融危机传染问题研究——基于copula理论的检验方法[J].国际金融研究,2008(9):22~29.

[44]熊军，高谦．金融危机对全球养老基金的影响[J]．国际金融研究，2010(4)：54～59.

[45]许文彬，张亦春，黄瑾轩．美国三大评级公司主权评级模式评析[J]．国际金融研究，2009(10)：26～33.

[46]易培强．马克思虚拟资本理论与国际金融危机[J]．当代经济研究，2009(1)：1～6.

[47]禹钟华．金融功能的扩展与提升[M]．北京：中国金融出版社，2005.

[48]张荔．论过度的金融自由化对金融体系脆弱性的助推作用[J]．经济评论，2001(1)：125～128.

[49]章齐，何帆，刘明兴．金融自由化、政策一致性和金融脆弱性：理论框架与经验证据[J]．世界经济，2003(12)：3～14.

[50]赵静梅．金融危机救济论[M]．成都：西南财经大学出版社，2008.

[51]郑联盛．欧洲主权债务问题：演进、影响与启示[R]．中国社会科学院世界经济与政治研究所国际金融研究中心，2010，No.008.

[52]朱民．危机挑战政府——全球金融危机中的政府救市措施批判[J]．国际金融研究，2009(2)：4～33.

[53]朱太辉．美元环流、全球经济结构失衡和金融危机[J]．国际金融研究，2010(10)：37～45.

[54]Abiad, A., Balakrishnan, R. & Brooks, P. K. *et al*. What's the Damage? Medium-term Output Dynamics after Banking Crises [EB/OL]. http://www.imf.org/external/pubs/ft/wp/2009/wp09245.pdf, 2009.01.

[55]Aghion, P., Bacchetta, P. & Banerjee, A. A Corporate Balance Sheet Approach to Currency Crises [J]. Journal of Economic Theory, 2004, 119(1)：6-30.

[56]Allen, M., Rosenberg, C. & Keller, C. *et al*. A Balance Sheet Approach to Financial Crisis [EB/OL]. http://www.imf.org/external/pubs/ft/wp/2002/wp02210.pdf, 2002.12.

[57]Amato, J. & Furfine, C. Are Credit Ratings Procyclical? [J]. Journal of Banking and Finance, 2004 (28)：2641-2677.

[58]Bagehot, W. Lombard Street：A Description of the Money Market [M/OL]. United States, Gutenberg Literary：1873.

[59]Baig, T. & Goldfajn, I. Financial Market Contagion in the Asian

Crisis[C]. IMF Staff Papers, 1999, 46(2): 167-95.

[60]Berger, W. & Wagner, H. Spreading Currency Crises: The Role of Economic Interdependence[EB/OL]. http://www.imf.org/external/pubs/ft/wp/2002/wp02144.pdf, 2002.09.11.

[61]Bernanke, B & Gertler, M. Agency Costs, Net Worthand Business Fluctuations [J]. American Economic Review, 1989, 79(1): 14-31.

[62]Bordo, M. D. & Murshid, A. P. Are Financial Crises Becoming Increasingly More Contagious? What is the Historical Evidence on Contagion? [A]. Claessens, S. &Forbes, K. International Financial Contagion[C], Boston, MA: Kluwer Academic Publishers, 2001: 367-405.

[63] Caballero, R. J. Global Imbalances and Financial Fragility[EB/OL]. NBER Working Paper, 2009, No. 14688.

[64]Calvo, G. A. Capital Market Contagion and Recession: A Explanation of the Russian Virus [A]. Fernández-Arias, E. & Hausmann, R. Wanted: World Financial Stability[C], Washington, D. C.: InterAmerican Development Bank, 1998(a): 49-54.

[65]Calvo, G. A. Understanding the Russian Virus, with Special Reference toLatin America [EB/OL]. http://www.econ.yale.edu/alumni/reunion99/calvo2.htm, 1998(b).

[66]Cantor, R. , Mann, C. Are Corporate Bond Ratings Procyclical? [EB/OL]. Moody's Special Comment, 2003.

[67]Caramazza, F. , Ricci, L. A. &Salgado, R. Trade and Financial Contagion in Currency Crises [EB/OL]. http://imf.org/external/pubs/ft/wp/2000/wp0055.pdf, 2000.03.

[68]Cespedes, L. , Chang, R. & Velasco, A. Balance Sheets and Exchange Rate Policy [EB/OL]. http://www.nber.org/papers/W7840, 2000.08.

[69]Chang, R. & Velasco, A. A Model of Financial Crises in Emerging Markets [J]. Quarterly Journal of Economics, 2001, 116(2): 489-517.

[70]Chinn, M. D. & Ito, H. A New Measure of Financial Openness [J]. Journal of Comparative Policy Analysis, 2008, 10(3): 309-322.

[71]Chirwa, E. W. , Khamfula, Y. A. & Mlachila, M. Donor Herding and Domestic Debt Crisis[EB/OL]. IMF Working Paper, 2006, No. 109.

[72]Choudhri, E. U. &Kochin, S. A. The Exchange Rate and the International Transmission of Business Cycle Disturbances: Some Evidence from the Great Depression [J]. Journal of Money, Credit, and Banking, 1980 (12): 565-574.

[73]Čihak, M. &. Brooks, P. K. From Subprime Loans to Subprime Growth? Evidence for the Euro Area [EB/OL]. http: //www. imf. org/external/pubs/ft/wp/2009/wp0969. pdf, 2009. 03.

[74]Corsetti, G. , Pericoli, M. &Sbracia, M. Correlation Analysis of Financial Contagion: What One Should Know Before Running a Test [EB/OL]. http: //www. econ. yale. edu/ growth _ pdf/cdp822. pdf, 2001. 04.

[75]Corsetti, G. , Pesenti, P. &Roubini, N. *et al*. Competitive Devaluations: Toward a Welfare-based Approach[J]. Journal of International Economics, 2000, 51(1): 217-241.

[76]Corsetti, G. , Pesenti, P. &. Roubini, N. Paper tigers? A model of the east asian crises[J]. European Economic Review, 1999(43): 1211-1236.

[77]De Gregorio, J. &Valdes, R. O. Crisis Transmission: Evidence from the Debt, Tequila and Asian Flu Crises [J]. World Bank Economic Review, 2001, 15(2): 289-314.

[78]Diamond, D. W. &Dybvig, P. H. Bank Runs, Deposit Insurance, and Liquidity [J]. Journal of Political Economy, 1983, 91(31): 401-419.

[79]Domaç, I. , Ferri, G. &Kang, T. S. The Credit Crunch in East Asia: Evidence from Field Findings on Bank Behavior and Policy Issues [EB/OL]. http://siteresources. worldbank. org/ASEM/Resources/ Credit+Crunch+in+East+Asia. pdf, 1999.

[80]Dooley, M. P. A Model of Crises in Emerging Markets [J]. Economic Journal, 2000, 110(460): 256-272.

[81]Drazen, A. Political Contagion in Currency Crises [A]. Krugman, P. Currency Crises[C]. Chicago and London: University of Chicago Press, 2000: 47-67.

[82]Dreher, A. , Herz, B. &Karb, V. Is There a Causal Link between Currency and Debt Crises? [EB/OL]. http: //129. 3. 20. 41/eps/if/papers/0404/0404005. pdf, 2005. 02.

[83]Edwards, S. Interest Rate Volatility, Capital Control and Contagion [EB/OL]. http：//www. nber. org/papers/w6756，1998. 10.

[84]Eichengreen, B. &Rose, A. K. Staying A Float When the Wind Shifts：External Factors and Emerging Market Banking Crises [EB/OL]. http://www. nber. org/ papers/w6370. pdf，1998. 01.

[85]Eichengreen, B. &Sachs, J. Exchange Rates and Economic Recovery in the 1930s [J]. Journal of Economic History，1985，45(4)：925-946.

[86]Eichengreen, B. , Rose, A. K. &Wyplosz, C. Contagious Currency Crises [J]. Scandinavian Economic Review，1996，98(4)：463-484.

[87]Flood, R. & Garber, P. Collapsing Exchange Rate Regime：Some Linear Example [J]. Journal of International Economics，1984(17)：1-13.

[88]Forbes, K. J. &Rigobon, R. No Contagion, Only Interdependence：Measuring Stock Market Comovements [J]. Journal of Finance，2002，57(5)：2223-2261.

[89]Forbes, K. J. Are Trade Linkages Important Determinants of Country Vulnerability to Crises? [A]. Edwards, S. &Frankel, J. A. Preventing Currency Crises in Emerging Markets[C]. Chicago：The University of Chicago Press，2002：77-124.

[90]Frank, N. & Hesse, H. The Effectiveness of Central Bank Interventions during the First Phase of the Subprime Crisis [EB/OL]. http：//www. imf. org/external/pubs/ft/wp/ 2009/wp09206. pdf，2009. 09.

[91]Frankel, J. A. &Rose. A. Currency Crashes in Emerging Market：An Empirical Treatment [J]. Journal of International Economic，1996，41(3-4)：351-366.

[92]Fratzscher, M. What Causes Currency Crises：Sunspots Contagion or Fundamentals [EB/OL]. http：// econpapers. repec. org/paper/euieuiwps/eco99 _ 2f39. htm，1999.

[93]Freedman, C. , Kumhof, M. &Laxton, D. *et al*. Fiscal Stimulus to the Rescue? Short-Run Benefits and Potential Long-Run Costs of Fiscal Deficits[EB/OL]. http：//www. imf. org/external/pubs/ft/wp/2009/ wp09255. pdf，2009. 11.

[94]Frost, S. M. The Bank Analyst's Handbook：Money, Risk and Conjuring Tricks[M]. Great Brition：John Wiley & Sons，2004.

[95]Furman, J. , & Stiglitz, J. Economic Crises: Evidence and Insights from East Asia [J]. Brookings Papers on Economic Activity, 1998, 29(2): 1-136.

[96]Gagnon, J. E. , Raskin, M. , Remache, J. *et al.* Large-Scale Asset Purchases by the Federal Reserve: Did They Work? [EB/OL]. FRB of New York Staff Report, 2010, No. 441.

[97]Gelos, G. & Sahay, R. Financial Market Spillovers in Transition Economies [J]. Economics of Transition, 2001, 9(1): 53-86.

[98]Gerlach, S. & Smets, F. Contagious Speculative Attacks [J]. European Journal of Political Economy, 1995, 11(1): 45-63.

[99]Gertler, M. , Gilchrist, S. & Natalucci, F. M. External Constraints on Monetary Policy and the Financial Accelerator [EB/OL]. http://www. frbsf. org/economics/conferences/0103/conf5. pdf, 2001. 02. 20.

[100]Ghironi, F. , Lee, J. & Rebucci, A. The Valuation Channel of External Adjustment[EB/OL]. NBER Working Papers, 2007, No. 12937.

[101]Glick, R. & Rose, A. K. Contagion and Trade: Why are Currency Crises Regional? [J]. Journal of International Money and Finance, 1999, 18(4): 603-617.

[102]Goldstein, M. The Asian Crisis: Causes, Cures, and Systemic Implications [M]. Washington: Institute for International Economics, 1998.

[103]Goldstein, M. , Kaminsky, G. L. & Reinhart, C. M. Assessing Financial Vulnerability: An Early Warning System for Emerging Markets [M]. Washington D. C: Institute For International Economics, 2000.

[104]Gonzalez-Hermosillo, B. Banking Sector Fragility and Systemic Sources of Fragility [EB/OL]. http://www. imf. org/external/pubs/pubs/ord _ info. htm, 1996. 02. 01.

[105]Greene, J. E. The Output Decline in Asian Crisis Countries: Investment Aspects [EB/OL]. http://www. imf. org/external/pubs/ft/wp/2002/wp0225. pdf, 2002. 02.

[106] Guissé, H. Effects of Debt on Human Rights[EB/OL]. http://www. cetim. ch/en/documents/dette-2004- 27-eng. pdf, 2004.

[107]Haldane, A. G. & Alessandri, P. Banking on the State, Bank of Eng-

land. [EB/OL]. http：//www. bis. org/review/r091111e. pdf，2009.

[108]Hamao, Y. , Masulis, R. W. & Ng, V. Correlations In price Changes and Volatility across International Stock Markets [J]. Review of Financial Studies, 1990, 3(2)：281-307.

[109]Herger, N. Trade Finance and Financial Crises [EB/OL]. http：// 82. 220. 2. 60/images/stories/publications/IP10/nccr％20wp％20trade％ 20finance％20and％20crisis. pdf, 2009. 08.

[110]Herz, B. & Tong, H. Debt and Currency Crises Complements or Substitutes? ［EB/OL］. http：//huitongecon. net/downloads/Herz-Tong011207. pdf, 2007. 01.

[111]Herz, B. & Tong, H. The Interactions between Debt and Currency Crises Common Causes or Contagion? [EB/OL]. http：//www. old. uni-bayreuth. de/departments/rw/lehrstuehle/vwl3/Workingpapers/ WP _ 17-03. pdf, 2004. 12.

[112]Huh, C. &Kasa, K. A Dynamic Model of Export Competition, Policy Coordination and Simultaneous Currency Collapse [J]. Review of International Economics, 2001, 9(1)：68-80.

[113]Hunter, W. C. , Kaufman, G. G. & Krueger, T. H. The Asian Financial Crisis：Origins Implication and Solutions [M]. Boston：Springer Netherlands, 1999.

[114]Jeanne, O. Are Currency Crises Self-Fulfilling：A Test[J]. Journal of International Economics, 1997, 43(3-4)：263-286.

[115]Jeanne, O. & Masson, P. R. Currency Crises Sunspots and Markov-Switching Regimes [J].Journal of International Economics, 2000, 50(2)：327-350.

[116]Kaminsky, G. L. & Reinhart, C. Bank Lending and Contagion：Evidence from the Asian Crisis [EB/OL]. http：//mpra. ub. uni-muenchen. de/ 7580/1/MPRA _ paper _ 7580. pdf, 1999. 09. 21(a).

[117]Kaminsky, G. L. & Reinhart, C. On Crises, Contagion and Confusion [J]. Journal of International Economics, 2000, 51(1)：145-168.

[118]Kaminsky, G. L. & Reinhart, C. The Twin Crises：The Causes of Banking and Balance-of-Payments Problems [J]. American Economic Review,

1999(b), 89 (3): 473-500.

[119]Kaminsky, G. , Lizondo, S. & Reinhart, C. M. Leading Indicators of Currency Crises [EB/OL]. http: // mpra. ub. uni-muenchen. de/6981/ 1/MPRA _ paper _ 6981. pdf, 1998.

[120]Kannan, P. & Köhler-Geib, F. The Uncertainty Channel of Contagion [EB/OL]. http: //www. imf. org/ external/pubs/ft/wp/2009/wp09219. pdf, 2009. 10.

[121]King, M. & Wadhwani, S. Transmission of Volatility between Stock Markets [J]. Review of Financial Studies, 1990, 3(1): 5-33.

[122]Kregel, J. A. Margins of Safety and Weight of The Argument in Generating Financial Fragility[J]. Journal of Economics Issues, 1997(31): 543-548.

[123]Krugman, P. A Model of Balance-of-Payment Crises [J]. Journal of Money, Credit and Banking, 1979(11): 311-325.

[124]Krugman, P. Balance Sheets, the Transfer Problem, and Financial Crises [J]. International Tax and Public Finance, 1999, 6(4): 459-472.

[125]Krugman, P. The International Finance Multiplier[EB/OL]. http: // www. princeton. edu/~pkrugman/ finmult. pdf, 2008. 10.

[126]Kumar, M. , Moorthy, U. & Perraudin, W. Predicting Emerging Markets Currency Crashes [EB/OL] . http: //www. imf. org/external/ pubs/ft/wp/2002/wp0207. pdf, 2002. 01.

[127]Lane, P. R. & Milesi-Ferretti, G. M. The External Wealth of Nations Mark II: Revised and Extended Estimates of Foreign Assets and Liabilities, 1970—2004[EB/OL]. http: //www. imf. org/external/pubs/ ft/ wp/2006/wp0669. pdf, 2006. 03.

[128]Marshall, D. Understanding the Asian Crisis: Systemic Risk as Coordination Failure[J]. Economic Perspectives, 1998(22): 13-38.

[129]Masson, P. Multiple Equilibria, Contagion, and the Emerging Market Crises [EB/OL] .http: //imf. org/ external/pubs/ft/wp/1999/ wp99164. pdf, 1999. 11.

[130]Miller, V. Speculative Currency Attacks with Endogenously Induced Commercial Bank Crises[J]. Journal of International Money and Fi-

nance, 1996, 15(3): 385-403.

[131]Miller, V. The Timing and Size of Bank-Financed Speculative Attacks[J].
Journal of International Money and Finance, 1999, 18(3): 459-470.

[132]Minsky, H. The Financial Fragility Hypothesis: Capitalist Process and
the Behavior of the Economy [A]. Kindlberger, C. & Laffargue, J. P.
Financial Crisis[C]. Cambridge: Cambridge University Press, 1982.

[133]Moreno, R. & Trehan, B. Common Shocks and Currency Crises [EB/OL].
http://www. frbsf. org/econrsrch/workingp/2000/wp00-05. pdf, 2000. 04.
28.

[134]Moser, T. What Is International Financial Contagion? [J]. Internation-
al Finance, 2003, 6(2): 157-178.

[135]Mosson, P. Contagion: Monsoonal Effects, Spillovers, and Jumps be-
tween Multiple Equilibria [A]. Agenor, P. , Miller, M. & Vines, D. et
al. The Asian Financial Crisis: Causes, Contagion and Consequence[C].
Cambridge: Cambridge University Press, 1999: 265-280.

[136] Obstfeld, M. Rational and Self-Fulfilling Balance-of-Payments Crises [J].
American Economic Review, 1986, 76(1): 72-81.

[137] Obstfeld, M. The Logic of Currency Crises? [EB/OL]. http://
www. nber. org/papers/ w4640, 1994. 02.

[138]Peek, J. & Rosengren, E. The International Transmission of Financial
Shocks: The Case ofJapan [J]. American Economic Review, 1997,
87(4): 495-505.

[139]Pericoli, M. & Sbracia, M. A Primer on Financial Contagion [J]. Jour-
nal of Economic Surveys, 2003, 17(4): 571-608.

[140]Pukthuanthong-Le, K. ; Elayan, F. ; Rose, L. Equity and Debt Market
Responses to Sovereign Credit Ratings Announcement[J]. Global Fi-
nance Journal, 2007(18): 47-83.

[141] Radelet, S. & Sachs, J. The East Asian Financial Crises: Diagnosis,
Remedies, Prospects [J]. Brookings Papers on Economic Activity, 1998
(1): 1-90.

[142]Reinhart, C. M. & Kaminsky, G. Bank Lending and Contagion: Evi-
dence from the Asian Crisis [A]. Ito, T. &Krueger, A. Regional and

Global Capital Flows: Macroeconomic Causes and Consequences[C]. Chicago: University of Chicago Press, 2001: 73-99.

[143]Reinhart, C. M. Default, Currency Crises and Sovereign Credit Ratings[EB/OL]. http: //www. nber. org/papers/w8738, 2002.

[144]Rojas-Suarez, L. & Weisbrod, S. R. Financial Fragilities in Latin America: The 1980s and 1990s [Z]. International Money Fund Occasional Paper, 1995, No. 132.

[145]Ronci, M. Trade Finance and Trade Flows: Panel Data Evidence from 10 Crises [EB/OL]. http: //imf. org/external/pubs/ft/wp/2004/wp04225. pdf, 2004. 12.

[146]Rose, A. K. & Spiegel, M. M. Could an early warning system have predicted the crisis? [EB/OL]. http: //www. voxeu. org/index. php? q = node/3834, 2009b. 03. 03.

[147]Rose, A. K. & Spiegel, M. M. Cross-Country Causes and Consequences of the 2008 Crisis: Early Warning [EB/OL]. http: //www. frbsf. org/publications/economics/papers/2009/ wp09—17bk. pdf, 2009a. 07.

[148] Rosenberger, L. Early Warning System for Financial Crises Needed [EB/OL] . http: //www. tampabay. com/opinion/columns/early-warning-system-for-financial-crises-needed/1074240, 2010. 02. 19.

[149]Sachs, J. , Tornell, A. & Velasco, A. Financial Crises in Emerging Markets: The Lessons From 1995 [J]. Brookings Paper, 1996, 27 (1): 147-199.

[150]Salant, S. W. , Henderson, D. W. The Vulnerability of Price Stabilization Schemes to Speculative attack[J]. Journal of political Economy, 1978(86): 627-648.

[151]Sbracia, M. & Zaghini, A. The Role of the Banking System in the International Transmission of Shocks [J]. The World Economy, 2003, 26 (5): 727-754.

[152]Schinasi, G. & Smith, R. T. Portfolio Diversification, Leverage, and Financial Contagion [EB/OL]. http: //www. imf. org/external/pubs/ft/wp/1999/wp99136. pdf, 1999. 10.

[153]Schneider, M. & Tornell, A. Balance Sheet Effects, Bailout Guarantees

and Financial Crises [J]. Review of Economic Studies, 2004, 71(7): 883-913.

[154]Sebastian, E. Interest Rates, Contagion and Capital Controls[EB/OL]. http: //www. nber. org/ papers/w7801. pdf, 2000. 07.

[155]Stiglitz, J. E. The Financial Crisis of 2007/2008 and Its Macroeconomic Consequences[EB/OL]. http: //unpan1. un. org/intradoc/groups/public/documents/apcity/unpan033508. pdf, 2008.

[156] Summer, L. International Financial Crises: Causes, Prevention and Cures [J]. American Economic Review, 2000, 90(2): 1-16.

[157]Taylor, J. B. The Financial Crisis and the Policy Responses: An Empirical Analysis of What Went Wrong[EB/OL]. NBER Working Papers, 2009, No. 14631.

[158]Temin, P. Lessons from the Great Depression [M]. Cambridge, Mass: MIT Press, 1989.

[159]Tieman, A. F. & Maechler, A. M. The Real Effects of Financial Sector Risk [EB/OL]. http: //www. imf. org/external/pubs/ft/wp/2009/wp09198. pdf, 2009. 09.

[160]Valdes, R. Emerging Markets Contagion: Evidence and Theory [EB/OL]. http: //papers. ssrn. com/sol3 /papers. cfm? abstract _ id = 69093, 2000. 05. 24.

[161]Van Rijckeghem, C. & Weder, B. Sources of Contagion: Is It Finance or Trade? [EB/OL]. http: // www. imf. org/external/pubs/ft/wp/1999/wp99146. pdf, 1999. 10.

[162]Van Rijckeghem, C. & Weder, B. Spillovers Through Banking Centers: A Panel Data Analysis [EB /OL]. http: //imf. org/external/pubs/ft/wp/2000/wp0088. pdf, 2000. 05.

[163]Velasco, A. Financial Crises and Balance of Payments Crises: A Simple Model of the Southern Cone Experience [J]. Journal of Development Economics, 1987, 27(1-2): 263-283.

[164]Wood, G. Great Crashes In History: Have They Lessons For Today? [J]. Oxford Review of Economic Policy, 1999, 15(3): 98-109.